刘跃进 主编

韩非子

（白文本）

周忠强·校点 马世年·审定

辽海出版社

图书在版编目（CIP）数据

韩非子：白文本 / 周忠强校点. -- 沈阳：辽海出版社, 2025. 1. -- (新时代万有文库 / 刘跃进主编).

ISBN 978-7-5451-7192-1

Ⅰ. B226.5

中国国家版本馆CIP数据核字第2024CU5149号

出 版 者：辽海出版社

（地址：沈阳市和平区十一纬路25号　邮编：110003）

印 刷 者：辽宁新华印务有限公司

发 行 者：辽海出版社

幅面尺寸：160mm × 230mm

印　　张：28

字　　数：200千字

出版时间：2025年1月第1版

印刷时间：2025年1月第1次印刷

责任编辑：刘英楠

装帧设计：新思维设计　刘清霞

责任校对：张　柠

书　　号：ISBN 978-7-5451-7192-1

定　　价：140.00元

购书电话：024-23285299

网址：http://www.lhph.com.cn

《新时代万有文库》

出版委员会

此篇與國策所載大略相同恐秦文之存作者

韓非子卷第一

初見秦第一

臣聞不知而言不智。知而不言不忠。爲人臣不忠當死。言而不當亦當死。雖然。臣願悉言所聞。唯大王裁其罪。臣聞天下陰燕陽魏。燕北故曰陰魏南故曰陽連荊固齊收韓而成從。將西面以與秦強爲難。臣竊笑

◎明万历十年（1582）赵用贤《管韩合刻》本

韓非子卷第一

古臨川周孔教校刻

初見秦第一　存韓第二

難言第三　愛臣第四

主道第五

初見秦第一

臣聞不知而言不智知而不言不忠

爲人臣不忠當死言而不當亦當死

◎明万历周孔教刻本

韓非子序

韓非者韓之諸公子也喜刑名法術之學而歸其本於黄老其爲人吃口不能道說善著書與李斯俱事荀卿李斯自以爲不如非見韓之削弱數以書干韓王韓王不能用於是韓非病治國不務求人任賢反舉浮淫之蠹而加之功實之上以爲儒者用文亂法而俠者以武犯禁寬則寵名譽之人急則用介胄之士所用非所養所養非所用廉直不容於邪枉臣觀往者得失之變故作孤憤五蠹内外儲說難五十五篇十

◎清钱曾述古堂影钞宋本

韓非子卷第一

初見秦第一

臣聞不知而言不智知而不言不忠爲人臣不忠當死言而不當亦當死雖然臣願悉言所聞唯大王裁其罪臣聞天下陰燕陽魏燕北故曰陰魏南故曰陽連荆固齊收韓而成從將西面以與秦強爲難臣竊笑之世有三亡而天下得之知三亡者得天下其此之謂乎臣聞之曰以亂攻治者亡以邪攻正者亡今天下之府庫不盈囷倉空虛悉其士民張軍數十百萬其頓首戴羽爲將軍斷死於前不至千人皆以言死白刃在前斧鑕在後而却走不能死也非其士民不能死也上不能故也言賞則不與言罰則不行賞罰

◎清嘉庆二十三年（1818）吴鼒影宋乾道黄三八郎刻本

总　序

刘慧晏

新时代、新征程、新伟业，更加迫切地需要“两个结合”提供支撑和滋养。辽宁出版集团贯彻落实习近平文化思想，着眼于服务“第一个结合”，集海内百余位专家之力，分国内传播、世界传播两辑，出版《马克思主义经典文献传播通考》。巨著皇皇，总二百卷，被誉为当代马克思主义基础研究扛鼎之作。着眼于服务“第二个结合”，辽宁出版集团博咨众意，精研覃思，决定出版《新时代万有文库》。

自古迄今，中华文化著述汗牛充栋。早在战国时，庄子就发“以有涯随无涯，殆已”的感慨。即使在知识获取手段高度发达的今天，我想，也绝对没有人敢夸海口：可尽一生精力遍读古今文化著述。清末好读书、真读书的曾国藩，在写给儿子的家书里，做过统计分析，有清一代善于读书且公认读书最多的王念孙、王引之父子，每人一生熟稔的书也不过十几种，而他本人于四书五经之外，最好的也不过《史记》、《汉书》、《庄子》、韩愈文四种。因此，给出结论：“看书不可不知所择。”

高邮王氏父子也罢，湘乡曾国藩也罢，他们选择熟读的每一本书，当然都是经典。先秦以降，经典之书，积累亦多矣。虽然尽读为难，但每一本经典，一旦选择，都值得花精力去细读细研细悟。

中华文化经典，是中华优秀传统文化的物质载体和精神表达，凝聚着中华先贤的思想智慧，民族文化自信在焉。书海茫茫，典籍浩瀚，何为经典？何为经典之善本？何为经典之优秀注本？迷津得渡，知所择读，端赖方家指引。正缘于此，辽宁出版集团邀约海内古典文史专家，不惧艰辛，阅时积日，甄择不同历史时段文化经典，甄择每部文化经典的善本和优秀注本，拟分期分批予以整理出版，以助广大读者在创造性转化和创新性发展中赓续中华文脉。

《马克思主义经典文献传播通考》的美誉度，已实至名归。《新时代万有文库》耕耘功至，其叶蓁蓁、其华灼灼、下自成蹊，或非奢望！

出版说明

一、《新时代万有文库》（以下简称“《文库》”）拟收录中华传统文化典籍中具有根脉性的元典（即“最要之书”）500种，选择具有重要学术价值和版本价值的经典版本，给予其富有鲜明时代特征的整理与解读，致力于编纂一部兼具时代性、经典性、学术性、系统性、开放性的中华优秀传统文化经典丛书，深入挖掘和阐发中华优秀传统文化的精神内涵和时代价值，激活经典，熔古铸今，为“第二个结合”提供助力，满足新时代读者对中华文化经典的需求。

二、为满足不同读者的需求，《文库》收录的典籍拟采取“一典多版本”和“一版三形式”的方式出版。“一典多版本”是指每种典籍选择一最精善之版本予以重点整理，同时选择二至三种有代表性的经典版本直接刊印，以便读者比较阅读，参照研究。“一版三形式”是指每种典籍选择一最精善之版本，分白文本、古注本、今注本三种形式出版。各版本及出版形式，根据整理进度，分批出版。

三、典籍白文本仅保留经典原文，并对其进行严谨校勘，使其文句贯通、体量适宜，便于读者精析原文，独立思考，涵泳经典。考虑到不同典籍原文字数相差悬殊的实际情况，典籍白文本拟根据字数多少，或一种典籍单独出版，或几种典籍合为一册出版。合出者除考虑字数因素外，同时兼顾以类相从的原则，按照四部书目“部、类、属”三级分类体系，同一部、同一类或同一属的典籍合为一册出版。如子部中，同为“道家类”的《老子》与《庄子》合为一册出版。

四、典籍古注本选取带有前人注疏的经典善本整理出版。所选注本多有较精善的、学术界耳熟能详的汉、唐、宋、元人古注，如《老子》选三国魏王弼注，《论语》选三国魏何晏集解，《尔雅》选晋代郭璞注，等等。

五、典籍今注本在整理典籍善本基础上，对典籍进行重新注释，包括为生僻字、多音字注音；给难解的词语如古地名、职官、典制、典故等做注，为读者阅读、学习经典扫清障碍。

六、每部典籍卷首以彩色插页的形式放置若干面重要版本的书影，以直观展现典籍的历史样貌及版本源流。

七、每部典籍均撰写“导言”一篇，主要包括作者简介、创作背景、内容简介、时代价值、版本考释等方面内容。其中重点是时代价值，揭示每一种中华传统文化经典所蕴含的优秀基因和至今仍有借鉴意义的思想观念、人文精神、道德规范等，展示中华民族的独特精神标识，彰显中华传统文化经典的“魂”，满足读者借鉴、弘扬其积极内涵的需求，找准中华传统文化与社会主义核心价值观之间的深度契合点，指明每种经典在建设中华民族现代文明中能提供哪些宝贵资源。同时，对部分经典中存在的陈旧过时或已成为糟粕性的内容，予以明确揭示，提醒读者正确取舍，有鉴别地对待，有扬弃地继承，避免厚古薄今、以古非今。

八、校勘整理以对校为主，兼采他书引文、相关文献及前人成说，不做烦琐考证。选择一种或多种重要版本与底本对勘，以页下注的形式出校勘记，对讹、脱、衍、倒等重要异文进行说明，并适当指出旧注存在的明显问题。鉴于不同典籍在内容、体例、底本准确性等方面存在较大差异，《文库》对是否校改原文及具体校勘方式不作严格统一，每种典籍依具体情况灵活处理，并在书前列“整理说明”。

九、《文库》原则上采用简体横排的形式，施以现代新式标点，不使用古籍整理中的专名号。古注本的注文依底本排在正文字句间，改为单行，变更字体字号与正文相区别。

十、《文库》原则上使用规范简化字，依原文具体语境、语义酌情保留少量古体字、异体字、俗体字。《说文解字》《尔雅》等古代字书则全文使用繁体字排印。

《新时代万有文库》编辑委员会

2023年10月

目　录

整理说明

一、本书所用《韩非子》整理底本为中国国家图书馆所藏清初钱曾述古堂影钞宋本，北宋谢希深原注。依照丛书体例，本次整理删去古注，仅保留经典原文。

二、本书参校的《韩非子》版本主要包括：明万历六年刻《韩子迂评》本（简称“迂本”）、明万历十年赵用贤刻《韩非子》本（简称“赵本”）、明万历间凌瀛初订注《韩非子》本（简称“凌本”）、清王先慎《韩非子集解》（中华书局2013年版，钟哲点校）。

三、对重要的异文、错漏之处作简略校勘，校勘记以脚注形式置于页下。

四、采用新式标点断句，以通行简体字录文。除人名、官名、地名等专有名词外，异体字、别字、俗字等均改为规范字形。底本中形近易讹之字，如日曰、王主、子予、母毋、土士、今令、官宫等，时有混淆，凡显误者径改，不出校。

五、底本原有书前目录，各卷卷首有分卷目录，整理时均删去。

六、《韩非子》卷九至卷十四有六篇“储说”，其内容包括观点和事例两部分。底本中两部分分别排列，并未一一对应。整理时，将观点部分标题冠以“经”字，将事例部分标题冠以“说”字，并将两部分内容按次序一一对应编排，以便利读者。

《韩非子》序

韩非者，韩之诸公子也。喜刑名法术之学，而归其本于黄老。其为人吃口，不能道说，善著书。与李斯俱事荀卿，李斯自以为不如。非见韩之削弱，数以书干韩王，韩王不能用。于是韩非病治国不务求人任贤，反举浮淫之蠹而加之功实之上。以为儒者用文乱法，而侠者以武犯禁。宽则宠名誉之人，急则用介胄之士。所用非所养，所养非所用。廉直不容于邪枉臣，观往者得失之变，故作《孤愤》《五蠹》《内外储》《说难》五十五篇，十余万言。人或传其书至秦，秦王见《孤愤》《五蠹》之书，曰："嗟乎，寡人得见此人与游，死不恨矣！"李斯曰："此韩非之所著书。"秦因急攻韩。韩始不用，及急，乃遣韩非使秦。秦王悦之，未任用。李斯害之秦王曰："非，韩之诸公子也。今欲并诸侯，非终为韩不为秦，此人情也。今王不用，久留而归之，此自遗患也，不如过法诛之。”秦王以为然，下吏治非。李斯使人遗药，令早自杀。韩非欲自陈，不见。秦王后悔，使人赦之，非已死矣。

乾道改元中元日黄三八郎印。

卷一

初见秦第一

臣闻：不知而言，不智；知而不言，不忠。为人臣不忠，当死；言而不当，亦当死。虽然，臣愿悉言所闻，唯大王裁其罪。

臣闻：天下阴燕阳魏，连荆固齐，收韩而成从，将西面以与秦强为难。臣窃笑之。世有三亡，而天下得之。其此之谓乎！臣闻之曰："以乱攻治者亡，以邪攻正者亡，以逆攻顺者亡[①]。"今天下之府库不盈，囷仓空虚，悉其士民，张军数十百万，其顿首戴羽为将军，断死于前，不至千人，皆以言死。白刃在前，斧锧在后，而却走不能死也，非其士民不能死也，上不能故也。言赏则不与，言罚则不行，赏罚不信，故士民不死也。今秦出号令而行赏罚，有功无功

① "以逆攻顺者亡"，底本原无，据迂本补。

相事也。出其父母怀衽之中，生未尝见寇耳。闻战，顿足徒裼，犯白刃，蹈炉炭，断死于前者皆是也。夫断死与断生者不同，而民为之者，是贵奋死也。夫一人奋死可以对十，十可以对百，百可以对千，千可以对万，万可以克天下矣。今秦地折长补短，方数千里，名师数十百万。秦之号令赏罚，地形利害，天下莫若也。以此与天下，天下不足兼而有也。是故秦战未尝不克，攻未尝不取，所当未尝不破，开地数千里，此其大功也。然而兵甲顿，士民病，蓄积索，田畴荒，囷仓虚，四邻诸侯不服，霸王之名不成。此无异故，其谋臣皆不尽其忠也。

臣敢言之：往者齐南破荆，东破宋，西服秦，北破燕，中使韩、魏，土地广而兵强，战克攻取，诏令天下。齐之清济浊河，足以为限；长城巨防，足以为塞。齐，五战之国也，一战不克而无齐。由此观之，夫战者，万乘之存亡也。且闻之曰：“削迹无遗根，无与祸邻，祸乃不存。”秦与荆人战，大破荆，袭郢，取洞庭、五湖、江南，荆王君臣亡走，东服于陈。当此时也，随荆以兵，则荆可举；荆可举，则民足贪也，地足利也。东以弱齐、燕，中以凌三晋。然则是一举而霸王之名可成也，四邻诸侯可朝也，而谋臣不为，引军而退，复与荆人为和。令荆人得收亡国，聚散民，立社稷主，置宗庙，令率天下西面以与秦为难，此固以失霸王之道一矣。天下又比周而军华下，大王以诏破之，兵至梁郭下。围梁数旬，则梁可拔；拔梁，则魏可举；举魏，则荆、赵之意绝；荆、赵之意绝，则赵危；赵危而荆狐疑。东以弱齐、燕，中以凌三晋，然则是一举而霸王之名可成也，四邻诸侯可朝也，而谋臣不为，引军而退，复与魏氏为和[①]。令魏氏反收亡国，聚散民，立社稷主，置宗庙，令率天下西面以与秦为难[②]，此固以失霸王之道二矣。前者穰侯之治秦也，用一国之兵而欲以成两国之功，是故兵终身暴露于外，士民疲病于内，霸王之名不成，此固以失霸王之道三矣。

赵氏，中央之国也，杂民所居也，其民轻而难用也。号令不治，赏罚不信，地形不便，下不

① "和"，原作"利"，据赵本、迂本改。

② "率天下西面以与秦为难"，底本原无，据王先慎说补。

能尽其民力。彼固亡国之形也，而不忧民萌，悉其士民军于长平之下，以争韩上党。大王以诏破之，拔武安。当是时也，赵氏上下不相亲也，贵贱不相信也。然则邯郸不守。拔邯郸，筦山东河间[①]，引军而去，西攻修武，逾[②]华，绛上党。代四十六县，上党七十县，不用一领甲，不苦一士民，此皆秦有也。代、上党不战而毕为秦矣，东阳、河外不战而毕反为齐矣，中山、呼沲以北不战而毕为燕矣。然则是赵举，赵举则韩亡，韩亡则荆、魏不能独立，荆、魏不能独立，则是一举而坏韩、蠹魏、拔荆，东以弱齐、燕[③]，决白马之口以沃魏氏，是一举而三晋亡，从者败也。大王垂拱以须之，天下编随而服矣，霸王之名可成。而谋臣不为，引军而退，复与赵氏为和。夫以大王之明，秦兵之强，弃霸王之业，地曾不可得，乃取欺于亡国，是谋臣之拙也。且夫赵当亡而不亡，秦当霸而不霸，天下固以量秦之谋臣一

① “筦山东河间”，原作“筦山东可闻”，据赵本、迂本改。

② “逾”，原作“喻”，据赵本改。

③ “燕”上原有“强”字，据迂本删。

矣。乃复悉士卒以攻邯郸，不能拔也，弃甲兵弩，战竦而却[1]，天下固已量秦力二矣。军乃引而复，并于李[2]下，大王又并军而至，与战不能克之也，又不能反，运罢而去，天下固量秦力三矣。内者量吾谋臣，外者极吾兵力。由是观之，臣以为天下之从，几不能矣。内者，吾甲兵顿，士民病，蓄积索，田畴荒，囷仓虚；外者，天下皆比意甚固。愿大王有以虑之也。

且臣闻之曰："战战栗栗，日慎一日，苟慎其道，天下可有。"何以知其然也？昔者纣为天子，将率天下甲兵百万，左饮于淇溪，右饮于洹溪，淇水竭而洹水不流，以与周武王为难。武王将素甲三千，战一日，而破纣之国，禽其身，据其地而有其民，天下莫伤。知伯率三国之众以攻赵襄主于晋阳，决水而灌之三月，城且拔矣，襄主钻龟筮占兆，以视利害，何国可降，乃使其臣张孟谈。于是乃潜行[3]而出，反[4]知伯之约，得

① "却"，底本原无，据赵本、迂本补。
② "李"，原作"孚"，据赵本改。
③ "行"上原有"于"字，据赵本、迂本删。
④ "反"，底本原无，据赵本、迂本补。

两国之众，以攻知伯，禽其身，以复襄主之初。今秦地折长补短，方数千里，名师数十百万。秦国之号令赏罚，地形利害，天下莫如也。以[①]此与天下，天下可[②]兼有也。臣昧死愿望见大王，言所以破天下之从，举赵，亡韩，臣荆、魏，亲齐、燕，以成霸王之名，朝四邻诸侯之道。大王诚听其说，一举而天下之从不破，赵不举，韩不亡，荆、魏不臣，齐、燕不亲，霸王之名不成，四邻诸侯不朝，大王斩臣以徇国，以为王谋不忠者也。

存韩第二

韩事秦三十余年，出则为扞蔽，入则为席荐。秦特出锐师取韩地而随之，怨悬于天下，功

---

① “以”，底本原无，据迂本补。

② “可”，原作“何”，其上无“天下”二字，据赵本、迂本改补。

归于强秦。且夫韩入贡职[1]，与郡县无异也。今日臣窃闻贵臣之计，举兵将伐韩。夫赵氏聚士卒，养从徒[2]，欲赘天下之兵，明秦不弱则诸侯必灭宗庙，欲西面行其意，非一日之计也。今释赵之患，而攘内臣之韩，则天下明赵氏之计矣。

夫韩，小国也，而以应天下四击，主辱臣苦，上下相与同忧久矣。修守备，戒强敌，有蓄[3]积，筑城池以守固。今伐韩，未可一年而灭，拔一城而退，则权轻于天下，天下摧我兵矣。韩叛，则魏应之，赵据齐以为原，如此，则以韩、魏资赵假齐以固其从，而以与争强，赵之福而秦之祸也。夫进而击赵不能取，退而攻韩弗能拔，则陷锐之卒勤于野战，负任之旅罢于内攻，则合群苦弱以敌而共二万乘，非所以亡赵之心也。均如贵人之计，则秦必为天下兵质矣。陛下虽以金石相弊，则兼天下之日未也。

今贱臣之[4]愚计：使人使荆，重币用事之

① “职”，原作“暗”，据赵本、迂本改。
② “徒”，底本原无，据赵本、迂本补。
③ “蓄”，原作“畜”，据赵本、迂本改。
④ “之”下原有“遇”字，据迂本删。

臣，明赵之所以欺秦者；与魏质以安其心，从韩而伐赵，赵虽与齐为一，不足患也。二国事毕，则韩[1]可以移书定也。是我一举，二国有亡形，则荆、魏又必自服矣。故曰：“兵者，凶器也。”不可不审用也。以秦与赵敌衡，加以齐，今又背韩，而未有以坚荆、魏之心。夫一战而不胜，则祸构矣。计者，所以定事也，不可不察也。韩秦强弱，在今年耳。且赵与诸侯阴谋久矣。夫一动而弱于诸侯，危事也；为计而使诸侯有意伐之心，至殆也。见二疏，非所以强于诸侯也。臣窃愿陛下之幸熟图之！攻伐而使从者闻焉，不可悔也。

诏以韩客之所上书，书言“韩子之未可举”，下臣斯，甚以为不然。秦之有韩，若人之有腹心之病也，虚处则㤄然，若居湿地，著而不去，以极走则发矣。夫韩虽臣于秦，未尝不为秦病，今若有卒报之事，韩不可信也。秦与赵为难，荆苏使齐，未知何如。以臣观之，则齐、赵之交未必以荆苏绝也；若不绝，是悉赵而应二万

① “韩”，原作“转”，据赵本改。

乘也。夫韩不服秦之义而服于强也，今专于齐、赵，则韩必为腹心之病而发矣。韩与荆有谋，诸侯应之，则秦必复见崤塞之患。

非之来也，未必不以其能存韩也，为重于韩也。辩说属辞，饰非诈谋，以钓利于秦，而以韩利窥陛下。夫秦、韩之交亲，则非重矣，此自便之计也。臣视非之言，文其淫说，靡辩才甚。臣恐陛下淫非之辩而听其盗心，因不详察事情。今以臣愚议：秦发兵而未名所伐，则韩之用事者以事秦为计矣。臣斯请往见韩王，使来入见，大王见，因内其身而勿遣，稍召其社稷之臣，以与韩人为市，则韩可深割也。因令象武发东郡之卒，窥兵于境上而未名所之，则齐人惧而从苏之计，是我兵未出而劲韩以威擒，强齐以义从矣。闻于诸侯也，赵氏破胆，荆人狐疑，必有忠计。荆人不动，魏不足患也，则诸侯可蚕食而尽，赵氏可得与敌矣。愿陛下幸察愚臣之计，无忽。

秦遂遣斯使韩也。李斯往诏韩王，未得见，因上书曰："昔秦、韩戮力一意以不相侵，天下莫敢犯，如此者数世矣。前时五诸侯尝相与共伐韩，秦发兵以救之。韩居中国，地不能满千里，而所以得与诸侯班位于天下，君臣相保者，以世世相教事秦之力也。先时五诸侯共伐秦，韩反与诸侯先为雁行，以向秦军于关[①]下矣。诸侯兵困力极，无奈何，诸侯兵罢。杜仓相秦，起兵发将以报天下之怨而先[②]攻荆。荆令尹患之，曰：‘夫韩以秦为不义，而与秦兄弟共苦天下。已又背秦，先为雁行以攻关。韩则居中国，展转不可知。’天下共割韩上地十城以谢秦，解其兵。夫韩尝一背秦而国迫地侵，兵弱至今，所以然者，听奸臣[③]之浮说，不权事实，故虽杀戮奸臣，不能使韩复强。今赵欲聚兵士，卒以秦为事，使人来借道，言欲伐秦，其势必先韩而后秦。且臣闻之：‘唇亡则齿寒。’夫秦、韩不得无同忧，其形可见。魏欲发兵以攻韩，秦使人将使者于韩。今秦王使臣斯来而不得见，恐左右袭曩奸臣之计，使韩复有亡地之患。臣斯不得[④]见，请归报，秦、韩之交必绝矣！斯之来使，以奉秦王之

---

① “关”，原作“阙”，据迂本改。
② “先”，原作“失”，据赵本改。
③ “臣”，原作“人”，据迂本改。
④ “得”，底本原无，据赵本、迂本补。

欢心，愿效便计，岂陛下所以逆贱臣者邪？臣斯愿得一见，前进道愚计，退就菹戮，愿陛下有意焉！今杀臣于韩，则大王不足以强，若不听臣之计，则祸必构矣。秦发兵不留行，而韩之社稷忧矣。臣斯暴身于韩之市，则虽欲察贱臣愚忠之计，不可得已。边鄙残，国固守，鼓铎之声于耳，而乃用臣斯之计，晚矣。且夫韩之兵于天下可知也，今又背强秦。夫弃城而败军，则反掖之寇必袭城矣。城尽则聚散，聚散①则无军矣。城固守，则秦必兴兵而围王一都，道不通则难必谋，其势不救，左右计之者不用，愿陛下熟图之。若臣斯之所言有不应事实者，愿大王幸使得毕辞于前，乃就吏诛不晚也。秦王饮食不甘，游观不乐，意专在图赵，使臣斯来言，愿得身见②，因急与陛下有计也。今使臣不通，则韩之信未可知也。夫秦必释赵之患而移兵于韩，愿陛下幸复察图之，而赐臣报决。”

① “聚散”，底本原无，据赵本、迂本补。
② “见”，底本原无，据赵本、迂本补。

难言第三

臣非非难言也，所以难言者：言顺比滑泽，洋洋纚纚然，则见[①]以为华而不实；敦祗恭厚，鲠固慎完，则见以为掘而不伦；多言繁称，连类比物，则见以为虚而无用；总微说约，径省而不饰，则见以为刿而不辩；激急亲近，探知人情，则见以为谮而不让；闳大广博，妙远不测，则见以为夸而无用；家计小谈，以具数言，则见以为陋；言而近世，辞不悖逆，则见以为贪生而谀上；言而远俗，诡躁人间，则见以为诞；捷敏辩给，繁于文采，则见以为史；殊释文学，以质信言，则见以为鄙；时称诗书，道法往古，则见以为诵。此臣非之所以难言而重患也。

故度量虽正，未必听也；义理虽全，未必用

① “见”，原作“光”，据赵本、迂本改。

也。大王若以此不信，则小者以为毁訾诽谤，大者患祸灾害死亡及其身。故子胥善谋而吴戮之，仲尼善说而匡围之，管夷吾实贤而鲁囚之。故此三大夫岂不贤哉？而三君不明也。上古有汤，至圣也；伊尹，至智也。夫至智说至圣，然且七十说而不受，身执鼎俎为庖宰，昵近习亲，而汤乃仅知其贤而用之。故曰：以至智说至圣，未必至而见受，伊尹说汤是也；以智说愚必不听，文王说纣是也。故文王说纣而纣[1]因之；翼侯炙；鬼侯腊；比干剖心；梅伯醢；夷吾束缚；而曹羁奔陈；伯里子道乞；傅说转鬻；孙子膑脚于魏；吴起收泣于岸门，痛西河之为秦，卒枝解于楚；公叔痤言国器反为悖，公孙鞅奔秦；关龙逢斩；苌弘分胣；尹子阱于棘；司马子期死而浮于江；田明辜射；宓子贱、西门豹不斗而死人手；董安于死而陈于市；宰予不免于田常；范雎折胁于魏。此十数人者，皆世之仁贤忠良有道术之士也，不幸而遇悖乱暗惑之主而死。然则虽贤圣不能逃死亡避戮辱者，何也？则愚者难说也，故君子

① “而纣”，底本原无，据赵本、迂本补。

难言[1]也。且至言忤于耳而倒于心，非贤圣莫能听，愿大王熟察之也。

爱臣第四

爱臣太亲，必危其身；人臣太贵，必易主位；主妾无等，必危嫡子；兄弟不服，必危社稷。臣闻千乘之君无备，必有百乘之臣在其侧，以徙其民而倾其国；万乘之君无备，必有千乘之家在其侧，以徙其威而倾其国。是以奸臣蕃息，主道衰亡。是故诸侯之博大，天子之害也；群臣之太富，君主之败也。将相之管主而隆国家，此君人者所外也。万物莫如身之至贵也，位之至尊也，主威之重，主势之隆也。[2]此四美者，不求诸外，不请于人，议之而得之矣。故曰：人主不

① “难言”，原作“不少”，据迂本改。

② “位之至尊也主威之重主势之隆也”，底本原无，据赵本、迂本补。

能用其富，则终于外也。此君人者之所识也。

昔者纣之亡，周之卑，皆从诸侯之博大也。晋之分也，齐之夺也，皆以群臣之太富也。夫燕、宋之所以弑其君者，皆以类也。故上比之殷、周，中比之燕、宋，莫不从此术也。是故明君之蓄其臣也，尽之以法，质之以备。故不赦死，不宥刑，赦死宥刑，是谓威淫。社稷将危，国家偏威。是故大臣之禄虽大，不得藉威城市；党与虽众，不得臣士卒。故人臣处国无私朝，居军无私交，其府库不得私贷于家。此明君之所以禁其邪。是故不得四从，不载奇兵，非传非遽，载奇兵革，罪死不赦。此明君之所以备不虞者也。

主道第五

道者，万物之始，是非之纪也。是以明君守始以知万物之源，治纪以知善败之端。故虚静以待令，令名自命也，令事自定也。虚则知实之情，静则知动者正。有言者自为名，有事者自为形，形名参同，君乃无事焉，归之其情。故曰：君无见其所欲，君见其所欲，臣自将雕琢；君无见其意，君见其意，臣将自表异。故曰：去好去恶，臣乃见素；去旧去智，臣乃自备。故有智而不以虑，使万物知其处；有行而不以贤，观臣下之所因；有勇而不以怒，使群臣尽其武。是故去智而有明，去贤而有功，去勇而有强。群臣守职，百官有常，因能而使之，是谓习常。故曰：寂乎其无位而处，漻乎莫得其所。明君无为于上，群臣竦惧乎下。明君之道，使智者尽其虑，而君因以断事，故君不穷于智；贤者敕其材，君因而任之，故君不穷于能；有功则君有其贤，有过则臣任其罪，故君[①]不穷于名。是故不贤而为贤者师，不智而为[②]智者正。臣有其劳，君有其成功，此之谓贤主之经也。

道在不可见，用在不可知。虚静无事，以暗见疵。见而不见，闻而不闻，知而不知。知其

① “君”下原有“子”字，据迂本删。
② “为”下原有“上”字，据迂本删。

言以往，勿变勿更，以参合阅焉。官有一人，勿令通言，则万物皆尽。函掩其迹，匿其端，下不能原。去其智，绝其能，下不能意。保吾所以往而稽同之，谨执其柄而固握之。绝其望[①]，破其意，毋使人欲之。不谨其闭，不固其门，虎乃将存。不慎其事，不掩其情，贼乃将生。弑其主，代其所，人莫不与，故谓之虎。处其主之侧为奸臣，闻其主之忒，故谓之贼。散其党，收其余，闭其门，夺其辅，国乃无虎。大不可量，深不可测，同合刑名，审验法式，擅为者诛，国乃无贼。是故人主有五壅：臣闭其主曰壅，臣制财利曰壅，臣擅行令曰壅，臣得行义曰壅，臣得树人曰壅。臣闭其主，则主失位；臣制财利，则主失德；臣擅行令，则主失制；臣得行义，则主失明；臣得树人，则主失党。此人主之所以独擅也，非人臣之所以得操也。

人主之道，静退以为宝。不自操事而知拙与巧，不自计虑而知福与咎。是以不言而[②]善应，

① “望”上原有“能”字，据迂本删。

② “而”，底本原无，据赵本、迂本补。

不约而善增。言已应，则执其契；事已增，则操其符。符契之所合，赏罚之所生也。故群臣陈其言，君以其言授其事，事以责其功。功当其事，事当其言，则赏；功不当其事，事不当其言，则诛。明君之道，臣不得[①]陈言而不当。是故明君之行赏也，暧乎如时雨，百姓利其泽；其行罚也，畏乎如雷霆，神圣不能解也。故明君无偷赏，无赦罚。赏偷，则功臣堕其业；赦罚，则奸臣易为非。是故诚有功，则虽疏贱必赏；诚有过，则虽近爱必诛。近爱必诛，则疏贱者不怠，而近爱者不骄也。

① "得"，底本原无，据迂本补。

卷二

有度第六

国无常强，无常弱。奉法者强则国强，奉法者弱则国弱。荆庄王并国二十六，开地三千里，庄王之氓社稷也，而荆以亡。齐桓公并国三十，启地三千里，桓公之氓社稷也，而齐以亡。燕襄王以河为境，以蓟为国，袭涿、方城，残齐，平中山，有燕者重，无燕者轻，襄王之氓社稷也，而燕以亡。魏安釐王攻[①]赵救燕，取地河东；攻尽陶、魏之地；加兵于齐，私平陆之都；攻韩拔管，胜于淇下；睢阳之事，荆军老而走；蔡、召陵之事，荆军破；兵四布于天下，威行于冠带之国；安釐王[②]死而魏以亡。故有荆庄、齐桓[③]则荆、齐可以霸，有燕襄、魏安釐则燕、魏可以

① “攻”，原作“政”，据赵本、迂本改。
② “王”，底本原无，据迂本补。
③ “桓”下原有“公”字，据迂本删。

强。今皆亡国者，其群臣官吏皆务所以乱而不务所以治也。其国乱弱矣，又皆释国法而私其外，则是负薪而救火也，乱弱甚矣！

故当今之时，能去私曲就公法者，民安而国治；能去私行行公法者，则兵强而敌弱。故审得失有法度之制者，加以群臣之上，则主不可欺以诈伪；审得失有权衡之称者，以听远事，则主不可欺以天下之轻重。今若以誉进能，则臣离上而下比周；若以党举官，则民务交而不求用于法。故官之失能者其国乱。以誉为赏，以毁为罚也，则好赏恶罚之人释公行，行私术，比周以相为也。忘主外交，以进其与，则其下所以为上者薄矣。交众与多，外内朋党，虽有大过，其蔽多矣。故忠臣危死于非罪，奸邪之臣安利于无功。忠臣[1]危死而不以其罪，则良臣[2]伏矣；奸邪之臣安利不以功，则奸臣进矣。此亡之本也。若是则群臣废法而行私重，轻公法矣。数至能人之门，不壹至主之廷；百虑私家之便，不壹图主之国。

① “臣”下原有“之所以”三字，据迂本删。

② “臣”，底本原无，据赵本、迂本补。

属数虽多，非所以[1]尊君也；百官虽具，非所以任国也。然则主有人主之名，而实托于群臣之家也。故臣曰：亡国之廷无人焉。廷无人者，非朝廷之衰也。家务相益，不务厚国[2]；大臣务相尊，而不务尊君；小臣奉禄养交，不以官为事。此其所以然者，由主之不上断于法，而信下为之也。故明主使法择人，不自举也；使法量功，不自度也。能者不可弊，败者不可饰，誉者不能进，非者弗能退，则君臣之间明辩而易治，故主雠法则可也。

贤者之为人臣，北面委质，无有二心。朝廷不敢辞贱，军旅不敢辞难，顺上之为，从主之法，虚心以待令而无是非也。故有口不以私言，有目不以私视，而上尽制之。为人臣者，譬之若手，上以修头，下以修足；清暖寒热，不得不救入；镆铘傅体，不敢弗搏。无私贤哲之臣，无私事能之士。故民不越乡而交，无百里之戚。贵贱不相逾，愚智提衡而立，治之至也。今夫轻爵

① "以"，底本原无，据赵本、迂本补。
② "国"，原作"图"，据赵本、迂本改。

禄，易去亡，以择其主，臣不谓廉。诈说逆法，倍主强谏，臣不谓忠。行惠施利，收下为名，臣不谓仁。离俗隐居，而以[1]非上，臣不谓义。外使诸侯，内耗其国，伺其危险之陂以恐其主，曰“交非我不亲，怨非我不解”，而主乃信之，以国听之，卑主之名以显其身，毁国之厚以利其家，臣不谓智。此数物者，险世之说也，而先王之法所简也。先王之法曰：“臣毋或作威，毋或作利，从王之指；毋[2]或作恶，从王之路。”古者世治之民，奉公法，废私术，专意一行，具以待任。

夫为之人主而身察百官，则日不足，力不给。且上用目，则下饰观；上用耳，则下饰声；上用虑，则下繁辞。先王以三者为不足，故舍己能而因法数，审赏罚。先王之所守要，故法省而不侵。独制四海之内，聪智不得用其诈，险躁不得关其佞，奸邪无所依。远在千里外，不敢易其辞；势在郎中，不敢蔽善饰非；朝廷群下，直凑

① “以”下原有“作”字，据赵本、迂本删。

② “毋”，原作“无”，据赵本改。

单微，不敢相逾越。故治不足而日有余，上之任势使然也。

夫人臣之侵其主也，如地形焉，即渐以往，使人主失端，东西易面而不自知。故先王立司南以端朝夕。故明主使其群臣不游意于法之外，不为惠于法之内，动无非法。法，所以凌过游外私也；严刑，所以遂令惩下也。威不贷错，制不共门。威制共，则众邪彰矣；法不信，则君行危矣；刑不断，则邪不胜矣。故曰：巧匠目意中绳，然必先以规矩为度；上智捷举中事，必以先王之法为比。故绳直而枉木斫，准夷而高科削，权衡县而重益轻，斗石设而多益少。故以法治国，举措而已矣。法不阿贵，绳不挠曲。法之所加，智者弗能辞，勇者弗敢争。刑过不避大臣，赏善不遗匹夫。故矫上之失，诘下之邪，治乱决缪，绌羡齐非，一民之轨，莫如法。属官威民，退淫殆，止诈伪，莫如刑。刑重则不敢以贵易贱，法审则上尊而不侵。上尊而不侵，则主强而守要，故先王贵之而传之。人主释法用私，则上下不别矣。

二柄第七

明主之所导制其臣者，二柄而已矣。二柄者，刑、德也。何谓刑、德？曰：杀戮之谓刑，庆赏之谓德。为人臣者畏诛罚而利庆赏，故人主自用其刑德，则群臣畏其威而归其利矣。故世之奸臣则不然，所恶则能得之其主而罪之，所爱则能得之其主而赏之。今人主非使赏罚之威利出于己也，听其臣而行其赏罚，则一国之人皆畏其臣而易其君，归其臣而去其君矣。此人主失刑、德之患也。夫虎之所以能服狗者，爪牙也，使虎释其爪牙而使狗用之，则虎反服狗矣。人主者，以刑、德制臣者也，今君人者释其刑、德而使臣用之，则君反制于臣矣。故田常上请爵禄而行之群臣，下大斗斛而施于百姓，此简公失德而田常用之也，故简公见弑。子罕谓宋君曰："夫庆赏赐予者，民之所喜也，君自行之；杀戮刑罚者，民之所恶也，臣请当之。”于是宋君失刑而子罕用之，故宋君见劫。田常[1]徒用德而简公弑，子罕徒用刑而宋君劫。故今世为人臣者兼刑、德而用之，则是世主之危甚于简公、宋君也。故劫杀拥蔽之主，非失刑、德而使臣用之而不危亡者，则未尝有也。

人主将欲禁奸，则审合刑名者，言异事也。为人臣者陈而言，君以其言授之事，专以其事责其功。功当其事，事当其言，则赏；功不当其事，事不当其言，则罚。故群臣其言大而功小者则罚，非罚小功也，罚功不当名也；群臣其言小而功大者亦罚，非不说于大功也，以为不当名也，害甚于有大功，故罚。昔者韩昭侯醉而寝，典冠者见君之寒也，故加衣于君之上。觉寝而说，问左右曰：“谁加衣者？”左右对曰：“典冠。”君因兼罪典衣与典冠。其罪典衣，以为失其事也；其罪典冠，以为越其职也。非不恶寒也，以为侵官之害甚于寒。故明主之畜臣，臣不得越官而有功，不得陈言而不当。越官则死，不

① “田常”，原作“常罕”，据赵本、迂本改。

当则罪。守业其官，所言者贞也，则群臣不得朋党相为矣。

人主有二患：任贤，则臣将乘于贤以劫其君；妄举，则事沮不胜。故人主好贤，则群臣饰行以要君欲，则是群臣之情不效；群臣之情不效，则人主无以异其臣矣。故越王好勇，而民多轻死；楚灵王好细腰，而国中多饿人；齐桓公妒[①]而好内，故竖刁自宫以治内；桓公好味，易牙蒸其子首而进之；燕子哙好贤，故子之明不受国。故君[②]见恶则群臣匿端，君见好则群臣诬能。人主欲见，则群臣之情态得其资矣。故子之托于贤以夺其君者也，竖刁、易牙因君之欲以侵其君者也。其卒，子哙以乱死，桓公虫流出尸而不葬。此其故何也？人君以情借臣之患也。人臣之情非必能爱其君也，为重利之故也。今人主不掩其情，不匿其端，而使人臣有缘以侵其主，则群臣为子之、田常不难矣。故曰："去好去[③]恶，群臣见素。"群臣见素，则大君不蔽矣。

① "妒"下原有"外"字，据迂本删。
② "君"下原有"子"字，据赵本、迂本删。
③ "去"，底本原无，据赵本、迂本补。

扬权第八

天有大命，人有大命。夫香美脆味，厚酒肥肉，甘口而疾形；曼理皓齿，说情而捐精。故去[1]甚去泰，身乃无害。权不欲见，素无为也。事在四方，要在中央。圣人执要，四方来效。虚而待之，彼自以之。四海既藏，道阴见阳。左右既立，开门而当。勿变勿易，与二俱行，行之不已，是谓履理也。

夫物者有所宜，材者有所施，各处其宜，故上下无为。使鸡司夜，令狸执鼠，皆用其能，上乃无事。上有所长，事乃不方。矜而好能，下之所欺。辩惠好生，下因其材。上下易用，国故不治。

① “去”下原有“泰”字，据赵本、迂本删。

用一之[1]道，以名为首，名正物定，名倚物徙。故圣人执一以静，使名自命，令事自定。不见其采，下故素正。因而任之，使自事之；因而予之，彼将自举之；正与处之，使皆自定之。上以名举之，不知其名，复修其形。形名参同，用其所生。二者诚信，下乃贡情。

谨修所事，待命于天。毋失其要，乃为圣人。圣人之道，去智与巧，智巧不去，难以为常。民人用之，其身多殃；主上用之，其国危亡。因天之道，反形之理，督参鞠之，终则有始。虚以静后，未尝用己。凡上之患，必同其端；信而勿同，万民一从。

夫道者，弘大而无形；德者，核理而普至。至于群生，斟酌用之，万物皆盛，而不与其宁。道者，下周于事，因稽而命，与时生死。参名异事，通一同情。故曰：道不同于万物，德不同于[2]阴阳，衡不同于轻重，绳不同于出入，和不

① “之”，底本原无，据赵本、迂本补。
② “于”，底本原无，据赵本、迂本补。

同于燥湿，君不同于群臣[1]。凡此六者，道之出也。道无双，故曰一。是故明君贵独道之容。君臣不同道，下以名祷。君操其名，臣效其形，形名参同，上下和调也。

凡听之道，以其所出，反以为之入。故审名以定位，明分以辩类。听言之道，溶若甚醉。唇乎齿乎，吾不为始乎；齿乎唇乎，愈惛惛乎。彼自离之，吾因以知之；是非辐凑，上不与构。虚静无为，道之情也；参伍比物，事之形也。参之以比物，伍之以合虚。根干不革，则动泄不失矣。动之溶之，无为而改之。喜之则多事，恶之则生怨。故去喜去恶，虚心以为道舍。上不与共之，民乃宠之；上不与义之，使独为之。上固闭内扃，从室视庭，参咫尺已具，皆之其处。以赏者赏，以刑者刑，因其所为，各以自成。善恶必及，孰敢不信？规矩既设，三隅乃列。

主上不神，下将有因；其事不当，下考其常。若天若地，是谓累解；若地若天，孰疏孰

① “君不同于群臣”，原作“君子不同群于臣”，据赵本、迂本改。

亲？能象天地，是谓圣人。欲治其内，置而勿亲；欲治其外，官置一人。不使自恣，安得移并？大臣之门，唯恐多人。凡治之极，下不能得。周合刑名，民乃守职；去此更求，是谓大惑。猾民愈众，奸邪满侧。故曰：毋富人而贷焉，毋贵人而逼焉，毋专信一人而失其都[①]国焉。腓大于股，难以趣走。主失其神，虎随其后。主上不知，虎将为狗。主不蚤止，狗益无已。虎成其群，以弑其母。为主而无臣，奚国之有？主施其法，大虎将怯；主施其刑，大虎自宁。法刑苟[②]信，虎化为人，复反其真。

欲为其国，必伐其聚；不伐其聚，彼将聚众。欲为其地，必适其赐；不适其赐，乱人求益。彼求我予，假仇人斧；假之不可，彼将用之以伐我。黄帝有言曰："上下一日百战。"下匿其私，用试其上；上[③]操度量，以割其下。故度量之立，主之宝也；党与之具，臣之宝也。臣之所不弑其君者，党与不具也。故上失扶寸，下得

① "都"，原作"郡"，据赵本、迂本改。
② "苟"，原作"狗"，据王先慎说改。
③ "上"，原作"下"，据赵本、迂本改。

寻常。有国之君，不大其都；有道之臣，不贵其家；有道之君，不贵其臣。贵之富之，备将代之。备危恐殆，急置太子，祸乃无从起。内索出圉，必身自执其度量。厚者亏之，薄者靡之。亏靡有量，毋使民比周，同欺其上。亏之若月，靡之若热。简令谨诛，必尽其罚。

毋弛而弓，一栖两雄。一栖两雄，其斗㘖㘖。豺狼在牢，其羊不繁。一家二贵，事乃无功。夫妻持政，子无适从。

为人君者，数披其木，毋使木枝扶疏；木枝扶疏，将塞公闾，私门将实，公庭将虚，主将壅围。数披其木，无使木枝外拒；木枝外拒，将逼主处。数披其木，毋使枝大本小；枝大本小，将不胜春风；不胜春风，枝将害心。公子既众，宗室忧吟。止之之道，数披其木，毋使枝茂。木数披，党与乃离。掘其根本，木乃不神。填其汹渊，毋使水清。探其怀，夺之威。主上用之，若电若雷。

八奸第九

凡人臣之所道成奸者有八术：一曰在同床。何谓同床？曰：贵夫人，爱孺子，便僻好色，此人主之所惑也。托于燕处之虞，乘醉饱之时，而求其所欲，此必听之术也。为人臣者内事之以金玉，使惑其主，此之谓“同床”。二曰在旁。何谓在旁？曰：优笑侏儒，左右近习，此人主未命而唯唯，未使而诺诺，先意承旨，观貌察色以先主心者也。此皆俱进俱退，皆应皆对，一辞同轨以移主心者也。为人臣者内事之[1]以金玉玩好，外为之行不法，使之化其主，此之谓“在旁”。三曰父兄。何谓父兄？曰：侧室公子，人主之所亲爱也；大臣廷吏，人主之所与度计也。

① “之”，原作“比”，据赵本改。

此皆尽力毕议，人主之所必听也。为人臣者事[1]公子侧室以音声子女，收大臣廷吏以辞言，处约言事，事成则进爵益禄以劝其心，使犯其主，此之谓“父兄”。四曰养殃。何谓养殃？曰：人主乐美宫室台池，好饰子女狗马以娱其心，此人主之殃也。为人臣者尽民力以美宫室台池，重赋敛以饰子女狗马，以娱其主而乱其心，从其所欲而树私利其间，此谓“养殃”。五曰民萌。何谓民萌？曰：为人臣者散公财以说民人，行小惠以取百姓，使朝廷市井皆劝誉己，以塞其主而成其所欲，此之谓“民萌”。六曰流行。何谓流行？曰：人主者，固壅其言谈，希于听论议，易移以辩说。为人臣者求诸侯之辩士，养国中之能说者，使之以语其私。为巧文之言，流行之辞，示之以利势，惧之以患害，施属虚辞以坏其主，此之谓“流行”。七曰威强。何谓威强？曰：君人者，以群臣百姓为威强者也。群臣百姓之所善则君善之，非群臣百姓之所善则君不善之。为人臣者，聚带剑之客，养必死之士，以彰其威，明为

① “事”下原有“毕”字，据赵本、迂本删。

己者必利，不为己者必死，以恐其群臣百姓而行其私，此之谓“威强”。八曰四方。何谓四方？曰：君臣者，国小则事大国，兵弱则畏强兵。大国之所索，小国必听；强兵之所加，弱兵必服。为人臣者重赋敛，尽府库，虚其国以事大国，而用其威求诱其君；甚者举兵以聚边境而制敛于内，薄者数内大使以震其君，使之恐惧，此之谓“四方”。凡此八者，人臣之所以道成奸，世主所以壅劫，失其所有也，不可不察焉。

明君之于内也，娱其色而不行其谒，不使私请。其于左右也，使其身必责其言，不使益辞。其于父兄大臣也，听其言也必使以罚任于后，不令妄举。其于观乐玩好也，必令之有所出，不使擅进，不使擅退，群臣虞其意。其于德施也，纵禁财，发坟仓，利于民者必出于君，不使人臣私其德。其于说议也，称誉者所善，毁疵者所恶，必实其能，察其过，不使群臣相为语。其于[1]勇力之士也，军旅之功无逾[2]赏，邑斗之勇无赦罪，不使群臣行私

① “于”，底本原无，据赵本、迂本补。
② “逾”，原作“喻”，据赵本、迂本改。

财。其于诸侯之求索也，法则听之，不法则距之。

所谓亡君者，非莫有其国也，而有之者皆非己有也。令臣以外为制于内，则是君人者亡也。听大国为救亡也，而亡亟于不听，故不听。群臣知不听，则不外诸侯；诸侯之不听，则不受臣之[①]诬其君矣。

明主之为官职爵禄也，所以进贤材劝有功也。故曰：贤材者处厚禄，任大官；功大者有尊爵，受重赏。官贤者量其能，赋禄者称其功。是以贤者不诬能以事其主，有功者乐进其业，故事成功立，今则不然，不课贤不肖，不[②]论有功劳，用诸侯之重。听左右之谒，父兄大臣上请爵禄于上，而下卖之以收财利及以树私党。故财利多者买官以为贵，有左右之交者请谒以成重。功劳之臣不论，官职之迁失谬。是以吏偷官而外交，弃事而财亲。是以贤者懈怠而不劝，有功者隳而简其业，此亡国之风也。

---

① “臣之”，原作“之臣”，据赵本、迂本改。

② “不”，底本原无，据王先慎说补。

卷三

十过第十

十过：一曰行小忠，则大忠之贼也。二曰顾小利，则大利之残也。三曰行僻自用，无礼诸侯，则亡身之至也。四曰不务听治而好五音，则穷身之事也。五曰贪愎喜利，则灭国杀身之本也。六曰耽于女乐，不顾国政，则亡国之祸也。七曰离内远游而忽于谏士，则危身之道也。八曰过而不听于忠臣，而独行其意，则灭高名为人笑之始也。九曰内不量力，外恃诸侯，则削国之患也。十曰国小无礼，不用谏臣，则绝世之势也。

奚谓小忠？昔者，楚共王[①]与晋厉公战于鄢陵，楚师败而共王伤其目。酣战之时，司马子反渴而求饮，竖谷阳操觞酒而进之。子反曰：

① “共王”，原作“王共”，据赵本、迂本改。

“嘻！退，酒也。”谷阳曰：“非酒也。”[1]子反受而饮之。子反之为人也，嗜酒而甘之，弗能绝于口，而醉。战既罢，共王欲复战，令人召司马子反，司马子反辞以心疾。共王驾而自往，入其幄中，闻酒臭而还，曰：“今日之战，不穀亲伤。所恃者司马也，而司马又醉如此，是亡楚国之社稷而不恤[2]吾众也。不穀无复战矣。”于是还师而去，斩司马子反以为大戮。故竖谷阳之进酒，不以仇子反也，其心忠爱之，而适足以杀之。故曰：行小忠则大忠之贼也。

奚谓顾小利？昔者，晋献公欲假道于虞以伐虢。荀息曰：“君其以垂棘之璧与屈产之乘，赂虞公，求假道焉，必假我道。”君曰：“垂棘之璧，吾先君之宝也；屈产之乘，寡人之骏马也。若受吾币不假之道，将奈何？”荀息曰：“彼不假我道，必不敢受我币。若受我币而假我道，则是宝犹取之内府而藏之外府也，马犹取之内厩而著之外厩也，君勿忧。”君曰：“诺。”乃使荀

① “谷阳曰非酒也”，底本原无，据赵本、迂本补。
② “恤”，原作“言”，据赵本、迂本改。

息以垂棘之璧与屈产之乘赂虞公而求假道焉。虞公贪利其璧与马而欲许之。宫之奇谏曰：“不可许。夫虞之有虢也，如车之有辅。辅依车，车亦依辅，虞、虢之势正是也。若假之道，则虢朝亡而虞夕从之矣。不可，愿勿许。”虞公弗听，遂假之道。荀息伐虢之还，反处三年，兴兵伐虞，又克之。荀息牵马操璧而报献公，献公说曰：“璧则犹是也。虽然，马齿亦益长矣。”故虞公之兵殆而地削者，何也？爱小利而不虑其害。故曰：顾小利则大利之残也。

奚谓行僻？昔者，楚灵王为申之会[①]，宋太子后至，执而囚之，狎徐君，拘齐庆封。中射士谏曰：“合诸侯，不可无礼，此存亡之机也。昔者桀为有戎之会而有缗叛之，纣为黎丘之蒐而戎、狄叛之，由无礼也。君其图之。”君不听，遂行其意。居未期年，灵王南游，群臣从而劫之，灵王饿而死乾溪之上。故曰：行僻自用，无礼诸侯，则亡身之至也。

奚谓好音？昔者，卫灵公将之晋，至濮水

① “会”，原作“命”，据迂本改。

之上，税车而放马，设舍以宿。夜分，而闻鼓新声者而说之，使人问左右，尽报弗闻。乃召师涓而告之曰："有鼓新声者，使人问左右，尽报弗闻。其状似鬼神，子为听而写之。"师涓曰："诺。"因静坐抚琴而写之。师涓明日报曰："臣得之矣，而未习也，请复一宿习之。"灵公曰："诺。"因复留宿，明日而习之，遂去之晋。晋平公觞之于施夷之台。酒酣，灵公起。公曰："有新声，愿请以示。"平公曰："善。"乃召师涓，令坐师旷之旁，援琴鼓之。未终，师旷抚止之，曰："此亡国之声，不可遂也。"平公曰："此道奚出？"师旷曰："此师延之所作，与纣为靡靡之乐也。及武王伐纣，师延东走，至于濮水而自投，故闻此声者，必于濮水之上。先闻此声者，其国必削，不可遂。"平公曰："寡人所好者，音也，子其使遂之。"师涓鼓究之。平公问师旷[①]曰："此所谓何声也？"师旷曰："此所谓清商也。"公曰："清商固最悲乎？"师旷曰："不如清徵。"公曰："清

① "旷"，原作"涓"，据赵本、迂本改。

徵可得而闻乎？”师旷曰：“不可。古之听清徵者，皆有德义之君也。今吾君德薄，不足以听。”平公曰：“寡人之所好者，音也，愿试听之。”师旷不得已，援琴而鼓。一奏之，有玄鹤二八道南方来，集于郎门之垝；再奏之，而列；三奏之，延颈而鸣，舒翼而舞，音中宫商之声，声闻于天。平公大说，坐者皆喜。平公提觞而起，为师旷寿。反坐[①]而问曰：“音莫悲于清徵乎？”师旷曰：“不如清角。”平公曰：“清角可得而闻乎？”师旷曰：“不可。昔者黄帝合鬼神于泰山之上，驾象车而六蛟龙，毕方并辖，蚩尤居前，风伯进扫，雨师洒道，虎狼在前，鬼神在后，腾蛇伏地，凤皇覆上，大合鬼神，作为清角。今主君德薄，不足听之。听之，将恐有败。”平公曰：“寡人老矣，所好者音也，愿遂听之。”师旷不得已而鼓之。一奏，而有玄云从西北方起；再奏之，大风至，大雨随之，裂帷幕，破俎豆，隳廊瓦，坐者散走。平公恐惧，伏于廊室之间。晋国大旱，赤地三年。平公之身遂

① “坐”，底本原无，据迂本补。

癃[1]病。故曰：不务听治而好五音不已，则穷身之事也。

奚谓贪愎？昔者，智伯瑶率赵、韩、魏而伐范、中行，灭之。反归，休兵数年，因令人请地于韩。韩康子欲勿与，段规谏曰："不可不与也。夫知伯之为人也，好利而骜愎。彼来请地而弗与，则移兵于韩必矣。君其与之。与之彼狃，又将请地他国，他国且有不听，不听则知伯必加之兵。如是，韩可以免于患而待其事之变。"康子曰："诺。"因令使者致万家之县一于知伯。知伯说，又令人请地于魏。宣子欲勿与，赵葭谏曰："彼请地于韩，韩与之，今请地于魏，魏弗与，则是魏内自强而外怒知伯也。如弗予，其措兵于魏必矣。"宣子："诺。"因令人致万家之县一于知伯。知伯又令人之赵请蔡、皋狼之地，赵襄子弗与。知伯因阴约韩、魏，将以伐赵。襄子召张孟谈而告之曰："夫知伯之为人也，阳规而阴疏，三使韩、魏而寡人不与焉，其措兵于寡人必矣。今吾安居而可？"张

① "癃"，原作"瘙"，据王先慎说改。

孟谈曰："夫董阏于[1]，简主之才臣也。其治晋阳而尹铎循之，其余教犹存，君其定居晋阳而已矣。"君曰："诺。"乃召延陵生，令将军车骑先至晋阳，君因从之。君至，而行其城郭及五官之藏。城郭不治，仓无积粟，府无储钱，库无甲兵，邑无守具。襄子惧，乃召张孟谈曰："寡人行城郭及五官之藏，皆不备具，吾将何以应敌？"张孟谈曰："臣闻圣人之治，藏于臣，不藏于府库，务修其教，不治城郭。君其出令，令民自遗三年之食，有余粟者入之仓；遗三年之用，有余钱者入之府；遗有奇人者，使治城郭之缮。"君夕出令，明日，仓不容粟，府无积钱，库不受甲兵。居五日而城郭已治，守备已具。君召张孟谈而问之曰："吾城郭已治，守备已具，钱粟已足，甲兵有余，吾奈无箭何？"张孟谈曰："臣闻董子之治晋阳也，公宫之垣皆以荻蒿楛楚墙之，有楛高至于丈，君发而用之。"于是发而试之，其坚则虽菌簵之劲弗能过也。君曰："吾箭已足

① "于"，原作"子"，据赵本、迂本改。

矣，奈无金何？”张孟谈曰：“臣闻董子治晋阳也，公宫令舍之堂皆以炼铜为柱质，君发而用之。”于是发而用之，有余金矣。号令已定，守备已具，三国之兵果至。至则乘晋阳之城，遂战，三月弗能拔。因军而围之，决晋阳之水以灌之，围晋阳三年。城中巢居而处，悬釜而炊，财食将尽，士大夫羸病。襄子谓张孟谈曰：“粮食匮，财力尽，士大夫羸病，吾恐不能守矣！欲以城下，何国之可下？”张孟谈曰：“臣闻之，亡弗能存，危弗能安，则无为贵智矣。君失此计者，臣请试潜行而出，见韩、魏之君。”张孟谈见韩、魏之君曰：“臣闻唇亡齿寒。今知伯率二君而伐赵，赵将亡矣。赵亡，则二君为之次。”二君曰：“我知其然也。虽然，知伯之为人也，粗中而少亲，我谋而觉，则其祸必至矣，为之奈何？”张孟谈曰：“谋出二君之口而入臣之耳，人莫之知也。”二君因与张孟谈约三军之反，与之期日。夜遣孟谈入晋阳，以报二君之反。襄子迎孟谈而再拜之，且恐且喜。二君以约遣张孟谈，因朝知伯而出，遇智过于辕门之外。智过怪其色，因入见知伯曰：“二君貌将有变。”君曰：“何如？”曰[①]：“其行矜而意高，非他时之节也，君不如先之。”君曰：“吾与二主约谨矣，破赵而三分其地。寡人所以亲之，必不侵欺。兵之著于晋阳三年，今旦暮将拔之而向其利，何乃将有他心？必不然。子释勿忧，勿出于口。”明旦，二主又朝而出，复见智过于辕门。智过入见曰：“君以臣之言告二主乎？”君曰：“何以知之？”曰：“今日二主朝而出，见臣而其色动，而视属臣，此必有变，君不如杀之。”君曰：“子置勿复言。”智过曰：“不可，必杀之；若不能杀，遂亲之。”君曰：“亲之奈何？”智过曰：“魏宣子之谋臣曰赵葭，韩康子之谋臣曰段规，此皆能移其君之计。君与其二君约：破赵国，因封二子者各万家之县一。如是则二主之心可以无变矣。”知伯曰：“破赵而三分其地，又封二子者各万家之县一，则吾所得者少，不可。”智过见其言之不听也，出，因更其族为辅氏。至于期日之夜，赵氏杀其守堤之吏

① “曰”，底本原无，据王先慎说补。

而决其水灌知伯军。知伯军救水而乱，韩、魏翼而击之，襄子将卒犯其前，大败知伯之军而擒知伯。知伯身死军破，国分为三，为天下笑。故曰：贪愎好利，则灭国杀身之本也。

奚谓耽于女乐？昔者，戎王使由余聘于秦，穆公问之曰："寡人尝闻道而未得目见之也，愿闻古之明主得国失国何常以？"由余对曰："臣尝得闻之矣，常以俭得之，以奢失之。"穆公曰："寡人不辱而问道于子，子以俭对寡人，何也？"由余对曰："臣闻昔者尧有天下，饭于土簋，饮于土铏。其地南至交趾，北至幽都，东西至日月之所出入者，莫不宾服。尧禅天下，虞舜受之。作为食器，斩山木而财之，削锯修之迹，流漆墨其上，输之于宫，以为食器，诸侯以为益侈，国之不服者十三。舜禅天下而传之于禹，禹作为祭器，墨染其外而朱画其内，缦帛为茵，蒋席颇缘，觞酌有采而樽俎有饰，此弥侈矣，而国之不服者三十三。夏后氏没，殷人受之，作为大路而建九旒，食器雕琢，觞酌刻镂，四壁垩墀，茵席雕文，此弥侈矣，而国之不服者五十三。君子皆知文章矣，而欲服者弥少。臣故曰：俭其道也。”由余出，公乃召内史廖而告之曰：“寡人闻邻国有圣人，敌国之忧也。今由余，圣人也，寡人患之，吾将奈何？”内史廖曰：“臣闻戎王之居，僻陋而道远，未闻中国之声。君其遗之女乐，以乱其政，而后为由余请期[①]，以疏其谏，彼君臣有间而后可图也。”君曰：“诺。”乃使史廖以女乐二八遗戎王，因为由余请期。戎王许诺，见其女乐而说之，设酒张饮，日以听乐，终岁不迁，牛马半死。由余归，因谏戎王，戎王弗听，由余遂去之秦。秦穆公迎而拜之上卿，问其兵势与其地形。既以得之，举兵而伐之，兼国十二，开地千里。故曰：耽于女乐，不顾国政，亡国之祸也。

奚谓离内远游？昔者，田成子游于海而乐之。号令诸大夫曰：“言归者死。”颜涿聚曰：“君游海而乐之，奈臣有图国者何？君虽乐之，将安得？”田成子曰：“寡人布令曰‘言归者死’，今子犯寡人之令。”援戈将击之。颜涿聚曰：“昔桀杀关龙逄而纣杀王子比干，今君虽杀

① “期”，原作“其”，据赵本、迂本改。

臣之身，以三之可也。臣言为国，非为身也。”延颈而前曰：“君击之矣！”君乃释戈趣驾而归。至三日，而闻国人有谋不内田成子者矣。田成子所以遂有齐国者，颜涿聚之力也。故曰：离内远游，则危身之道也。

奚谓过而不听于忠臣？昔者，齐桓公九合诸侯，一匡天下，为五伯长，管仲佐之。管仲老，不能用事，休居于家，桓公从而问之曰：“仲父家居有病，即不幸而不起此病，政安迁之？”管仲曰：“臣老矣，不可问也。虽然，臣闻之：知臣莫若君，知子莫若父。君其试以心决之。”君曰：“鲍叔牙何如？”管仲曰：“不可。鲍叔牙为人，刚愎而上悍。刚则犯民以暴，愎则不得民心，悍则下不为用，其心不惧。非霸者之佐也。”公曰：“然则竖刁何如？”管仲曰：“不可。夫人之情莫不爱其身，公妒而好内，竖刁自獖以为治内。其身不爱，又安能爱君？”曰：“然则卫[1]公子开方何如？”管[2]仲曰：“不可。

① “卫”，底本原无，据迂本补。
② “管”上原有“曰”字，据赵本、迂本删。

齐、卫之间，不过十日之行，开方为事君，欲适君之故，十五年不归见其父母，此非人情也。其父母之不亲也，又能亲君乎？”公曰：“然则易牙何如？”管仲曰：“不可。夫易牙为君主味，君之所未尝食唯人肉耳，易牙蒸其子首而进之，君所知也。人之情莫不爱其子，今蒸其子以为膳于君，其子弗爱，又安能爱君乎？”公曰：“然则孰可？”管仲曰：“隰朋可。其为人也，坚中而廉外，少欲而多信。夫坚中则足以为表，廉外则可以大任，少欲则能临其众，多信则能亲邻国。此霸者之佐也，君其用之。”君曰：“诺。”居一年余，管仲死，君遂不用隰朋而与竖刁。刁莅事三年，桓公南游堂阜，竖刁率易牙、卫公子开方及大臣为乱，桓公渴馁而死南门之寝公守之室，身死三月不收，虫出于户。故桓公之兵横行天下，为五伯长，卒见弑于其臣而灭高名，为天下笑者，何也？不用管仲之过也。故曰：过而不听于忠臣，独行其意，则灭其高名，为人笑之始也。

奚谓内不量力？昔者，秦之攻宜阳，韩氏急，公仲朋谓韩君曰：“与国不可恃也，岂如因张仪为和于秦哉！因赂以名都而南与伐楚，是患解于秦而害交于楚也。”公曰：“善。”乃警公仲之行，将西和秦。楚王闻之惧，召陈轸而告之曰：“韩朋将西和秦，今将奈何？”陈轸曰：“秦得韩之都一，驱其练甲，秦、韩为一以南乡楚，此秦王之所以庙祠而求也，其为楚害必矣。王其趣发信臣，多其车、重其币以奉韩曰：‘不穀之国虽小，卒已悉起，愿大国之信意于秦也。因愿大国令使者入境视楚之起卒也。’”韩使人之楚，楚王因发车骑陈之下路，谓韩使者曰：“报韩君，言弊邑之兵今将入境矣。”使者还报韩君，韩君大悦，止公仲。公仲曰：“不可。夫以实告我者秦也，以名救我者楚也，听楚之虚言而轻诬强秦之实祸，则危国之本也。”韩君弗听，公仲怒而归，十日不朝。宜阳益急，韩君令使者趣卒于楚，冠盖相望而卒无至者，宜阳果拔，为诸侯笑。故曰：内不量力，外恃诸侯者，则国削之患也。

奚谓国小无礼？昔者，晋公子重耳出亡，过于曹，曹君袒裼而观之。釐负羁与叔瞻侍于前。叔瞻谓曹君曰：“臣观晋公子，非常人也。

君遇之无礼，彼若有时反国而起兵，即恐为曹伤，君不如杀之。”曹君弗听。釐负羁归而不乐，其妻问之曰：“公从外来而有不乐之色，何也？”负羁曰：“吾闻之：有福不及，祸来连我。今日吾君召晋公子，其遇之无礼，我与在前，吾是以不乐。”其妻曰：“吾观晋公子，万乘之主也；其左右从者，万乘之相也。今穷而出亡过于曹，曹遇之无礼，此若反国，必诛无礼，则曹其首也。子奚不先自贰焉。”负羁曰：“诺。”盛黄金于壶，充之以餐，加璧其上，夜令人遗公子。公子见使者，再拜，受其餐而辞其璧。公子自曹入楚，自楚入秦。入秦三年，秦穆公召群臣而谋曰：“昔者晋献公与寡人交，诸侯莫弗闻。献公不幸离群臣，出入十年矣。嗣子不善，吾恐此将令其宗庙不祓除而社稷不血食也。如是弗定，则非与人交之道。吾欲辅重耳而入之晋，何如？”群臣皆曰：“善。”公因起卒，革车五百乘，畴骑二千，步卒五万，辅重耳入之于晋，立为晋君。重耳即位三年，举兵而伐曹矣。因令人告曹君曰：“悬叔瞻而出之，我且杀而以为大戮。”又令人告釐负羁曰：“军旅薄城，吾知子不违也。其表子之闾，寡人将以为令，令军勿敢犯。”曹人闻之，率其亲戚而保釐负羁之闾者七百余家。此礼之所用也。故曹，小国也，而迫于晋、楚之间，其君之危犹累卵也，而以无礼莅之，此所以绝世也。故曰：国小无礼，不用谏臣，则绝世之势也。

卷四

孤愤第十一

智术之士，必远见而明察，不明察不能烛私；能法之士，必强毅而劲直，不劲直不能矫奸。人臣循令而从事，案法而治官，非谓重人也。重人也者，无令而擅为，亏法以利私，耗国以便家，力能得其君，此所为重人也。智术之士，明察听用，且烛重人之阴情；能法之士，劲直听用，且矫重人之奸行。故智术能法之士用，则贵重之臣必在绳之外矣。是智法之士与当涂之人，不可两存之仇也。

当涂之人擅事要，则外内为之用矣。是以诸侯不因则事不应，故敌国为之讼；百官不因则业不进，故群臣为之用；郎中不因则不得近主，故左右为之匿；学士不因则养禄薄礼卑，故学士为之谈也。此四助者，邪臣之所以自饰也。重人不能忠主而进其仇，人主不能越四助而烛察其臣，故人主愈弊而大臣愈重。

凡当涂者之于人主也，希不信爱也，又且习故。若夫即主心，同乎好恶，固其所自进也。官爵贵重，朋党又众，而一国为之讼。则法术之士欲干上者，非有所信爱之亲、习故之泽也，又将以法术之言矫人主阿辟之心，是与人主相反也。处势[1]卑贱，无党孤特。夫以疏远与近爱信争，其数不胜也；以新旅与习故争，其数不胜也；以反主意与同好争，其数不胜也；以轻贱与贵重争，其数不胜也；以一口与一国争，其数不胜也。法术之士操五不胜之势，以岁数而又不得见；当涂之人乘五胜之资，而旦暮独说于前：故法术之士奚道得进，而人主奚时得悟乎？故资必不胜而势不两存，法术之士焉得不危？其可以罪过诬者，公法而诛之；其不可被以罪过者，以私剑而穷之。是明法术而逆主上者，不僇[2]于吏诛，必死于私剑矣。朋党比周以弊主，言曲以便私者，必信于重人矣。故其可以功伐借者，以官

① “势”，原作“世”，据赵本、迂本改。

② “僇”，原作“憀”，据赵本改。

爵贵之；其不可借以美名[①]者，以外权重之。是以弊主上而趋于私门者，不显于官爵，必重于外权矣。今人主不合参验而行诛，不待见功而爵禄，故法术之士安能蒙死亡而进其说？奸邪之臣安肯乘利而退其身？故主上愈卑，私门益尊。

夫越虽富兵强，中国之主皆知无益于己也，曰："非吾所得制也。"今有国者虽地广人众，然而人主壅蔽，大臣专权，是国为越也。智不类越，而不智不类其国，不察其类者也。人主所以谓齐亡者，非地与城亡也，吕氏弗制而田氏用之；所以谓晋亡者，亦非地与城亡也，姬氏不制而六卿专之也。今大臣执柄独断而上弗知收，是人主不明也。与死人同病者，不可生也；与亡国同事者，不可存也。今袭迹于齐、晋，欲国安存，不可得也。

凡法术之难行也，不独万乘，千乘亦然。人主之左右不必智也，人主于人有所智而听之，因与左右论其言，是与愚人论智也。人主之左右不必贤也，人主于人有所贤而礼之，因与左右论其

① "名"，原作"明"，据赵本、迂本改。

行，是与不肖论贤也。智者决策于愚人，贤士程行于不肖，则贤智之士羞而人主之论悖矣。人臣之欲得官者，其修士且以精洁固身，其智士且以治辩进业。其修士不能以货赂事人，恃其精洁而更不能以枉法为治，则修智之士不事左右，不听请谒矣。人主之左右，行非伯夷也，求索不得，货赂不至，则精辩之功息，而毁诬之言起矣。治乱之功制于近习，精洁之行决于毁誉，则修智之吏废，则人主之明塞矣。不以功伐决智行，不以参伍审罪过，而听左右近习之言，则无能之士在廷而愚污之吏处官矣。

万乘之患大臣太重，千乘之患左右太信，此人主之所公患也。且人臣有大罪，人主有大失，臣主之利与相异者也。何以明之哉？曰：主利在有能而任官，臣利在无能而得事；主利在有劳而爵禄，臣利在无功而富贵；主利在豪杰使能，臣利在朋党用私。是以国地削而私家富，主上卑而大臣重。故主失势而臣得国，主更称蕃臣，而相室剖符。此人臣之所以谲主便私也。故当世之重臣，主变势而得固宠者，十无二三。是其故何也？人臣之罪大也。臣有大罪者，其行欺主也，其罪当死亡也。智士者远见而畏于死亡，必不从重人矣；贤士者修廉而羞与奸臣欺其主，必不从重臣矣。是当涂者之徒属，非愚而不知患者，必污而不避奸者也。大臣挟愚污之人，上与之欺主，下与之收利，侵渔朋党，比周相与，一口惑主败法，以乱士民，使国家危削，主上劳辱，此大罪也。臣有大罪而主弗禁，此大失也。使其主有大失于上，臣有大罪于下，索国之不亡者，不可得也。

说难第十二

凡说之难：非吾知之有以说之之难也，又非吾辩之能明吾意之难也，又非吾敢横失而能尽之难也。凡说之难：在知所说之心，可以吾说当之。所说出于为名高者也，而说之以厚利，则见下节而遇卑贱，必弃远矣。所说出于厚利者也，而说之以名高，则见无心而远事情，必不收矣。

所说阴为厚利而显为名高者也，而说之以名高，则阳收其身而实疏之；说之以厚利，则阴用其言显弃其身矣。此不可不察也。

夫事以密成，语以泄败。未必其身泄之也，而语及所匿之事，如此者身危。彼显有所出事，而乃以成他故，说者不徒知所出而已矣，又知其所以为，如此者身危。规异事而当，知者揣之外而得之，事泄于外，必以为己也，如此者身危。周泽未渥也，而语极知，说行而有功则德忘，说不行而有败则见疑，如此者身危。贵人有过端，而说者明言礼义以挑其恶，如此者[①]身危。贵人或得计而欲自以为功，说者与知焉，如此者身危。强以其所不能为，止以其所不能已，如此者身危。故与之论大人，则以为间己矣；与之论细人，则以为卖重；论其所爱，则以为藉资；论其所憎[②]，则以为尝己也；径省其说，则以为不智而拙之；米盐博辩，则以为多而交之。略事陈意，则曰怯懦而不尽；虑事广肆，则曰草野而倨

① "者"，底本原无，据迂本补。

② "憎"，原作"增"，据赵本、迂本改。

侮。此说之难，不可不知也。

凡说之务，在知饰所说之所矜而灭其所耻。彼有私急也，必以公义示而强之。其意有下也，然而不能已，说者因为之饰其美而少其不为也。其心有高也，而实不能及，说者为之举其过而见其恶，而多其不行也。有欲矜以智能，则为之举异事之同类者，多为之地，使之资说于我，而佯不知也以资其智。欲内相存之言，则必以美名明之，而微见其合于私利也。欲陈危害之事，则显其毁诽，而微见其合于私患也。誉异人与同行者，规异事与同计者。有与同污者，则必以大饰其无伤也；有与同败者，则必以明饰其无失也。彼自多其力，则毋以其难概之也；自勇其[①]断，则无以其谪怒之；自智其计，则毋以其败穷之。大意无所拂悟，辞言无所系縻，然后极骋智辩焉。此道所得，亲近不疑而得尽辞也。伊尹为宰，百里奚为虏，皆所以干其上也。此二人者，皆圣人也，然犹不能无役身以进，如[②]此其污

①“其”，原作“之”，据迂本改。

②“如”上原有“加”字，据迂本删。

也。今以吾言为宰虏，而可以听用而振世，此非能仕之所耻也。夫旷日弥[1]久，而周泽既[2]渥，深计而不疑，引争而不罪，则明割利害以致其功，直指是非以饰其身。以此相持，此说之成也。

昔者郑武公欲伐胡，故先以其女妻胡君以娱其意，因问于群臣："吾欲用兵，谁可伐者？"大夫关其思对曰："胡可伐。"武公怒而戮之，曰："胡，兄弟之国也。子言伐之，何也？"胡君闻之，以郑为亲己，遂不备郑，郑人袭胡，取之。宋有富人，天雨墙坏，其子曰："不筑，必将有盗。"其邻人之父亦云。暮而果大亡其财。其家甚智其子，而疑邻人之父。此二人说者皆当矣，厚者为戮，薄者见疑，则非知之难也，处知则难也。故绕朝之言当矣，其为圣人于晋而为戮于秦也，此不可不察。

昔者弥子瑕有宠于卫君。卫国之法：窃驾君车者罪刖[3]。弥子瑕母病，人间往夜告弥子，弥子矫驾君车以出。君闻而贤之，曰："孝哉！为

---

① "弥"，原作"离"，据王先慎说改。
② "既"，原作"未"，据迂本改。
③ "刖"，原作"则"，据赵本、迂本改。

母之故，忘其刖罪。”异日，与君游于果园，食桃而甘，不尽，以其半啖君。君曰：“爱我哉！忘其口味，以啖寡人。”及弥子色衰爱弛，得罪于君，君曰：“是固尝矫驾吾车，又尝啖我以余桃。”故弥子之行未变于初也，而以前之所以见贤而后获罪者，爱憎之变也。故有爱于主，则智当而加亲；有憎于主，则智不当见罪而加疏。故谏说谈论之士，不可不察爱憎之主而后说焉。

夫龙之为虫也，柔可狎而骑也；然其喉下有逆鳞径尺，若人有婴之者，则必杀人。人主亦有逆鳞，说者能无婴人主之逆鳞，则几矣。

和氏第十三

楚人和氏得玉璞楚山中，奉而献之厉王。厉王使玉人相之，玉人曰：“石也。”王以和为诳，而刖其左足。及厉王薨，武王即位。和又奉其璞而献之武王，武王使玉人相之，又曰："石也。"王又以和为诳，而刖其右足。武王薨，文王即位。和乃抱其璞而哭于楚山之下，三日三夜，泪尽而继之以血。王闻之，使人问其故，曰："天下之刖者多矣，子奚哭之悲也？"和曰："吾非悲刖也，悲夫宝玉而题之以'石'，贞士而名之以'诳'，此吾所以悲也。"王乃使玉人理其璞而得宝焉，遂命曰"和氏之璧"。

夫珠玉，人主之所急也。和虽献璞而未美，未为主之害也，然犹两足斩而宝乃论，论宝若此其难也。今人主之于法术也，未必和璧之急也，而禁群臣士民之私邪。然则有道者之不僇也，特[①]帝王之璞未献耳。主用术则大臣不得擅断，近习不敢卖重；官行法则浮萌趋于耕农，而游士危于战陈；则法术者乃群臣士民之所祸也。人主非能倍大臣之议，越民萌之诽，独周乎道言也，则法术之士虽至死亡，道必不论矣。

昔者吴起教楚悼王以楚国之俗曰："大臣太

① "特"，原作"持"，据赵本改。

重，封君太众，若此则上逼主而下虐民，此贫[①]国弱兵之道也。不如使封君之子孙三世而收爵禄，绝灭百吏之禄秩，损不急之枝官，以奉选练之士。”悼王行之期年而薨矣，吴起枝解于楚。商君教秦孝公以连什伍，设告坐之过，燔诗书而明法令，塞私门之请而遂公家之劳，禁游宦之民而显耕战之士。孝公行之，主以尊安，国以富强，八年而薨，商君车裂于秦。楚不用吴起而削乱，秦行商君法而富强。二子之言也已当矣，然而枝解吴起而车裂商君者，何也？大臣苦法而细民恶治也。当今之世，大臣贪重，细民安乱，甚于秦、楚之俗，而人主无悼王、孝公之听，则法术之士，安能蒙二子之危也而明己之法术哉？此世所乱无霸王也。

① “贫”，原作“贪”，据王先慎说改。

奸劫弑臣第十四

凡奸臣皆欲顺人主之心，以取亲幸之势者也。是以主有所善，臣从而誉之；主有所憎，臣因而毁之。凡人之大体，取舍同者则相是也，取舍异者则相非也。今人臣之所誉者，人主之所是也，此之谓同取；人臣之所毁者，人主之所非也，此之谓同舍。夫取舍合而相与逆者，未尝闻也。此人臣之所以信幸之道也。夫奸臣得乘信幸之势以毁誉进退群臣者，人主非[①]有术数以御之也，非参验以审之也，必将以曩之合己信今之言，此幸臣之所以得欺主成私者也。故主必蔽[②]于上，而臣必重于下矣，此之谓擅主之臣。

国有擅主之臣，则群下不得尽其智力以陈其

① "非"，原作"所"，据王先慎说改。
② "蔽"，原作"欺"，据王先慎说改。

忠，百官之吏不得奉法以致其功矣。何以明之？夫安利者就之，危害者去之，此人之情也。今为臣尽力以致功，竭智以陈忠者，其身困而家贫，父子罹其害；为奸利以弊人主，行财货以事贵重之臣者，身尊家富，父子被其泽；人焉能去安利之道而就危害之处哉？治国若此其过也，而上欲下之无奸，吏之奉法，其不可得亦明矣。故左右知贞信之不可以得安利也，必曰："我以忠信事上，积功劳而求安，是犹盲而欲知黑白之情，必不幾矣；若以道化行正理，不趋富贵，事上而求安，是犹聋而欲审清浊之声也，愈不幾矣。二者不可以得安，我安能无相比周，蔽主上、为奸私以适重人哉？"此必不顾人主之义矣。其百官之吏，亦知方正之不可以得安也，必曰："我以清廉事上而求安，若无规矩而欲为方圆也，必不幾矣；若以守法不朋党治官而求安，是犹以足搔顶也，愈不幾也。二者不可以得安，能无废法行私以适重人哉？"此必不顾君上之法矣。故以私为重人者众，而以法事君者少矣。是以主孤于上而臣成党于下，此田成之所以弑简公者也。

夫有术者之为人臣也，得效度数之言，上

明主法，下困奸臣，以尊主安国者也。是以度数之言得效于前，则赏罚必用于后矣。人主诚[1]明于圣人之术，而不苟于世俗之言，循名实而定是非，因参验而审言辞。是以左右近习之臣，知伪诈之不可以得安也，必曰："我不去奸私之行，尽力竭智以事主，而乃以相与比周、妄毁誉以求安，是犹负千钧之重陷于不测之渊而求生也，必不幾矣。"百官之吏亦知为奸利之不可以得安也，必曰："我不以清廉方正奉法，乃以贪污之心枉法以取私利，是犹上高陵之颠堕峻溪之下而求生，必不幾矣。"安危之道若此其明也，左右安能以虚言惑主，而百官安敢以贪渔下？是以臣得陈其忠而不弊，下得守其职而不怨。此管仲之所以治齐，而商君之所以强秦也。

从是观之，则圣人之治国也，固有使人不得不爱我之道，而不恃人之以爱为我也。恃人之以爱为[2]我者危矣，恃吾不可不为者安矣。夫君臣非有骨肉之亲，正直之道可以得利，则臣尽力

---

① "诚"，原作"成"，据赵本改。
② "为"，底本原无，据王先慎说补。

以事主；正直之道不可以得安，则臣行私以干上。明主知之，故设利害之道以示天下而已矣。夫是以人主虽不口教百官，不目索奸邪，而国已治矣。人主者，非目若离娄乃为明也，非耳若师旷乃为聪也。目必不任其数，而待目以为明，所见者少矣，非不弊之术也；耳必不因[①]其势，而待耳以为聪，所闻者寡矣，非不欺之道也。明主者，使天下不得不为己视，天下不得不为己听。故身在深宫之中，而明照四海之内，而天下弗能蔽弗能欺者，何也？暗乱之道废，而聪明之势兴也。故善任势者国安，不知因其势者国危。古秦之俗，君臣废法而服私，是以国乱兵弱而主卑。商君说秦孝公以变法易俗而明公道，赏告奸，困末作而利本事。当此之时，秦民习故俗之有罪可以得免，无功可以得尊显也，故轻犯新法。于是犯之者其诛重而必，告之者其赏厚而信，故奸莫不得而被刑者众，民疾怨而众过日闻。孝公不听，遂行商君之法。民后知有罪之必诛，而私奸者众也，故民莫犯，其刑无所加。是以国治而兵

① “因”，原作“固”，据王先慎说改。

强，地广而主尊。此其所以然者，匿罪之罚重，而告奸之赏厚也。此亦使天下必为己视听之道也。至治之法术已明矣，而世学者弗知也。

且夫世之愚学，皆不知治乱之情，讘詼多诵先古之书，以乱当世之治；智虑不足以避阱井之陷，又妄非[1]有术之士。听其言者危，用其计者乱，此亦愚之至大而患之至甚者也。俱与有术之士，有谈说之名，而实于去千万也。此夫名同而实有异者也。夫世愚学之人比有术之士也，犹垲垤之比大陵也，其相去远矣。而圣人者，审于是非之实，察于治乱之情也。故其治国也，正明法，陈严刑，将以救群生之乱，去天下之祸，使强不陵弱，众不暴寡，耆老得遂，幼孤得长，边境不侵，君臣相亲，父子相保，而无死亡系虏之患，此亦功之至厚者也。愚人不知，顾以为暴。愚者固欲治而恶其所以治，皆恶危而喜其所以危者。何以知之？夫严刑重罚者，民之所恶也，而国之所以治也；哀怜百姓，轻刑罚者，民之所喜，而国之所以危也。圣人为法国者，必逆于世

① “非”，底本原无，据赵本、迂本补。

而顺于道德。知之者，同于义而异于俗；弗知之者，异于义而同于俗。天下知之者少，则义非矣。

处非道之位，被众口之谮，溺于当世之言，而欲当严天子而求安，几不亦难哉！此夫智士所以至死而不显于世者也。楚庄王之弟春申君有爱妾曰余，春申君之正妻子曰甲，余欲君之弃其妻也，因自伤其身以视君而泣，曰："得为君之妾，甚幸。虽然，适夫人非所以事君也，适君非所以事夫人也。身故不肖，力不足以适二主，其势不俱适，与其死夫人所者，不若赐死君前。妾以赐死，若复幸于左右，愿君必察之，无为人笑。"君因信妾余之诈，为弃正妻。余又欲杀甲而以其子为后，因自裂其亲身衣之里，以示君而泣，曰："余之得幸君之日久矣，甲非弗知也，今乃欲强戏余，余与争之，至裂余之衣，而此子之不孝莫大于此矣。"君怒，而杀甲也。故妻以妾余之诈弃，而子以之死。从是观之，父之爱子也，犹可以而害也。君臣之相与也，非有父子之亲也，而群臣之毁言，非特一妾之口也，何怪夫贤圣之戮死哉！此商君之所以车裂于秦，而吴起之所以枝解于楚者也。凡人臣者，有罪固不欲诛，无功者皆欲尊显。而圣人之治国也，赏不加于无功，而诛必行于有罪者也。然则有术数者之为人也，固左右奸臣之所害，非明主弗能听也。

世之学术者说人主，不曰“乘威严之势以困奸邪之臣”，而皆曰“仁义惠爱而已矣”。世主美仁义之名而不察其实，是以大者国亡身死，小者地削主卑。何以明之？夫施贫困者，此世之所谓仁义；哀怜百姓，不忍诛罚者，此世之所谓惠爱也。夫有施与贫困，则无功者得赏；不忍诛罚，则暴乱者不止。国有无功得赏者，则民不外务当敌斩首，内不急力田疾作，皆欲行货财，事富贵，为私善，立名誉，以取尊官厚俸。故奸私之臣愈众，而暴乱之徒愈胜，不亡何待？夫严刑[①]者，民之所畏也；重罚者，民之所恶也。故圣人陈其所畏以禁其邪，设其所恶以防其奸，是以国安而暴乱不起。吾以是明仁义爱惠之不足用，而严刑重罚之可以治国也。无棰策之威，衔橛之备，虽造父不能以服马；无规矩之法，绳墨

① “刑”，底本原无，据赵本、迂本补。

之端，虽王尔不能以成方圆；无威严之势，赏罚之法，虽尧舜不能以为治。今世主皆轻释重罚严诛，行爱惠，而欲霸王之功，亦不可幾也。故善为主者，明赏设利以劝之，使民以功赏而不以仁义赐；严刑重罚以禁之，使民以罪[①]诛而不以爱惠免。是以无功者不望，而有罪者不幸矣。托于犀车良马之上，则可以陆犯阪阻之患；乘舟之安，持楫之利，则可以水绝江河之难；操法术之数，行重罚严诛，则可以致霸王之功。治国之有法术赏罚，犹若陆行之有犀车良马也，水行之有轻舟便楫也，乘之者遂得其成。伊尹得之，汤以王；管仲得之，齐以霸；商君得之，秦以强。此三人者，皆明于霸王之术，察于治强之数，而不以牵于世俗之言；适当世明主之意，则有直任布衣之士，立为卿相之处；处位治国，则有尊主广地之实：此之谓足贵之臣。汤得伊尹，以百里之地立为天子；桓公得管仲，立为五霸主，九合诸侯，一匡天下；孝公得商君，地以广，兵以强。

---

① “罪”，原作“罚”，据赵本、迂本改。下句“罪”字同。

故有忠者，外无敌国之患，内无乱臣之忧，长安于天下，而名垂后世，所谓忠臣也。若夫豫让为智伯臣也，上不能说主使人之明法术度数之理以避祸难之患，下不能领御其众以安其国。及襄子之杀智伯也，豫让乃自黔劓，败其形容，以为智伯报襄子之仇。是虽有残形杀身以为人主之名，而实无益于智伯，若秋毫之末。此吾之所下也，而世主以为忠而高之。古有伯夷、叔齐者，武王让以天下而弗受，二人饿死首阳之陵。若此臣，不畏重诛，不利重赏，不可以罚禁也，不可以赏使也，此之谓无益之臣也。吾所少而去也，而世主之所多而求也。

谚曰："厉怜王。"此不恭之言也。虽然，古无虚谚，不可不察也。此谓劫杀死亡之主言也。人无法术以御其臣，虽长年而美材，大臣犹将得势，擅事主断，而各为其私急。而恐父兄豪杰之士，借人主之力以禁诛于己也，故弑贤长而立幼弱，废正的而立不义。故《春秋》记之曰："楚王子围将聘于郑，未出境，闻王病而反。因入问病，以其冠缨绞王而杀之，遂自立也。齐崔杼其妻美，而庄公通之，数如崔氏之室。

及公往，崔子之徒贾举率崔子之徒而攻公。公入室，请与之分国，崔子不许；公请自刃于庙，崔子又不听；公乃走，逾于北墙。贾举射公，中其股，公坠，崔子之徒以戈斫公而死之，而立其弟景公。”近之所见：李兑之用赵也，饿主父百日而死；淖齿之用齐也，擢湣王之筋，悬之庙梁，宿昔而死。故厉虽瘫肿疕疡，上[①]比于《春秋》，未至于绞颈射[②]股也；下比于近世，未至饥死擢筋也。故劫杀死亡之君，此其心之忧惧，形之苦痛也，必甚于[③]厉矣。由此观之，虽“厉怜王”可也。

① “上”，原作“止”，据赵本、迂本改。
② “射”，底本原无，据赵本、迂本补。
③ “于”，底本原无，据迂本补。

卷五

亡征第十五

凡人主之国小而家大，权轻而臣重者，可亡也。简法禁而务谋虑，荒封内而恃交援者，可亡也。群臣为学，门子好辩，商贾外积，小民右仗者，可亡也。好宫室台榭陂池，事车服器玩，好罢露百姓，煎靡货财者，可亡也。用时日，事鬼神，信卜筮[①]而好祭祀者，可亡也。听以爵以待参验，用一人为门户者，可亡也。官职可以重求，爵禄可以货得者，可亡也。缓心而无[②]成，柔茹而寡断，好恶无决[③]而无所定立者，可亡也。饕贪而无餍，近利而好得者，可亡也。喜淫而不周于法，好辩说而不求其用，滥于文丽而不顾其功者，可亡也。浅薄而易见，漏泄而无

① “卜筮”，原作“十簚”，据赵本、迂本改。
② “而无”，原作“无而”，据赵本、迂本改。
③ “决”，原作“诀”，据赵本改。

藏，不能周密而通群臣之语者，可亡也。很刚而不和，愎谏而好胜，不顾社稷而轻为自信者，可亡也。恃交援而简近邻，怙强大之救而侮所迫之国者，可亡也。羁旅侨士，重帑在外，上间谋计，下与民事者，可亡也。民信其相，下不能其上，主爱信之而弗能废者，可亡也。境内之杰不事，而求封外之士，不以功伐课试，而好以名问举错，羁旅起贵以陵故常者，可亡也。轻其適正，庶子称衡，太子未定而主即世者，可亡也。大心而无悔，国乱而自多，不料境内之资而易其邻敌者，可亡也。国小而不处卑，力少而不畏强，无礼而侮大邻，贪愎而拙交者，可亡也。太子已置，而娶于强敌以为后妻，则太子危，如是则群臣易虑者，可亡也。怯慑而弱守，蚤见而心柔懦，知有谓可，断而弗敢行者，可亡也。出君在外而国置，质太子未反而君易子，如是则国携，国携者，可亡也。挫辱大臣而狎其身，刑戮小民而逆其使，怀怒思耻而专习则贼生，贼生者，可亡也。大臣两重，父兄众强，内党外援以争事势者，可亡也。婢妾之言听，爱玩之智用，外内悲惋而数行不法者，可亡也。简侮大臣，无礼父兄，劳苦百姓，杀戮不辜者，可亡也。好以智矫法，时以行杂公，法禁变易，号令数下者，可亡也。无地固，城郭恶，无畜积，财物寡，无守战之备而轻攻伐者，可亡也。种类不寿，主数即世，婴儿为君，大臣专制，树羁旅以为党，数割地以待交者，可亡也。太子尊显，徒属众强，多大国之交，而威势蚤具者，可亡也。变褊而心急，轻疾而易动发，心悁忿而不訾前后者，可亡也。主多怒而好用兵，简本欲教而轻战攻者，可亡也。贵臣相妒，大臣隆盛，外藉敌国，内困百姓，以攻怨仇，而人主弗诛者，可亡也。君不肖而侧室贤，太子轻而庶子伉，官吏弱而人民桀，如此则国躁，国躁者，可亡也。藏怨而弗发，悬罪而弗诛，使群臣阴憎而愈忧惧，而久未可知者，可亡也。出军命将太重，边地任守太尊，专制擅命，径为而无所请者，可亡也。后妻淫乱，主母畜秽，外内混通，男女无别，是谓两主，两主者，可亡也。后妻贱而婢妾贵，太子卑而庶子尊，相室轻而典谒重，如此则内外乖，内外乖者，可亡也。大臣甚贵，偏党众强，壅塞主断而重擅国者，可亡也。私门之官用，马府之世，乡曲之善举，官职之劳废，贵私行而贱公功者，可亡也。公家虚而大臣实，正户贫而寄寓富，耕战之士困，末作之民利者，可亡也。见大利而不趋，闻祸端而不备，浅薄于争守之事，而务以仁义自饰者，可亡也。不为人主之孝，而慕匹夫之孝，不顾社稷之利，而听主母之令，女子用国，刑余用事者，可亡也。辞辩而不法，心智而无术，主多能而不以法度从事者，可亡也。亲臣进而故人退，不肖用事而贤良伏，无功贵而劳苦贱，如是则下怨，下怨者，可亡也。父兄大臣禄秩过功，章服侵等，宫室供养大侈，而人主弗禁，则臣心无穷，臣心无穷者，可亡也。公婿公孙与民同门，暴傲其邻者，可亡也。

亡征者，非曰必亡，言其可亡也。夫两尧不能相王，两桀不能相亡；亡王之机，必其治乱、其强弱相踦者也。木之折也必通蠹，墙之坏也必通隙。然木虽蠹，无疾风不折；墙虽隙，无大雨不坏。万乘之主，有能服术行法以为亡征之君风雨者，其兼天下不难矣。

三守第十六

人主有三守。三守完，则国安身荣；三守不完，则国危身殆。何谓三守？人臣有议当途之失、用事之过、举臣之情，人主不心藏而漏之近习能人，使人臣之欲有言者，不敢不下适近习能人之心，而乃上以闻人主。然则端言直道之人不得见，而忠直日疏。爱人，不独利也，待誉而后利之；憎人，不独害也，待非而后害之。然则人主无威，而重在左右矣。恶自治之劳惮，使群臣辐凑之变。因传柄移藉，使杀生之机、夺予之要在大臣，如是者侵。此谓三守不完。三守不完，则劫杀之征也。

凡劫有三：有明劫，有事劫，有刑劫。人臣有大臣之尊，外操国要以资群臣，使外内之事非己不得行。虽有贤良，逆者必有祸，而顺者必有福。然则群臣直莫敢忠主忧国以争社稷之利害。人主虽贤，不能独计，而人臣有不敢忠主，则国为亡国矣。此谓国无臣。国无臣者，岂郎中虚而朝臣少哉？群臣持禄养交，行私道而不效公忠，此谓明劫。鬻宠擅权，矫外以胜内，险言祸福得失之形，以阿主之好恶。人主听之，卑身轻国以资之，事败与主分其祸，而功成则臣独专之。诸用事之人，壹心同辞，以语其美，则主言恶者必不信矣，此谓事劫。至于守司囹圄，禁制刑罚，人臣擅之，此谓刑劫。三守不完，则三劫者起[①]；三守完，则三劫者止。三劫止塞，则王矣。

备内第十七

人主之患在于信人。信人，则制于人。人臣之于其君，非有骨肉之亲也，缚于势而不得不事

---

① “起”，原作“超”，据赵本、迂本改。

也。故为人臣者，窥觇其君心也，无须臾之休，而人主怠慠处其上，此世所以有劫君弑主也。为人主而大信其子，则奸臣得乘于子以成其私，故李兑傅赵王而饿主父。为人主而大信其妻，则奸臣得乘于妻以成其私，故优施傅丽姬杀申生而立奚齐。夫以妻之近与子之亲而犹不可信，则其余无可信者矣。

且万乘之主，千乘之君，后妃、夫人適子为太子者，或有欲其君之蚤死者。何以知其然？夫妻者，非有骨肉之恩也，爱则亲，不爱则疏。语曰："其母好者其子抱。"然则其为之反也，其母恶者其子释。丈夫年五十而好色未解也，妇人年三十而美色衰矣。以衰美之妇人事好色之丈夫，则身死见疏贱，而子疑不为后，此后妃、夫人之所以冀其君之死者也。唯母为后而子为主，则令无不行，禁无不止，男女之乐不减于先君，而擅万乘不疑，此鸩毒扼昧之所以用也。故《桃左春秋》曰："人主之疾死者不能处半。"人主弗知，则乱多资。故曰：利君死者众，则人主危。故王良爱马，越王勾践爱人，为战与驰。医善吮人之伤，含人之血，非骨肉之亲也，利所加也。故舆人成舆，则欲人之富贵；匠人成棺，则欲人之夭死也。非舆人仁而匠人贼也，人不贵则舆不售，人不死则棺不买。情非憎[1]人也，利在人之死也。故后妃、夫人太子之党成而欲君之死也，君不死则势不重。情非憎君也，利在君之死也。故人主不可以不加心于利己死者。故日月晕围于外，其贼在内，备其所憎，祸在所爱。是故明王不举不参之事，不食非常之食；远听而近视，以审内外之失；省同异之言，以知朋党之分；偶参伍之验，以责陈言之实；执后以应前，按法以治众，众端以参观；士无幸赏，无逾行；杀必当，罪不赦：则奸邪无所容其私。

徭役多则民苦，民苦则权势起，权势起则复除重，复除重则贵人富。苦民以富贵人，起势以藉人臣，非天下长利也。故曰：徭役少则民安，民安则下无重权，下无重权则权势灭，权势灭则德在上矣。今夫水之胜火亦明矣，然而釜鬵间之，水煎沸竭尽其上，而火得炽盛焚其下，水失其所以胜者矣。今夫治之禁奸又明此，然守法之

① “憎”，原作“增”，据赵本、迂本改。

臣为釜鬵之行，则法独明于胸中，而已失其所以禁奸者矣。上古之传言，《春秋》所记，犯法为逆以成大奸者，未尝不从尊贵之臣也。然而法令之所以备，刑罚之所以诛，常于卑贱，是以其民绝望，无所告诉。大臣比周，蔽上为一，阴相善而阳相恶，以示无私，相为耳目，以候主隙。人主掩蔽，无道得闻，有主名而无实，臣专法而行之，周天子是也。偏借其权势，则上下易位矣，此言人臣之不可借权势也。

南面第十八

人主之过，在己任在臣矣，又必反与其所不任者备之，此其说必与其所任者为仇，而主反制于其所不任者。今所与备人者，且曩之所备也。人主不能明法而以制大臣之威，无道得小人之信矣。人主释法而以臣备臣，则相爱者比周而相誉，相憎者朋党而相非。非誉交争，则主惑乱矣。人臣者，非名誉请谒无以进取，非背法专制无以为威，非假于忠信无以不禁，三者，惛主坏法之资也。人主使人臣虽有智能，不得背法而专制；虽有贤行，不得逾功而先劳；虽有忠信，不得释法而不禁：此之谓明法。

人主有诱于事者，有壅于言者，二者不可不察也。人臣易言事者，少索资，以事诬主。主诱而不察，因而多之，则是臣反以事制主也。如是者谓之诱，诱于事者困于患。其进言少，其退费多，虽有功，其进言不信。不信者有罪，事有功者必赏，则群臣莫敢饰言以惛主。主道者，使人臣前言不复于后，后言不复于前，事虽有功，必伏其罪，谓之任下。

人臣为主设事而恐其非也，则先出说设言曰："议是事者，妒事者也。"人主藏是言，不更听群臣；群臣畏是言，不敢议事。二势者用，则忠臣不听而誉臣独任。如是者谓之壅于言，壅于言者制于臣矣。主道者，使人臣有必[1]言之责，又有不言之责。言无端末，辩无所验者，此

① "有必"，原作"必有"，据王先慎说改。

言之责也；以不言避责，持重位者，此不言之责也。人主使人臣言者必知其端以责其实，不言者必问其取舍以为之责，则人臣莫敢妄言矣，又不敢默然矣，言、默则皆有责也。

人主欲为事，不通其端末而以明其欲，有为之者，其为不得利，必以害反。知此者，任理去欲。举事有道，计其入多，其出少者，可为也。惑主不然，计其入，不计其出，出虽倍其入，不知其害，则是名得而实亡，如是者功小而害大矣。凡功者，其入多，其出少，乃可谓功。今大费无罪而少得为功，则人臣出大费而成小功，小功成而主亦有害。

不知治者，必曰："无变古，毋易常。"变与不变，圣人不听，正治而已。然则古之无变，常之毋易，在常、古之可与不可。伊尹毋变殷，太公毋变周，则汤、武不王矣。管仲毋易齐，郭偃毋更晋，则桓、文不霸矣。凡人难变古者，惮易民之安也。夫不变古者，袭乱之迹；适民心者，恣奸之行也。民愚而不知乱，上懦而不能更，是治之失也。人主者，明能知治，严必行之，故虽拂于民心，立其治。说在商君之内外，而铁殳重盾而豫戒也。故郭偃之始治也，文公有官卒；管仲始治也，桓公有武车：戒民之备也。是以愚[①]赣窳堕之民，苦小费而忘大利也，故夤虎受阿谤。而輾小变而失长便，故邹贾非载旅。狎习于乱而容于治，故郑人不能归。

饰邪第十九

凿龟数策，兆曰“大吉”，而以攻燕者，赵也。凿龟数策，兆曰“大吉”，而以攻赵者，燕也。剧辛之事燕，无功而社稷危；邹衍之事燕，无功而国道绝。赵代先得意于燕，后得[②]意于齐，国乱节高。自以为与秦提衡，非赵龟神而燕龟欺也。赵又尝凿龟数策而北伐燕，将劫燕以逆秦，兆曰“大吉”。始攻大梁而秦出上党矣，兵

---

① “愚”，原作“遇”，据赵本、迂本改。
② “得”，底本原无，据赵本、迂本补。

至鳌而六城拔矣；至阳城，秦拔邺矣；庞援揄兵而南，则鄣尽矣。臣故曰：赵龟虽无远见于燕，且宜近见于秦。秦以其“大吉”，辟地有实，救燕有有名。赵以其“大吉”，地[①]削兵辱，主不得意而死。又非秦龟神而赵龟欺[②]也。初时者，魏数年东乡攻尽陶、卫，数年西乡以失其国。此非丰隆、五行、太一、王相、摄提、六神、五括、天河、殷抢、岁星非数年在西也，又非天缺、弧逆、刑星、荧惑、奎台非数年在东也。故曰：龟策鬼神不足举胜，左右背乡不足以专战。然而恃之，愚莫大焉。

古者先王尽力于亲民，加事于明法。彼法明，则忠臣劝；罚必，则邪臣止。忠劝邪止而地广主尊者，秦是也；群臣朋党比周，以隐正道，行私曲而地削主卑者，山东是也。乱弱者亡，人之性也；治强者王，古之道也。越王勾践恃大朋之龟与吴[③]战而不胜，身臣入官于吴；反国弃龟，明法亲民以报吴，则夫差为擒。故恃鬼神者

① “地”，原作“利”，据迁本改。
② “欺”，原作“败”，据赵本、迁本改。
③ “吴”，原作“吾”，据赵本、迁本改。

慢于法，恃诸侯者危其国。曹恃齐而不听宋，齐攻荆而宋灭曹。荆恃吴而不听齐，越伐吴而齐灭荆。许恃荆而不听魏，荆攻宋而魏灭许。郑恃魏而不听韩，魏攻[1]荆而韩灭郑。今者韩国小而恃大国，主慢而听秦、魏，恃齐、荆为用，而小国愈亡。故恃人不足以广壤，而韩不见也。荆为攻魏而加兵许、鄢，齐攻任、扈而削魏，不足以存郑，而韩弗知也。此皆不明其法禁以治其国，恃外以灭其社稷者也。

臣故曰：明于治之数，则国虽小，富；赏罚敬信，民虽寡，强。赏罚无度，国虽大，兵弱者，地非其地，民非其民也。无地无民，尧、舜不能以王，三代不能以强。人主又以过予，人臣又以徒取。舍法律而言先王明君之功者，上任之以国。臣故曰：是愿古之功，以古之赏赏今之人也。以主是过予，而臣以此徒取矣。主过予，则人偷幸；臣徒取，则功不尊。无功者受赏，则财匮而民望；财匮而民望，则民不尽力矣。故用赏过者失民，用刑过者民不畏。有赏不足以劝，有

① “魏攻”，原作“攻魏”，据赵本、迂本改。

刑不足以禁，则国虽大，必危。

故曰：小知不可使谋事，小忠不可使主法。荆恭王与晋厉公战于鄢陵，荆师败，恭王伤。酣战，而司马子反渴而求饮，其友竖谷阳奉卮酒而进之。子反曰："去之，此酒也。"竖谷阳曰："非也。"子反受而饮之。子反为人嗜酒，甘之，不能绝之于口，醉而卧。恭王欲复战而谋事，使人召子反，子反辞以心疾。恭王驾而往视之，入幄中，闻酒臭而还，曰："今日之战，寡人目亲伤，所恃者司马，司马又如此，是亡荆国之社稷而不恤吾众也。寡人无与复战矣。"罢师而去之，斩子反以为大戮。故曰：竖谷阳之进酒也，非以端恶子反也，实心以忠爱之，而适足以杀之而已矣。此行小忠而贼大忠者也。故曰：小忠，大忠之贼也。若使小忠主法，则必将赦罪以相爱，是与下安矣，然而妨害于治民者也。

当魏之方明《立辟》，从宪令行之时，有功者必赏，有罪者必诛，强匡天下，威行四邻；及法慢，妄予，而国日削矣。当赵之方明《国律》，从大军之时，人众兵强，辟地齐、燕；及

《国律》慢，用者弱，而国日削矣。当燕之方明《奉法》，审官断之时，东县齐国，南尽中山之地；及《奉法》已亡，官断不用，左右交争，论从其下，则兵弱而地削，国制于邻敌矣。故曰：明法者强，慢法者弱。强弱如是其明矣，而世主弗为，国亡宜矣。语曰："家有常业，虽饥不饿；国有常法，虽危不亡。"夫舍常法而从私意，则臣饰于智能；臣下饰于智能，则法禁不立矣。是妄意之道行，治国之道废也。治国之道，去害法者，则不惑于智能，不矫于名誉矣。昔者舜使吏决鸿水，先令有功而舜杀之；禹朝诸侯之君会稽之上，防风之君后至而禹斩之。以此观之，先令者杀，后令者斩，则古者先贵如令矣。故镜执清而无事，美恶从而比焉；衡执正而无事，轻重从而载焉。夫摇镜则不得为明，摇衡则不得为正，法之谓也。故先王以道为常，以法为本。本治者名尊，本乱者名绝。凡智能明通，有以则行，无以则止。故智能单道，不可传于人。而道法万全，智能多失。夫悬衡而知平，设规而知圆，万全之道也。明主使民饰于道之故，佚而则功。释规而任巧，释法而任智，惑乱之道也。

乱主使民饰于[1]智，不知道之故，故劳而无功。释法禁而听请谒，群臣卖官于上，取赏于下，是以利在私家而威在群臣。故民无尽力事主之心，而务为交于上。民好上交，则货财上流而巧说者用。若是，则有功者愈少。奸臣愈进而材臣退，则主惑而不知所行，民聚而不知所道。此废法禁、后功劳、举名誉、听请谒之失也。凡败法之人，必设诈托物以来亲，又好言天下之所希有，此暴君乱主之所以惑也，人臣贤佐之所以侵也。故人臣称伊尹、管仲之功，则背法饰智有资；称比干、子胥之忠而见杀，则疾强谏有辞。夫上称贤明，下称暴乱，不可以取类，若是禁。君之立法，以为是也。今人臣多立其私智以法为非者，是邪以智，过法立智。如是者禁，主之道也。

禁主之道，必明于公私之分，明法制，去私恩。夫令必行，禁必止，人主之公义也；必行其私，信于朋友，不可为赏劝，不可为罚沮，人臣之私义也。私义行则乱，公义行则治，故公私有分。人臣有私心，有公义。修身洁白而行公行

① “于”，原作“将”，据赵本、迂本改。

正，居官无私，人臣之公义也；污行从欲，安身利家，人臣之私心也。明主在上，则人臣去私心行公义；乱主在上，则人臣去公义行私心。故君臣异心，君以计畜臣，臣以计事君。君臣之交，计也。害身而利国，臣弗为也；害国而利臣，君不行也。臣之情，害身无利；君之情，害国无亲。君臣也者，以计合者也。至夫临难必死，尽智竭力，为法为之。故先王明赏以劝之，严刑以威之。赏刑明，则民尽死；民尽死，则兵强主尊。刑赏不察，则民无功而求得，有罪而幸免，则兵弱主卑。故先王贤佐尽力竭智。故曰：公私不可不明，法禁不可不审，先王知之矣。

卷六

解老第二十

德者，内也。得者，外也。“上德不德”，言其神不淫于外也。神不淫于外，则身全。身全之谓德。德者，得身也。凡德者，以无为集，以无欲成，以不思安，以不用固。为之欲之，则德无舍；德无舍，则不全。用之思之，则不固；不固，则无功；无功，则生有[1]德。德则无德，不德[2]则在有德。故曰：“上德不德，是以有德。”

所以贵无为无思为虚者，谓其意无所制也。夫无术者，故以无为无思为虚也。夫故以无为无思为虚者，其意常不忘虚，是制于为虚也。虚者，谓其意所无制也。今制于为虚，是不虚也。

---

① “有”，原作“于”，据赵本改。
② “德”，原作“得”，据赵本、迂本改。

虚者之无为也，不以无为为有常。不以无为为有常，则虚；虚，则德盛；德盛之谓上德。故曰："上德无为而无不为也。"

仁者，谓其中心欣然爱人也；其喜人之有福，而恶人之有祸也；生心之所不能已也，非求其报也。故曰："上仁为之而无以为也。"

义者，君臣上下之事，父子贵贱之差也，知[①]交朋友之接也，亲疏内外之分也。臣事君宜，下怀上，子事父宜，贱[②]敬贵宜，知交友朋之相助也宜，亲者内而疏者外宜。义者，谓其宜也，宜而为之。故曰："上义为之而有以为也。"

礼者，所以情貌也，群义之文章也，君臣父子之交也，贵贱贤不肖之所以别也。中心怀而不谕，其疾趋卑拜以[③]明之；实心爱而不知，故好言繁辞以信之。礼者，谕节之所以谕内也。故曰：礼以情貌也。凡人之为外物动也，不知其为身之礼也。众人之为礼也，以尊他人也，故时劝

①"知"，原作"夫"，据赵本、迂本改。
②"贱"，原作"众"，据赵本、迂本改。
③"以"，原作"而"，据王先慎说改。

时衰。君子以为礼，以为其身；以为其身，故神之为上礼；上礼神而众人贰，故不能相应；不能相应，故曰："上礼为之而莫之应。"众人虽贰，圣人之复恭敬尽手足之礼也不衰。故曰："攘臂而仍之。"

道有积而德有功；德者，道之功。功有实而实有光；仁者，德之光。光有泽而泽有事；义者，仁之事也。事有礼而礼有文；礼者，义之文也。故曰："失道而后失德，失德而后失仁，失仁而后失义，失义而后失礼。"

礼为情貌者也，文为质饰者也。夫君子取情而去貌，好质而恶饰。夫恃貌而论情者，其情恶也；须饰而论质者，其质衰也。何以论之？和氏之璧，不饰以五采；隋侯之珠，不饰以银黄。其质至美，物不足以饰之。夫物之待饰而后行者，其质不美也。是以父子之间，其礼而不明，故曰礼薄也。凡物不并盛，阴阳是也；理相夺予，威德是也；实厚者貌薄，父子之礼是也。由是观之，礼繁者，实心衰也。然则为礼者，事通人之朴心者也。众人之为礼也，人应则轻欢，不应则责怨。今为礼者事通人之朴心，而资之以相责之分，能毋争乎？有争则乱，故曰：“夫礼者，忠信之薄也，而乱之首乎。”

先物行先理动之谓前识。前识者，无缘而忘意度也。何以论之？詹何坐，弟子侍，牛鸣于门外。弟子曰：“是黑牛也而白题。”詹何曰：“然，是黑牛也，而白在其角。”使人视之，果黑牛而以布裹其角。以詹子之术，婴众人之心，华焉殆矣！故曰：“道之华也。”尝试释詹子之察，而使五尺之愚童子视之，亦知其黑牛而以布裹其角也。故以詹子之察，苦心伤神，而后与五尺之愚童子同功，是以曰“愚之首也”。故曰：“前识者，道之华也，而愚之首也。”

所谓“大丈夫”者，谓其智之大也。所谓“处其厚不处其薄”者，行情实而去礼貌也。所谓“处其实不处其华”者，必缘理不径绝也。所谓“去彼取此”者，去貌、径绝而取缘理、好情实也。故曰：“去彼取此。”

人有祸，则心畏恐；心畏恐，则行端直；行端直，则思虑熟；思虑熟，则得事理。行端直，则无祸害；无祸害，则尽天年。得事理，则必成功。尽天年，则全而寿。必成功，则富与贵。全寿富贵[1]之谓福。而福本于有祸。故曰："祸兮福之所倚。"以成其功也。

人有福，则富贵至；富贵至，则[2]衣食美；衣食美，则骄心生；骄心生，则邪僻而动弃理。行邪僻，则身死夭；动弃理，则无成功。夫内有死夭之难，而外无成功之名者，大祸也。而祸本生于有福。故曰："福兮祸之所伏。"

夫[3]缘道理以从事者，无不能成。无不能成者，大能成天子之势尊，而小易得卿相将军之赏禄。夫弃道理而妄[4]举动者，虽上有天子诸侯之势尊，而下[5]有猗顿、陶朱、卜祝之富，犹失其民人而亡其财[6]资也。众人之轻弃道理而易妄举动者，不知其祸福之深大而道阔远若是也，故谕人曰："孰知其极？"

人莫不欲富贵全寿，而未有能免于贫贱死夭之祸也。心欲富贵全寿，而今贫贱死夭，是不

---

① "贵"，底本原无，据迂本补。
② "则"，底本原无，据迂本补。
③ "夫"，原作"天"，据赵本、迂本改。
④ "妄"，原作"忘"，据赵本改。下句"妄"字同。
⑤ "下"上原有"天"字，据赵本、迂本删。
⑥ "财"，原作"射"，据赵本、迂本改。

能至于其所欲至也。凡失其所欲之路而妄行者之谓迷，迷则不能至于其所欲至矣。今众人之不能至于其所欲至，故曰：“迷。”众人之所不能至于其所欲至也，自天地之剖判以至于今。故曰：“人之迷也，其日故以久矣。”

所谓方者，内外相应也，言行相称也。所谓廉者，必生死之命也，轻恬资财也。所谓直者，义必公正，公心不偏党也。所谓光者，官爵尊贵，衣裘壮丽也。今有道之士，虽中外信顺，不以诽谤穷堕；虽死节轻财，不以侮罢羞贪；虽义端不党，不以去邪罪私；虽势尊衣美，不以夸贱欺贫。其故何也？使失路者而肯听习问知，即不成迷也。今众人之所以欲成功而反为败者，生于不知道理而不肯问知而听能。众人不肯问知听能，而圣人强以其祸败適之，则怨。众人多而圣人寡，寡之不胜众，数也。今举动而与天下之为仇，非全身长生之道也，是以行轨节而举之也。故曰：“方而不割，廉而不秽，直而不肆，光而不耀。”

聪明睿智，天也；动静思虑，人也。人也者，乘于天明以视，寄于天聪以听，托于天智以思虑。故视强，则目不明；听甚，则耳不聪；思虑过度，则智识乱。目不明，则不能决黑白之分；耳不聪，则不能别清浊之声；智识乱，则不能审得失之地。目不能决黑白之色则谓之盲；耳不能别清浊之声则谓之聋；心不能审得失之地则谓之狂。盲则不能避昼日之险，聋则不能知雷霆之害，狂则不能免人间法令之祸。书之所谓“治人”者，适动静之节，省思虑之费也。所谓“事天”者，不极聪明之力，不尽智识之任。苟极尽，则费神多；费神多，则盲聋悖狂之祸至，是以啬之。啬之者，爱其精神，啬其智识也。故曰：“治人事天莫如啬。”

众人之用神也躁，躁则多费，多费之谓侈。圣人之用神也静，静则少费，少费之谓啬。啬之谓术也，生于道理。夫能啬也，是从于道而服于理者也。众人离于患，陷于祸，犹未知退，而不服从道理。圣人虽未见祸患之形，虚无服从于道理，以称蚤服。故曰：“夫谓啬，是以蚤服。”

知治人者，其思虑静；知事天者，其孔窍虚。思虑静，故德不去；孔窍虚，则和气日入。故曰：“重积德。”夫能令故德不去，新和气日至者，蚤服者也。故曰："蚤服是谓重积德。"积德而后神静，神静而后和多，和多而后计得，计得而后能御万物，能御万物则战易胜敌，战易胜敌而论必盖世，论必盖世，故曰："无不克。"无不克本于重积德，故曰："重积德则无不克。"战易胜敌，则兼有天下；论必盖世，则民人从。进兼天下而退从民人，其术远，则众人莫见其端末。莫见其端，是以莫知其极。故曰："无不克则莫知其极。"

凡有国而后亡之，有身而后殃之，不可谓能有其国、能保其身。夫能有其国必能安其社稷，能保其身必能终其天年，而后可谓能有其国、能保其身矣。夫能有其国、保其身者，必且体道。体道，则其智深；其智深，则其会远；其会远，众人莫能见其所极。唯夫①能令人不见其事极，不见事极者为能②保其身、有其国。故曰："莫知其极。莫知其极则可以有国。"

所谓"有国之母"，母者，道也；道也者，

① "夫"，原作"天"，据赵本、迂本改。
② "能"，底本原无，据迂本补。

生于所以有国之术；所以有国之术，故谓之“有国之母”。夫道以与世周旋者，其建生也长，持禄也久。故曰：“有国之母，可以长久。”树木有曼根，有直根。根者，书之所谓“柢”也。柢也者，木之所以建生也；曼根者，木之所持生也。德也者，人之所以建生也；禄也者，人之所以持生也。今建于理者，其持禄也久，故曰：“深其根。”体其道者，其生日长，故曰：“固其柢。”柢固则生长，根深则视久，故曰：“深其根，固其柢，长[①]生久视之道也。”

工人数变业则失其功，作者数摇徙则亡其功。一人之作，日亡半日，十日则亡五人之功矣；万人之作，日亡半日，十日则亡五万人之功矣。然则数变业者，其人弥众，其亏[②]弥大矣。

凡法令更则利害易，利害易则民务变，民务变谓之变业[③]。故以理观之，事大众而数摇之则少成功，藏大器而数徙[④]之则多败伤，烹小鲜而

---

① “长”，原作“不”，据赵本、迂本改。

② “亏”，原作“觑”，据赵本、迂本改。

③ “民务变谓之变业”，原作“务变之谓变业”，据王先慎说改。

④ “徙”，原作“徒”，据赵本、迂本改。

数挠之则贼其泽，治大国而数变法则民苦之。是以有道之君贵静，不重变法。故曰："治大国者若烹小鲜。"

人处疾则贵医，有祸则畏鬼。圣人在上，则民少欲；民少欲，则血气治而举动理，则少祸害。夫内无痤疽瘅痔之害，而外无刑罚法诛之祸者，其轻恬鬼也甚。故曰："以道莅天下，其鬼不神。"治世之民，不与鬼神相害也。故曰："非其鬼不神也，其神不伤也。"鬼祟也疾人之谓鬼伤人，人逐除之之谓人伤鬼也。民犯法令之[1]谓民伤上，上刑戮民之谓上伤民。民不犯法，则上亦不行刑；上不行刑之谓上不伤人，故曰："圣人亦不伤民。"上不与民相害，而人不与鬼相伤，故曰："两不相伤。"民不敢犯法，则上内不用刑罚，而外不事利其产业。上内不用刑罚，而外不事利其产业，则民蕃息。民蕃息而畜积盛。民蕃息而畜积盛之谓有德。凡所谓祟者，魂魄去而精神乱，精神乱则无德。鬼不祟人则魂魄不去，魂魄不去而精神不乱，精神不乱之

① "之"，原作"人"，据赵本、迂本改。

谓有德。上盛畜积而鬼不乱其精神，则德尽在于民矣。故曰：“两不相伤，则德交归焉。”言其德[1]上下交盛而俱归于民也。

有道之君，外无怨仇于邻敌，而内有德泽于人民。夫外无怨仇于邻敌者，其遇诸侯也外有礼义。内有德泽于人民者，其治人事也务本。遇诸侯有礼义，则役希起；治民事务本，则淫奢止。凡马之所以大用者，外供甲兵而内给淫奢也。今有道之君，外希用甲兵，而内禁淫奢。上不事马于战斗逐北，而民不以马远淫通物，所积力唯田畴，必且粪灌。故曰：“天下有道，却走马以粪也。”

人君无道[2]，则内暴虐其民，而外侵欺其邻国。内暴虐，则民产绝；外侵欺，则兵数起。民产绝，则畜生少；兵数起，则士卒尽。畜生少，则戎马乏；士卒尽，则军危殆。戎马乏，则将马出；军危殆，则近臣役。马者，军之大用；郊者，言其近也。今所以给军之具于将马近臣。故曰：“天下无道，戎马生于郊矣。”

---

① “德”，原作“得”，据赵本、迂本改。

② “道”下原重“道”字，据赵本、迂本删。

人有欲，则计会乱；计会乱，而有欲甚；有欲甚，则邪心胜；邪心胜，则事经绝；事经绝，则祸难生。由是观之，祸难生于邪心，邪心诱于可欲。可欲之类，进则教良民为奸，退则令善人有祸。奸起，则上侵弱君；祸至，则民人多伤。然则可欲之类，上侵弱君而下伤人民。夫上侵弱君而下伤人民者，大罪也。故曰："祸莫大于可欲。"是以圣人不引五色，不淫于声乐；明君贱玩好而去淫丽。

人无毛羽，不衣则不犯寒；上不属天，而下不著地，以肠胃为根本，不食则不能活；是以不免于欲利之心。欲利之心不除，其身之忧也。故圣人衣足以犯寒，食足以充虚，则不忧矣。众人则不然，大为诸侯，小余千金之资，其欲得之忧不除也。胥靡有免，死罪时活，今不知足者之忧终身不解。故曰："祸莫大于不知足。"

故欲利甚于忧，忧则疾生；疾生而智慧衰，智慧衰则失度量；失度量则妄举动，妄举动则祸害至；祸害至而疾婴内，疾婴内则痛，祸[1]薄外

①“祸”上原有“祸薄外痛”四字，据迂本删。

则苦。苦[1]痛杂于肠胃之间，则伤人也憯，憯则退而自咎，退而自咎也生于欲利。故曰：“咎莫憯于欲利。”

道者，万物之所然也，万理之所稽也。理者，成物之文也；道者，万物之所以成也。故曰：“道，理之者也。”物有理，不可以相薄；物有理不可以相薄，故理之为物之制。万物各异理，而道尽稽万物之理，故不得不化；不得不化，故无常操。无常操，是以死生气禀焉，万智斟酌焉，万事废兴焉。天得之以高，地得之以藏，维斗得以成其威，日月得以恒其光，五常得之以常其位，列星得之以端其行，四时得之以御其变气，轩辕得之以擅四方，赤松得之与天地统，圣人得之以成文章。道与尧、舜俱智，与接舆俱狂，与桀、纣俱灭，与汤、武俱昌。以为近乎，游于四极；以为远乎，常在吾侧；以为暗乎，其[2]光昭昭；以为明乎，其物冥冥。而功成天地，和化雷霆，宇内之物，恃之以成。凡道之

① “苦”上原有“痛杂于肠胃之间”七字，据王先慎说删。

② “其”，底本原无，据赵本、迂本补。

情，不制不形，柔弱随时，与理相应。万物得之以死，得之以生；万事得之以败，得之以成。道譬诸若水，溺者多饮之即死，渴者适饮之即生；譬之若剑戟，愚人以行忿则祸生，圣人以诛暴则福成。故得之以死，得之以生，得之以败，得之以成。

人希见生象也，而得死象之骨，案其图以想其生也，故诸人之所以意想者皆谓之“象”也。今道虽不可得闻见，圣人执其见功以处见其形，故曰：“无状之状，无物之象。”

凡理者，方圆、短长、粗靡、坚脆之分也，故理定而后可得道也。故定理有存亡，有死生，有盛衰。夫物之一存一亡，乍死乍生，初盛而后衰者，不可谓常。唯夫与天与地之剖判也俱[1]生，至天地之消散也不死不衰者谓“常”。而常者[2]，无攸易，无定理。无定理，非在于常[3]，是以不可道也。圣人观其玄虚，用其周行，强字之曰“道”，然而可论。故曰：“道之可道，非常

① “俱”，原作“具”，据赵本改。
② “而常者”，原作“者而常”，据迂本改。
③ “常”下原有“所”字，据迂本删。

道也。”

人始于生而卒于死。始之谓出，卒之谓入。故曰：“出生入死。”人之身三百六十节，四肢、九窍其大具也。四肢与九窍十有三者，十有三者之动静尽属于生焉。属之谓徒也，故曰：“生之徒也，十有三者。”至死也，十有三具者皆还而属之于死，死之徒亦有十三。故曰：“生之徒十有三，死之徒十有三。”凡民之生生，而生者固动，动尽则损也；而动不止，是损而不止也。损而不止则生尽，生尽之谓死，则十有三具者皆为死死地也。故曰：“民之生，生而动，动皆之死地，亦[1]十有三。”

是以圣人爱精神而贵处静。此甚大于兕虎之害。夫兕虎有域，动静有时。避其域，省其时，则免其兕虎之害矣。民[2]独知兕虎之有爪角也，而莫知万物之尽有爪角也，不免于万物之害。何以论之？时雨降集，旷野闲静，而以昏晨犯山川，则兕虎之爪角害之。事上不忠，轻犯禁令，

① “亦”，原作“之”，据王先慎说改。
② “民”，原作“氏”，据赵本、迂本改。

则刑法之爪角害之。处乡不节，憎爱无度，则争斗之爪角害之。嗜欲无限，动静不节，则虚痤疽之爪角害之。好用其私智而弃道理，则网罗之爪角害之。兕虎有域，而万害有原，避其域，塞其原，则免于诸害矣。凡兵革者，所以备害也。重生者，虽入军无忿争之心；无忿[1]争之心，则无所用救害之备。此非独谓野处之军也。圣人之游世也，无害人之心，则必无人害；无人害，则不备人。故曰："陆行不遇兕虎。"入山不恃备以救害，故曰："入军不备甲兵。"远诸害，故曰："兕无所投其角，虎无所错其爪，兵无所害其刃。"不设备而必无害，天地之道理也。体天地之道，故曰："无死地焉。"动无死地，而谓之"善摄生"矣。

爱子者慈于子，重生者慈于身，贵功者慈于事。慈母之于弱子也，务致其福，则事除其祸；事除其祸，则思虑熟；思虑熟，则得事理；得事理，则必成功；必成功，则其行之也不疑；不疑之谓勇。圣人之于万事也，尽如慈母之为弱子虑

① "忿"，原作"分"，据赵本、迂本改。

也，故见必行之道则明，其从事亦不疑，不疑之谓勇。不疑生于慈，故曰："慈，故能勇。"

周公曰："冬日之闭冻也不固，则春夏之长草木也不茂。"天地不能常侈常费，而况于人乎？故万物必有盛衰，万事必有弛张，国家必有文武，官治必有赏罚。是以智士俭用其财则家富，圣人爱宝其神则精盛，人君重战其卒则民众，民众则国广。是以举之曰："俭，故能广。"

凡物之有形者，易裁也，易割也。何以论之？有形，则有短长；有短长，则有小大；有小大，则有方圆；有方圆，则有坚脆；有坚脆，则有轻重；有轻重，则有白黑。短长、大小、方圆、坚脆、轻重、白黑之谓理。理定而物易割也。故议于大庭而后言则立，权议之士知之矣。故欲成方圆而随其规矩，则万事之功形矣。而万物莫不有规矩。议言之士，计会规矩也。圣人尽随于万物之规矩，故曰："不敢为天下先。"不敢为天下先，则事无不事，功无不功，而议必盖世，欲无处大官，其可得乎？处大官之谓为成事长，是以故曰："不敢为天下先，故能为成事长。”

慈于子者不敢绝衣食，慈于身者不敢离法度，慈于方圆者不敢舍规矩。故临兵而慈于士吏则战胜敌，慈于器械则城坚固。故曰：“慈，于战则胜，以守则固。”夫能自全也而尽随于万物之理者，必且有天生。天生也者，生心也，故天下之道尽之生也。若以慈卫之也，事必万全，而举无不当，则谓之宝矣。故曰：“吾有三宝，持而宝之。”

书之所谓“大道”也者，端道也。所谓貌“施”也者，邪道也。所谓“径大”也者，佳丽也。“佳丽”也者，邪道之分也。“朝甚除”也者，狱讼繁也。狱讼繁，则田荒；田荒，则府仓虚；府仓虚，则国贫；国贫，而民俗淫侈；民俗淫侈，则衣食之业绝；衣食之业绝，则民不得无饰巧诈；饰巧诈，则知采文；知采文之谓“服文采”。狱讼繁，仓禀虚，而有以淫侈为俗，则国之伤也，若以利剑刺之，故曰：“带利剑。”诸夫饰智故以至于伤国者，其私[1]家必富；私家必

① “其私”，原作“私其”，据赵本、迂本改。

富，故曰："资货有余。"国有若是者，则愚民不得无术而效之；效之，则小盗生。由是观之，大奸作，小盗随，大奸唱则小盗和。竽也者，五声之长者也，故竽先则钟瑟皆随，竽唱则诸乐皆和。今大奸作则俗之民唱，俗之民唱则小盗必和。故"服文采，带利剑，厌饮食，而资货[1]有余者，是之谓盗竽矣"。

人无愚智，莫不有趋舍。恬淡平安，莫不知祸福之所由来。得于好恶，怵于淫物，而后变乱。所以然者，引于外物，乱于玩好也。恬淡有趋舍之义，平安知祸福之计。而今也玩好变之，外物引之；引之而往，故曰"拔[2]"。至圣人不然：一建其趋舍，虽见所好之物不能引，不能引之谓"不拔"；一于其情，虽有可欲之类，神不为动，神不为动之谓"不脱[3]"。为人子孙者，体此道以守宗庙不灭之谓"祭祀不绝"。身以积精为德，家以资财为德，乡国天下皆以民为德。今治身而外物不能乱其精神，故曰："修之

① "资货"，原作"货资"，据迂本改。
② "拔"，原作"校"，据赵本改。下句"拔"字同。
③ "脱"，原作"悦"，据赵本改。

身，其德乃真。”真者，慎之固也。治家，无用之物不能动其计，则资有余，故曰：“修之家，其德有余。”治乡者行此节，则家之有余者益众，故曰：“修之乡，其德乃长。”治邦者行此节，则乡之有德者益众，故曰：“修之邦，其德乃丰。”莅天下者行此节，则民之生莫不受其泽，故曰：“修之天下，其德乃普。”修身者以此别君子小人，治乡治邦莅天下者各以此科适观息耗，则万不失一。故曰：“以身观身，以家观家，以乡观乡[①]，以邦观邦，以天下观天下。吾奚以知天下之然也？以此。”

---

① “以乡观乡”，底本原无，据迂本补。

卷七

喻老第二十一

天下有道，无急患，则曰静。遽传不用，故曰："却走马以粪。"天下无道，攻击不休，相守数年不已，甲胄生虮虱，燕雀处帷幄，而兵不归。故曰："戎马生于郊。"

翟人有献丰狐、玄豹之皮于晋文公。文公受客皮而叹曰："此以皮之美自为罪。"夫治国者以名号为罪，徐偃王是也；则以城与地为罪，虞、虢是也。故曰："罪莫大于可欲。"

智伯兼范、中行而攻赵不已，韩、魏反之，军败晋阳，身死高梁之东，遂卒被分，漆其首以为溲器。故曰："祸莫大于不知足。"

虞君欲屈产之乘与垂棘之璧，不听宫之奇，故邦亡身死。故曰："咎莫憯于欲得。"

邦以存为常，霸其可也；身以生为常，富贵其可也。不欲自害，则邦不亡，身不死。故曰：

“知足之为足矣。”

楚庄王既胜，狩于河雍，归而赏孙叔敖。孙叔敖请汉间之地，沙石之处。楚邦之法，禄臣再世而收地，唯孙叔敖独在。此不以其邦为收者，瘠也，故九世而祀不绝。故曰：“善建不拔，善抱不脱，子孙以其祭祀，世世不辍。”孙[①]叔敖之谓也。

制在己曰重，不离位曰静。重则能使轻，静则能使躁。故曰：“重为轻根，静为躁君。”故曰：“君子终日行，不离辎重也。”邦者，人君之辎重也。主父生传其邦，此离其辎重者也。故虽有代、云中之乐，超然已无赵矣。主父，万乘之主，而以身轻于天下。无势之谓轻，离位之谓躁，是以生幽而死。故曰：“轻则失臣，躁则失君。”主父之谓也。

势重者，人君之渊也。君人者，势重于人臣之间，失则不可复得也。简公失之于田成，晋公失之于六卿，而邦亡身死。故曰：“鱼不可脱于深渊。”赏罚者，邦之利器也，在君则制臣，在

① “孙”，原作“叔”，据赵本、迂本改。

臣则胜君。君见赏，臣则损之以为德；君见罚，臣则益之以为威。人君见赏，而人臣用其势；人君见罚，人臣乘其威。故曰：“邦之利器，不可以示人。”

越王入宦于吴，而观之伐齐以弊吴。吴兵既胜齐人于艾陵，张之于江、济，强之于黄池，故可制于五湖。故曰：“将欲翕之，必固张之；将欲弱之，必固强之。”晋献公将欲袭虞，遗之以璧马；知伯将袭仇由，遗之以广车。故曰：“将欲取之，必固与之。”起事于无形，而要大功于天下，是谓“微明”。处小弱而重自卑，谓“损弱胜强”也。

有形之类，大必起于小；行久之物，族必起于少。故曰：“天下之难事必作于易，天下之大事必作于细。”是以欲制物者于其细也。故曰：“图难于其易也，为大于其细也。”千丈之堤，以蝼蚁之穴溃；百尺之室，以突隙之烟焚。故曰：白圭之行堤也塞其穴，丈人之慎火也涂其隙。是以白圭无水难，丈人无火患。此皆慎易以避难，敬细以远大者也。扁鹊见蔡桓公，立有间。扁鹊曰：“君有疾在腠理，不治将恐深。”

桓侯曰："寡人无。"扁鹊出。桓侯曰："医之好治不病以为功。"居十日，扁鹊复见曰："君之病在肌肤，不治将益深。"桓侯不应。扁鹊出。桓侯又不悦。居十日，扁鹊复见曰："君之病在肠胃，不治将益深。"桓侯又不应。扁鹊出[①]。桓侯又不悦。居十日，扁鹊望桓侯而还走，桓侯故使人问之。扁鹊曰："疾在腠理，汤熨之所及；在肌肤，针石之所及也；在肠胃，火齐之所及也；在骨髓[②]，司命之所属，无奈何也。今在骨髓，臣是以无请也。"居五日，桓侯体痛，使人索扁鹊，已逃秦矣。桓侯遂死。故良医之治病也，攻之于腠理。此皆争之于小者也。夫事之祸福亦有腠理之地，故曰圣人蚤从事焉。

昔晋公子重耳出亡，过郑，郑君不礼。叔瞻谏曰："此贤公子也，君厚待之，可以积德。"郑君不听。叔瞻又谏曰："不厚待之，不若杀之，无令有后患。"郑公又不听。及公子返晋邦，举兵伐郑，大破之，取八城焉。晋献公以垂

---

① "出"，底本原无，据赵本、迂本补。

② "髓"，原作"体"，据赵本、迂本改。

棘之璧假道于虞而伐虢，大夫宫之奇谏曰："不可。唇亡而齿寒，虞、虢相救，非相德也。今日晋灭虢，明日虞必随之亡。"虞君不听，受其璧而假之道。晋已取虢，还，反灭虞。此二臣者皆争于腠理者也，而二君不用也。然则叔瞻、宫之奇亦虞、郑之扁鹊也，而二君不听，故郑以破，虞以亡。故曰："其安易持也，其未兆易谋也。"

昔者纣为象箸而箕子怖，以为象箸必不加于土铏，必将犀玉之杯；象箸玉杯必不羹菽藿，则[①]必旄象豹胎；旄象豹胎必不衣短褐而食于茅屋之下，则锦衣九重，广室高台。吾畏其卒，故怖其始。居五年，纣为肉圃，设炮烙，登糟丘，临酒池，纣遂以亡。故箕子见象箸以知天下之祸。故曰："见小曰明。"

勾践入官于吴，身执干戈为吴王洗马，故能杀夫差于姑苏。文王见詈于王门，颜色不变，而武王擒纣于牧野。故曰："守柔曰强。"越王之霸也不病官，武王之王也不病詈。故曰："圣人

① "则"，底本原无，据迂本补。

之不病也，以其不病，是以无病也。”

宋之鄙人得璞玉而献之子罕，子罕不受。鄙人曰：“此宝也，宜为君子器，不宜为细人用。”子罕曰：“尔以玉为宝，我以不受子玉为宝。”是鄙人欲玉，而子罕不欲玉。故曰：“欲不欲，而不贵难得之货。”

王寿负书而行，见徐冯于周。徐[①]冯曰：“事者，为也；为生于时，知者无常事。书者，言也；言生于知，知者不藏书。今子何独负之而行？”于是王寿因焚其书而舞之。故知者不以言谈教，而慧者不以藏书箧。此世之所过也，而王寿复之，是学不学也。故曰：“学不学，复归众人之所过也。”

夫物有常容，因乘以导之。因随物之容，故静则建乎德，动则顺乎道。宋人有为其君以象为楮叶者，三年而成。丰杀茎柯，毫芒繁泽，乱之楮叶之中而不可别也。此人遂以功食禄于宋邦。列子闻之曰：“使天地三年而成一叶，则物之有叶者寡矣。”故不乘天地之资而载一人之身，不

① “徐”，原作“涂”，据王先慎说改。

随道理之数而学一人智，此皆一叶之行也。故冬耕之稼，后稷不能羡也；丰年大禾，臧[①]获不能恶也。以一人力，则后稷不足；随自然，则臧获有余。故曰："恃万物之自然而不敢为也。"

空窍者，神明之户牖也。耳目竭于声色，精神竭于外貌，故中无主。中无主，则祸福虽如丘山，无从识之。故曰："不出于户，可以知天下；不窥于牖，可以知天道。"此言神明之不离其实也。

赵襄主学御于王子期，俄而与于期逐，三易马而三后。襄主曰："子之教我御，术未尽也？"对曰："术已尽，用之则过也。凡御之所贵：马体安于车，人心调于马，而后可以进速致远。今君后则欲逮臣，先则恐逮于臣。夫诱道争远，非先则后也，而先后心在于臣，上何以调于马？此君之所以后也。"白公胜虑乱，罢朝，倒杖而策锐贯颐，血流至于地而不知。郑人闻之曰："颐之忘，将何为忘哉！"故曰："其出弥远者，其智弥少。"此言智周乎远，则所遗在近

① "臧"，原作"藏"，据迂本改。

也。是以圣人无常行也。能并智，故曰："不行而知。"能并视，故曰："不见而明。"随时以举事，因资而立功，用万物之能而获利其上，故曰："不为而成。"

楚庄王莅政三年，无令发，无政为也。右司马御座而与王隐曰："有鸟止南方之阜，三年不翅，不飞不鸣，嘿然无声，此为何名？"王曰："三年不翅，将以观长羽翼；不飞不鸣，将以观民则。虽无飞，飞必冲天；虽无鸣，鸣必惊人。子释之，不穀知之矣。"处半年，乃自听政。所废者十，所起者九，诛大臣五，举处士六，而邦大治。举兵诛齐，败之徐州，胜晋于河雍，合诸侯于宋，遂霸天下。庄王不为小害善，故有大名；不蚤见示，故有大功。故曰："大器晚成，大音希声。"

楚庄王欲伐越，庄[1]子谏曰："王之伐越，何也？"曰："政乱兵弱。"庄子曰："臣愚患之。智如目也，能见百步之外，而不能自见其

① "庄"，原作"杜"，据王先慎说改。下句"庄"字同。

睫。王之兵自败于秦、晋，丧地数百里，此兵之弱也；庄蹻蹻为盗于境内，而吏不能禁，此政之乱也。王之弱乱，非越之下也，欲伐越，此智之如目也。”王乃止。故知之难，不在见人，在自见。故曰：“自见之谓明。”

子夏见曾子。曾子曰：“何肥也？”对曰：“战胜，故肥也。”曾子曰：“何谓也？”子夏曰：“吾入见先王之义则荣之，出见富贵之乐又荣之，两者战于胸中，未知胜负，故臞[①]。今先王之义胜，故肥。”是以志[②]之难也，不在胜人，在自胜也。故曰：“自胜之谓强。”

周有玉版，纣令胶鬲索之，文王不予；费仲来求，因予之。是胶鬲贤而费仲无道也。周恶贤者之得志也，故予费仲。文王举太公于渭滨者，贵之也；而资费仲玉版者，是爱之也。故曰：“不贵其师，不爱其资，虽知大迷，是谓要妙。”

---

① “臞”，原作“曜”，据赵本、迂本改。
② “志”，原作“忘”，据赵本、迂本改。

说林上第二十二

汤以伐桀，而恐天下言己为贪也，因乃让天下于务光。而恐务光之受之也，乃使人说务光曰：“汤杀君而欲传恶声于子，故让天下于子。”务光因自投于河。

秦武王令甘茂择所欲为于仆与行事。孟卯曰：“公不如为仆。公所长者，使也。公虽为仆，王犹使之于公也。公佩仆玺而为行事，是兼官也。”

子圉见孔子于商太宰。孔子出，子圉入，请问客。太宰曰：“吾已见孔子，则视子犹蚤虱之细者也。吾今见之于君。”子圉恐孔子贵于君也，因请太宰曰：“君已见孔子，孔子亦将视子犹蚤虱也。”太宰因弗复见也。

魏惠王为臼里之盟，将复立于天子。彭喜谓郑君曰：“君勿听。大国恶有天子，小国利之。若君与大不听，魏焉能与小立之？”

晋人伐邢，齐桓公将救之。鲍叔曰："太蚤。邢不亡，晋不敝；晋不敝，齐不重。且夫持危之功，不如存亡之德大。君不如晚救之以敝晋，齐实利。待邢亡而复存之，其名实美。"桓公乃弗救。

子胥出走，边候得之。子胥曰："上索我者，以我有美珠也。今我已亡之矣。我且曰：子取吞之。"候因释之。

庆封为乱于齐而欲走越。其族人曰："晋近，奚不之晋？"庆封曰："越远，利以避难。"族人曰："变是心也，居晋而可；不变是心也，虽远越，其可以安乎？"

智伯索地于魏宣子，魏宣子弗予。任章曰："何故不予？"宣子曰："无故请地，故弗予。"任章曰："无故索地，邻国必恐。彼重欲无厌，天下必惧。君予之地，智伯必骄而轻敌，邻邦必惧而相亲。以相亲之兵待轻敌之国，则智伯之命不长矣。《周书》曰：'将欲败之，必姑辅之；将欲取之，必姑予之。'君不如予[1]之，

① "予"，原作"与"，据赵本改。

以骄智伯。且君何释以天下图智氏，而独以吾国为智氏质乎？”君曰：“善。”乃与之万户之邑。智伯大悦，因索地于赵，弗与，因围晋阳。韩、魏反之外，赵氏应之内，智氏自亡。

秦康公筑台三年。荆人起兵，将欲以兵攻齐。任妄曰：“饥召兵，疾召兵，劳召兵，乱召兵。君筑台三年，今荆人起兵将攻齐，臣恐其攻齐为声，而以袭秦为实也，不如备之。”戍东边，荆人辍[1]行。

齐攻宋，宋使臧孙子南求救于荆。荆大说，许救之，甚欢。臧孙子忧而反。其御曰：“索救而得，今子有忧色，何也？”臧孙子曰：“宋小而齐大。夫救小宋而恶于大齐，此人之所以忧也，而荆王说，必以坚我也。我坚而齐敝，荆之所利也。”臧孙子乃归。齐人拔五城于宋，而荆救不至。

魏文侯借道于赵而攻中山，赵肃侯将不许。赵刻曰：“君过矣。魏攻中山而弗能取，则魏必罢。罢则魏轻，魏轻则赵重。魏拔中山，必不能

① “辍”，原作“辄”，据迁本改。

越赵而有中山也。是用兵者魏也，而得地者赵也。君必许之。而大欢，彼将知君利之也，必将辍行。君不如借之道，示以不得已也。”

鸱夷子皮事田成子。田成子去齐，走而之燕，鸱夷子皮负传而从。至望邑，子皮曰：“子独不闻涸泽之蛇乎？泽涸[1]，蛇将徙。有小蛇谓大蛇曰：‘子行而我随之，人以为蛇之行者耳，必有杀子。不如相衔负我以行，人以我为神君也。’乃相衔负以越公道。人皆避之，曰：‘神君也。’今子美而我恶。以子为我上客，千乘之君也；以子为我使者，万乘之卿也。子不如为我舍人。”田成子因负传而随之。至逆旅，逆旅之君待之甚敬，因献酒肉。

温人之周，周不纳客。问之曰：“客耶？”对曰：“主人。”问其巷人而不知也，吏因囚之。君使人问之曰：“子非周人也，而自谓非客，何也？”对曰：“臣少也诵《诗》，曰：‘普天之下，莫非王土；率土之滨，莫非王臣。’今君，天子，则我天子之臣也。岂有为人

① “泽涸”，原作“涸泽”，据王先慎说改。

之臣而又为之客哉？故曰主人也。”君使出之。

韩宣王谓樛留曰：“吾欲两用公仲、公叔，其可乎？”对曰：“不可。晋用六卿而国分，简公两用田成、阚止而简公杀，魏两用犀首、张仪而西河之外亡。今王两用之，其多力者树其党，寡力者借外权。群臣有内树党以骄主，内有外为交以削地，则王之国危矣。”

绍绩昧醉寐而亡其裘。宋君曰：“醉足以亡裘乎？”对曰：“桀以醉亡天下，而《康诰》曰‘毋彝酒’者；彝酒，常酒也。常酒者，天子失天下，匹夫失其身。”

管仲、隰朋从于桓公而伐孤竹，春往冬反，迷惑失道。管仲曰：“老马之智可用也。”乃放老马而随之，遂得道。行山中无水，隰朋曰：“蚁冬居山之阳，夏居山之阴，蚁壤一寸而[①]仞有水。”乃掘地，遂得水。以管仲之圣而隰朋之智，至其所不知，不难师于老马与蚁。今人不知以其愚心而圣人之智，不亦过乎？

有献不死之药于荆王者，谒者操之以入。中

① “而”，原作“两”，据赵本、迂本改。

射之士问曰："可食乎？"曰："可。"因夺而食之。王大怒，使人杀中射之士。中射之士使人说王曰："臣问谒者，曰'可食'，臣故食之，是臣无罪，而罪在谒者也。且客献不死之药，臣食之而王杀臣，是死药也，是客欺王也。夫杀无罪之臣，而明人之欺王也，不如释臣。"王乃不杀。

田驷欺邹君，邹君将使人杀之。田驷恐，告惠子。惠子见邹君曰："今有人见君，则眏其一目，奚如？"君曰："我必杀之。"惠子曰："瞽，两目眏，君奚为不杀？"君曰："不能勿眏。"惠子曰："田驷东欺[1]齐侯，南欺荆王。驷之于欺人，瞽也，君奚怨焉？"邹君乃不杀。

鲁穆公使众公子或宦于晋，或宦于荆。犁锄曰："假人于越而救溺子，越人虽善游，子必不生矣。失火[2]而取水于海，海水虽多，火必不灭矣，远水不救近火也。今晋与荆虽强，而齐近，鲁患其不救乎！"

① "欺"，原作"慢"，据王先慎说改。
② "火"，原作"少"，据赵本、迂本改。

严遂不善周君，患之。冯沮曰：“严遂相，而韩傀贵于君。不如行贼于韩傀，则君必以为严氏也。”

张谴相韩，病将死。公乘无正怀三十[①]金而问其疾。居一月，君[②]问张谴曰：“若子死，将谁使代子？”答曰：“无正重法而畏上，虽然，不如公子食我之得民也。”张谴死，因相公乘无正。

乐羊为魏将而攻中山，其子在中山。中山之君烹其子而遗之羹，乐羊坐于幕下而啜之，尽一杯。文侯[③]谓堵师赞曰：“乐羊以我故，而食其子之肉。”答曰：“其子而食之，且谁不食？”乐羊罢中山，文侯赏其功而疑其心。

孟孙猎得麑，使秦西巴载之持归，其母随之而啼。秦西巴弗忍而与之。孟孙归，至而求麑。答曰：“余弗忍而与其母。”孟孙大怒，逐之。居三月，复召以为其子傅。其御曰：“曩将罪之，今召以为子傅，何也？”孟孙曰：“夫不

---

① “十”，原作“士”，据赵本、迂本改。
② “君”，原作“自”，据王先慎说改。
③ “侯”，原作“俟”，据迂本改。

忍麑，又且忍吾子乎？”故曰：“巧诈不如拙诚。”乐羊以有功见疑，秦西巴以有罪益信。

曾从子，善相剑者也。卫君怨吴王，曾从子曰：“吴王好剑，臣相剑者也。臣请为吴王相剑，拔而示之，因为君刺之。”卫君曰：“子为之是也，非缘义也，为利也。吴强而富，卫弱而贫。子必往，吾恐子为吴王用之于我也。”乃逐。

纣为象箸箕子怖，以为象箸[①]不盛羹[②]于土簋，则必犀玉[③]之杯；玉杯象箸必不盛菽藿，则必旄象豹胎；旄象豹胎必不衣短褐而舍茅茨之下，则必锦衣九重，高台广室也。称此以求，则天下不足矣。圣人见微以知萌，见端以知末。故见象箸而怖，知天下不足也。

周公旦已胜殷，将攻商盖。辛公甲曰：“大难攻，小易服。不如服众小以劫大。”乃攻九夷而商盖服矣。

纣为长夜之饮，惧以失日，问其左右，尽不

① “箸”，原作“为”，据赵本改。
② “羹”，原作“美”，据赵本、迂本改。
③ “玉”，原作“王”，据赵本、迂本改。

知也。乃使人问箕子。箕子谓其徒曰："为天下主而一国皆失日，天下其危矣。一国皆不知而我独知之，吾其危矣。"辞以醉而不知。

鲁人身善织屦，妻善织缟，而欲徙于越。或谓之曰："子必穷矣。"鲁人曰："何也？"曰："屦为履之也，而越人跣行；缟为冠之也，而越人被发。以子之所长，游于不用之国，欲使无穷，其可得乎？"

陈轸贵于魏王[①]。惠子曰："必善事左右。夫杨，横树之即生，倒树之即生，折而树之又生。然使十人树之而一人拔之，则毋生杨。至以十人之众，树易生之物而不胜一人者，何也？树之难而去之易也。子虽工自树于王，而欲去子者众，子必危矣。"

鲁季孙新弑其君，吴起仕焉。或谓起曰："夫死者，始死而血，已血衄，已衄而灰，已灰而土。及[②]其土也，无可为者矣。今季孙乃始血，其毋乃未可知也。"吴起因去之晋。

---

① "王"，原作"正"，据赵本、迂本改。
② "及"，原作"反"，据王先慎说改。

隰斯弥见田成子，田成子与登台四望。三面皆畅，南望，隰子家之树蔽之。田成子亦不言。隰子归，使人伐之。斧离数创，隰子止之。其相室曰："何变之数也？"隰子曰："古者有谚曰：'知渊中之鱼者不祥。'夫田子将有大事，而我示之知微，我必危矣。不伐树，未有罪也；知人之所不言，其罪[1]大矣。"乃不伐也。

杨子过于宋东之逆旅。有妾二人，其恶者贵，美者贱。杨子问其故。逆旅之父答曰："美者自美，吾不知其美也；恶者自恶，吾不知其恶也。"杨子谓弟子曰："行贤而去自贤之心，焉往而不美。"

卫人嫁其子而教之曰："必私积聚。为人妇而出，常也；其成居，幸也。"其子因私积聚，其姑以为多私而出之。其子所以反者，倍其所以嫁。其父不自罪于教子非也，而自知其益富。令人臣之处官者，皆是类也。

鲁丹三说中山之君而不受也，因散五十金事其左右。复见，未语，而君与之食。鲁丹出，而

---

① "罪"，原作"众"，据赵本、迂本改。

不反舍，遂去中山。其御曰："及[1]见，乃始善我，何故去之？"鲁丹曰："夫以人言善我，必以人言罪我。"未出境，而公子恶之曰："为赵来间中山。"君因索而罪之。

田伯鼎好士而存其君，白公好士而乱荆。其好士则同，其所以为则异。公孙友自刖而尊百里，竖刁自宫而谄桓公。其自刑[2]则同，其所自刑之为则异。慧子曰："往者东走，逐者亦东走。其东走则同，其所以东走之为则异[3]。"故曰："同事之人，不可不审察也。"

① "及"，原作"反"，据赵本改。

② "刑"，原作"荆"，据赵本、迂本改。下句"刑"字同。

③ "异"，原作"毕"，据赵本、迂本改。

卷八

说林下第二十三

伯乐教二人相踶马，相与之简子厩观马。一人举踶马。其一人举踶马，其一人从后而循之，三抚其尻而马不踶。此自以为失相。其一人："子非失相也。此其为马也，踒肩而肿膝。夫踶马也者，举后而任前，肿膝不可任也，故后不举。子巧于相踶马，而拙于任在肿膝[①]。"夫事有所必归，而以有所肿膝而不任，智者之所独知也。惠子曰："置猿于柙中，则与豚同。"故势不便，非所以逞能也。

卫将军文子见曾子，曾子不起而延于坐席，正身见[②]于奥。文子谓其御曰："曾子，愚人也哉！以我为君子也，君子安可毋敬也？以我为暴

① "肿膝"下原有"而不任拙于肿膝"，据赵本删。
② "见"，底本原无，据王先慎说补。

人也，暴人安可侮也？曾子不僇，命也。”

鸟有翢翢者，重首而屈尾，将欲饮于河，则必颠，乃衔其羽而饮之。人之所有饮不足者，不可不索其羽也。

鳣似蛇，蚕似蠋，人见蛇则惊骇，见蠋则毛起。渔者持鳣，妇人拾蚕，利之所在，皆为贲、诸。

伯乐教其所憎者相千里之马，教其所爱者相驽马。千里之马时一，其利缓；驽马日售，其利急。此《周书》所谓“下言而上用者，惑也”。

桓赫曰：“刻削之道，鼻莫如大，目莫如小。鼻大可小，小不可大也；目小可大，大不可小也。”举事亦然。为其不可复者也，则事寡败矣。

崇侯、恶来知不适纣之诛也，而不见武王之灭之也。比干、子胥知其君之必亡也，而不知身之死也。故曰：“崇侯、恶来知心而不知事，比干、子胥知事而不知心。”圣人其备矣。

宋[1]太宰贵而主断。季子将见宋君，梁子

---

① “宋”，原作“与”，据赵本改。

闻之曰："语必可与太宰三坐乎，不然，将不免。"季子因说以贵主而轻国。

杨朱之弟杨布衣素衣而出。天雨，解素衣，衣缁衣而反，其狗不知而吠之。杨布怒，将击之。杨朱曰："子毋击也，子亦犹是。曩者使女狗白而往，黑而来，子岂能毋怪哉？"

惠子曰："羿执鞅持扞，操弓关机，越人争为持的。弱[1]子扞弓，慈母入室闭户。"故曰："可必，则越人不疑羿；不可必，则慈母逃弱子。"

桓公问管仲："富有涯乎？"答曰："水之以涯，其无水者也；以富之以涯，其富已足者也。人不能自止于足，而亡其富之涯乎！"

宋之富贾有监止子者，与人争买百金之璞玉，因佯失而毁之，负其百金，而理其毁瑕，得千溢焉。事有举之而有败，而贤其毋举之者，负之时也。

有欲以御见荆王者，众驺妒之。因曰："臣能擞鹿。"见王。王为御，不及鹿；自御，及

① "弱"，原作"若"，据赵本改。

之。王善其御也，乃言众驺妒之。

荆令公子将伐陈。丈人送之曰："晋强，不可不慎也。"公子曰："丈人奚忧？吾为丈人破晋。"丈人曰："可。吾方庐陈南门之外。"公子曰："是何也？"曰："我笑勾践也，为人之如是其易也，己独何为密密十年难乎？"

尧以天下让许由，许由逃之，舍于家人，家人藏其皮冠。夫弃天下而家人藏其皮冠，是不知许由者也。

三虱相与讼，一虱过之，曰："讼者奚说？"三虱曰："争肥饶之地。"一虱曰："若亦不患腊之至而茅之燥耳，若又奚患？"于是乃相与聚嘬其母而食之。彘臞，人乃弗杀。

虫有蚘者，一身两口，争相龁也。遂相杀，因自杀。人臣之争事而亡其国者，皆蚘类也。

宫有垩，器有涤，则洁矣。行身亦然，无涤垩之地，则寡非矣。

公子纠将为乱，桓公使使者视之。使者报曰："笑不乐，视不见，必为乱。"乃使鲁人杀之。

公孙弘断发而为越王骑，公孙喜使人绝之，

曰："吾不与子为昆弟矣。"公孙弘曰："我断发，子断颈而为人用兵，我[1]将谓子何？"周南之战，公孙喜死焉。

有与悍者邻，欲卖宅而避之。人曰："是其贯将满也，遂去之，故曰勿之矣，子姑待之。"答曰："吾恐其以我满贯也。"遂去之。故曰："物之幾者，非所靡也。"

孔子谓[2]弟子曰："孰能导子西之钓名也？"子贡曰："赐也能。"乃导之，不复疑也。孔子曰："宽哉，不被于利！洁哉，民性有恒！曲为曲，直为直。"孔子曰："子西不免。"白公之难，子西死焉。故曰："直于行者曲于欲。"

晋中行文子出亡，过于县邑。从者曰："此啬夫，公之故人。公奚不休舍，且待后车？"文子曰："吾尝好音，此人遗我鸣琴；吾好佩，此人遗我玉环：是振我过者也。以求容于我者，吾恐其以我求容于人也。"乃去之。果收文子后车

---

① "我"，原作"伐"，据赵本、迂本改。
② "谓"上原有"曰"字，据赵本、迂本删。

二乘而献之其君矣。

周趮谓宫他曰："为我谓齐王曰：'以齐资我于魏，请以魏事王。'"宫他曰："不可，是示之无魏也，齐王必不资于无魏者，而以怨有魏者。公不如曰：'以王之所欲，臣请以魏听王。'齐王必以公为有魏也，必因公。是公有齐也，因以有齐、魏矣。"

白圭谓[①]宋令尹曰："君长自知政，公无事矣。今君少主也而务名，不如令荆贺君之孝也，则君不夺公位而大敬重公，则公常用宋矣。"

管仲、鲍叔相谓曰："君乱甚矣，必失国。齐国之诸公子其可辅者，非公子纠则小白也。与子人事一人焉，相达者相收。"管仲乃从公子纠，鲍叔从小白。国人果弑君。小白先入为君，鲁人拘管仲而效之，鲍叔言而相之。故谚曰："巫咸虽善祝，不能自祓也；养秦医虽善除，不能自弹也。"以管仲之圣而待鲍叔之助，此鄙谚所谓"虏自卖裘而不售，士自誉辩而不信"者也。

---

① "谓"，原作"为"，据赵本、迂本改。

荆王伐吴，吴使沮卫、蹷融犒于荆师，荆[①]将军曰："缚之，杀以衅鼓。"问之曰："汝[②]来，卜乎？"答曰："卜。""卜吉乎？"曰："吉。"荆人曰："今荆将欲女衅鼓，其何也？"答曰："是故其所以吉也。吴使人来也，固视将军怒。将军怒，将深沟高垒；将军不怒，将懈怠。今也将军杀臣，则吴必警守矣。且国之卜，非为一臣卜。夫杀一臣而存一国，其不言吉，何也？且死者无知，则以臣衅鼓无益也；死者有知也，臣将当战之时，臣使鼓不鸣。"荆人因不杀也。

知[③]伯将伐仇由，而道难不通，乃铸大钟遗仇由之君。仇由之君大说，除道将内之。赤章曼枝曰："不可。此小之所以事大也，而今也大以来，卒以随之，不可内也。"仇由之君不听，遂内之。赤章曼枝因断毂而驱，至于齐，七月而仇由亡矣。

越已胜吴，又索卒于荆而攻晋。左史倚相

① "荆"，原作"而"，据赵本改。
② "汝"，原作"女"，据赵本改。
③ "知"，原作"智"，据赵本改。

谓[1]荆王曰："夫越破吴，豪士死，锐卒尽，大甲伤。今又索卒以攻晋，示我不病也。不如起师与分吴。"荆王曰："善。"因起师而从越。越王怒，将击之。大夫种曰："不可。吾豪士尽，大甲伤。我与战，必不克，不如赂之。"乃割露山之阴五百里以赂之。

荆伐陈，吴救之，军间三十里。雨十日，夜星。左史倚相谓子期曰："雨十日，甲辑而兵聚。吴人必至，不如备之。"乃为陈。陈未成也而吴人至，见荆陈而反。左史[2]曰："吴反覆六十里，其君子必休，小人必食。我行三十里击之，必可败也。"乃从之，遂破吴军。

韩、赵相与为难。韩子索兵于魏曰："愿借师以伐赵。"魏文侯曰："寡人与赵兄弟，不可以从。"赵又索兵攻韩。文侯曰："寡人与韩兄弟，不敢从。"二国不得兵，怒而反。已乃知文侯以构于己，乃皆朝魏。

齐伐[3]鲁，索谗鼎，鲁以其雁往。齐人曰：

① "谓"，底本原无，据赵本、迂本补。
② "史"，原作"思"，据赵本、迂本改。
③ "伐"，原作"代"，据赵本、迂本改。

"雁也。"鲁人曰："真也。"齐曰："使乐正子春来，吾将听子。"鲁君请乐正子春，乐正子春曰："胡不以其真往也？"君曰："我爱之。"答[①]曰："臣亦爱臣之信。"

韩咎立为君，未定也。弟在周，周欲重之，而恐韩咎不立也。綦母恢曰："不若以车百乘送之。得立，因曰'为戒'；不立，则曰'来效贼'也。"

靖郭君曰将城薛，客多以谏者。靖郭君谓谒者曰："毋为客通。"齐人有请见者曰："臣请三言而已。过三言，臣请烹。"靖郭君因见之。客趋进曰："海大鱼。"因反走。靖郭君曰："请闻其说。"客曰："臣不敢以死为戏。"靖郭君曰："愿为寡人言之。"答曰："君闻大鱼乎？网不能止，缴不能绊也，荡而失水，蝼蚁得意焉。今夫齐亦君之海也。君长有齐，奚以薛为？君失齐，虽隆薛城至于天，犹无益也。"靖郭君曰："善。"乃辍，不城薛。

荆王弟在秦，秦不出也。中射之士曰："资

① "答"上原有"信"字，据赵本、迂本删。

臣百金，臣能出之。”因载百金之晋，见叔向曰：“荆王弟在秦，秦不出也。请以百金委叔向。”叔向受金，而以见之晋平公曰：“可以城壶丘矣。”平公曰：“何也？”对曰：“荆王弟在秦，秦不出也，是秦恶荆也，必不敢禁我城壶丘。若禁之，我曰：‘为我出荆王之弟，吾不城也。’彼如出之，可以得荆；彼不出，是卒恶也，必不敢禁我城壶丘矣。”公曰：“善。”乃城壶丘。谓秦公曰：“为我出荆王之弟，吾不城也。”秦因出之。荆王大说，以炼金百镒遗晋。

阖庐攻郢，战三胜，问子胥曰：“可以退乎？”子胥对曰：“溺人者，一饮而止，则无遂[1]者，以其不休也。不如乘之以沉之。”

郑人有一子，将宦，谓其家曰：“必筑坏墙，是不善人将窃。”其巷人亦云。不时筑，而人果窃之。以其子为智，以巷人告者为盗。

---

① “遂”，原作“逆”，据王先慎说改。

观行第二十四

古之人目短[①]于自见，故以镜观面；智短于自知，故以道正己。镜[②]无见疵之罪，道无明过之怨。目失镜，则无以正须眉；身失道，则无以知迷惑。西门豹之性急，故佩韦以自缓[③]；董安于之心缓，故佩弦以自急。故以有余补不足，以长续短之谓明主。

天下有信数三：一曰智有所不能立，二曰力有所不能举，三曰强有所不能胜。故虽有尧之智而无众人之助，大功不立；有乌获之劲而不得人助，不能自举；有贲、育之强而无法术，不得长生。故世有不可得，事有不可成。故乌获轻千钧而重其身，非其身重于千钧也，势不便也。离朱

① “短”，原作“矩”，据赵本、迂本改。
② “镜”上原有“故”字，据王先慎说删。
③ “自缓”，原作“缓己”，据王先慎说改。

易百步而难眉睫，非百步近而眉睫远也，道不可也。故明主不穷乌获以其不能自举，不困离朱以其不能自见。因可势，求易道，故用力寡而功名立。时有满虚，事有利害，物有生死，人主为三者发喜怒之色，则金石之士离心焉。圣贤之扑浅深矣。故明主观人，不使人观己。明于尧不能独成，乌获不能自举，贲、育之不能自胜，以法术则观行之道毕矣。

安危第二十五

安术有七，危道有六。安术：一曰赏罚随是非，二曰祸福随善恶，三曰死生随法度，四曰有贤不肖而无爱恶，五曰有愚智而无非誉，六曰有尺寸而无意度，七曰有信而无诈。

危道：一曰斫削于绳之内，二曰斫割于法之外，三曰利人之所害，四曰乐人之所祸，五曰危人于所安，六曰所爱不亲、所恶不疏。如此，则人失其所以乐生，而忘其所以重死。人不乐生，则人主不尊；不重死，则令不行也。

使天下皆极智能于仪表，尽力于权衡，以动则胜，以静则安。治世使人乐生于为是，爱身于为非，小人少而君子多。故社稷常[1]立，国家久安。奔车之上无仲尼，覆舟之下无伯夷。故号令者，国之舟车也。安则智廉生，危则争鄙起。故安国之法，若饥而食，寒而衣，不令而自然也。先王寄理于竹帛，其道顺，故后世服。今使人去饥寒，虽贲、育不能行；废自然，虽顺道而不立。强勇之所不能行，则上不能安。上以无厌责已尽，则下对“无有”，则轻法。法所以为国也而轻之，则功不立，名不成。

闻古扁鹊之治其病也，以刀刺骨；圣人之救危国也，以忠拂耳。刺骨，故小痛在体，而长利在身；拂耳，故小逆在心，而久福在国。故甚病之人利在忍痛，猛毅之君以福拂耳。忍痛，故扁鹊尽巧；拂耳，则子胥不失。寿安之术也。病而不忍痛，则失扁鹊之巧；危而不拂耳，则失圣人

① “常”，原作“长”，据赵本改。

之意。如此，长利不远垂，功名不久立。

人主不自刻以尧，而责人臣以子胥，是幸殷人之尽如比干；尽如比干，则上不失，下不亡。不权其力而有田成，而幸其身尽如比干，故国不得一安。废尧、舜而立桀、纣，则人不得乐所长而忧所短。失所长，则国家无功；守所短，则民不乐生。以无功御不乐生[①]，不可行于齐民。如此则上无以使下，下无以事上。

安危在是非，不在于强弱。存亡在虚实，不在于众寡。故齐，万乘也，而名实不称，上空虚于国，内不充满于名实，故臣得夺主杀天子也。而无是非，赏于无功，使谗谀以诈伪为贵；诛于无罪，使伛以天性剖背。以诈伪是，天性为非，小得胜大。

明主坚内，故不外失，失之近而[②]不亡于远者无有。故周之夺殷也，拾遗于庭。使殷不遗于朝，则周不敢望秋毫于境，而况敢易位乎？

明主之道忠法，其法忠心，故临之而法，去之而思。尧无胶漆之约于当世而遗行，舜无置锥

① “以无功御不乐生”下原重“以无功御不乐生”，据赵本、迁本删。

② “而”，原作“正”，据迁本改。

之地于后世而德结。能立道于往古[1]，而垂德于万世者之谓明主。

守道第二十六

圣王之立法也，其赏足以劝善，其威足以胜暴，其备足以必完法。治世之臣，功多者位尊，力极者赏厚，情尽者名立。善之生如春，恶之死如秋。故民劝极力而乐尽情，此之谓上下相得。上下相得，故能使用力者自极于权衡，而务至于任鄙；战士出死，而愿为贲、育；守道者皆怀金石之心，以死子胥之节。用力者为任鄙，战如贲、育，中为金石，则君人者高枕而守已完矣。

古之善守者，以其所重禁其所轻，以其所难止其所易，故君子与小人俱正，盗跖与曾、史俱廉。何以知之？夫贪盗不赴溪而掇金，赴溪而掇

① “古”上原有“名”字，据赵本、迂本删。

金则身不全。贲、育不量敌，则无勇名；盗跖不计可，则利不成。

明主之守禁也，贲、育见侵于其所不能胜，盗跖见害于其所不能取，故能禁贲、育之所不能犯，守盗跖之所不能取，则暴者守愿，邪者反正。大勇愿，巨盗贞平，则天下公平，而齐民之情正矣。

人主离法失人，则危于伯夷不妄取，而不免于田成、盗跖之耳，可也。今天下无一伯夷，而奸人不绝世，故立法度量。度量信则伯夷不失是，而盗跖不得非。法分明则贤不得夺不肖，强不得侵弱，众不得暴寡。托天下于尧之法，则贞士不失分，奸人不侥幸。寄千金于羿之矢，则伯夷不得亡，而盗跖不敢取。尧明于不失奸，故天下无邪；羿巧于失废，故千金不亡。邪人不寿而盗跖止。如此，故图不载宰予，不举六卿；书不著子胥，不明夫差。孙、吴之略废，盗跖之心伏。人主甘服于玉堂之中，而无瞋目切齿倾取之患；人臣垂拱金城之内，而无扼腕聚唇嗟唶之祸。服虎而不以柙，禁奸而不以法，塞伪而不以符，此贲、育之所患，尧、舜之所难也。故设柙，非所以备鼠也，所以使怯弱能服虎也；立法，非所以备曾、史也，所以庸主能止盗跖也；为符，非所以豫尾生也，所以使众人不相谩也。不独恃比干之死节，不幸乱臣之无诈也；恃怯之所能服，握庸主之所易守。当今之世，为人主忠计，为天下结德者，利莫长于如此。故君人者无亡国之图，而忠臣无失身之画。明于尊位必赏，故能使人尽力于权衡，死节于官职。通贲、育之情，不以死易生；惑于盗跖之贪，不以财易身，则守国之道毕备矣。

用人第二十七

闻古之善用人者，必循天顺人而明赏罚。循天，则用力寡而功立；顺人，则刑罚省而令行；明赏罚，则伯夷、盗跖不乱。如此，则白黑分矣。治国之臣，效功于国以履位，见能于官以受职，尽力于权衡以任事。人臣皆宜其能，胜其官，轻其任，而莫怀余力于心，莫负兼官之责于君。故内无伏怨之乱，外无马服之患。明君使事不相干，故莫讼；使士不兼官，故技长；使人不同功，故莫争讼。争讼止，技长立，则强弱不觳力，冰炭不合形，天下莫得相伤，治之至也。

释法术而任[①]心治，尧不能正一国；去规矩而妄意度，奚仲不能成一轮；废尺寸而差短长，王尔不能半中。使中主守法术，拙匠守规矩尺寸，则万不失矣。君人者能去贤巧之所不能，守中拙之所万不失，则人力尽而功名立。

明主立可为之赏，设可避之罚。故贤者劝赏而不见子胥之祸，不肖者少罪而不见伛剖背，盲者处平而不遇深溪，愚者守静而不陷险危。如此，则上下之恩结矣。古之人曰："其心难知，喜怒难中也。"故以表示目，以鼓语耳，以法教心。君人者释三易之数，而行之一难知之。如此，则怒积于上而怨积于下，以积怒而御积怨，则两危矣。

明主之表易见，故约立；其教易知，故言用；其法易为，故令行。三者立而上无私心，则

① "任"，底本原无，据王先慎说补。

下得循法而治，望表而动，随绳而斫，因攒而缝。如此，则上无私威之毒，而下无愚拙之诛。故上君明而少怒，下尽忠而少罪。

闻之曰：“举事无患者，尧不得也。”而世未尝无事也。君人者不轻爵禄，不易富贵，不可与救危国。故明主厉廉耻，招仁义。昔者介子推无爵禄而义随文公，不忍口腹而仁割其肌，故人主结其德，书图著其名。人主乐乎使人以公尽力，而苦乎以私夺威；人臣安乎以能受职，而苦乎以一负二。故明主除人臣之所苦，而立人主之所乐。上下之利，莫长于此。不察私门之内，轻虑重事，厚诛薄罪，久怨细过，长侮偷快，数以德追祸，是断手而续以玉也，故世有易身之患。

人主立难为而罪不及，则私怨立；人臣失所长而奉难给，则伏怨结。劳苦不抚循，忧悲不哀怜；喜则誉小人，贤不肖俱赏；怒则毁君子，使伯夷与盗跖俱辱。故臣有叛主。使燕王内憎其民而外爱鲁人，则燕不用而鲁不附。见憎，不能尽力而务功；鲁见说，而不能离死命而亲他主。如此，则人臣为隙穴，而人主独立。以隙穴之臣而事独立之主，此之谓危殆。

释仪的而妄发，虽中小不巧；释法制而妄怒，虽杀戮而奸人不怨。罪生甲，祸归乙，伏怨乃结。故至治之国，有赏罚而无喜怒，故圣人极；有刑法，而死无螫毒，故奸人服。发矢中的，赏罚当符，故尧复生，羿复立。如此，则上无殷、夏之患，下无比干之祸，君高枕而臣乐业，道蔽天地，德极万世矣。夫人主不塞隙穴而劳力于赭垩，暴雨疾风必坏。不去眉睫之祸而慕贲、育之死，不谨萧墙之患而固金城于远境，不用近贤之谋而外结万乘之交于千里，飘风一旦起，则贲、育不及救，而外交不及至，祸莫大于此。当今之世，为人主忠计者，必无使燕王说鲁人，无使近世慕贤于古，无思越人以救中国溺者。如此，则上下亲，内功立，外名成。

功名第二十八

明君之所以立功成名者四：一曰天时，二曰

人心，三曰技能，四曰势位。非天时，虽十尧不能冬生一穗；逆人心，虽贲、育不能尽人力。故得天时，则不[①]务而自生；得人心，则不趣而自劝；因技能，则不急而自疾；得势位，则不推进而名成。若水之流，若船之浮。守自然之道，行毋穷之令，故曰明主。

夫有材而无势，虽贤不能制不肖。故立尺材于高山之上，则临千仞之溪，材非长也，位高也。桀为天子，能制天下，非贤也，势重也；尧为匹夫，不能正三家，非不肖也，位卑也。千钧得船则浮，锱铢失船则沉，非千钧轻而[②]锱铢重也，有势之与无势也。故短之临高也以位，不肖之制贤也以势。人主者，天下一力以共载之，故安；众同心以共立之，故尊。人臣守所长，尽所能，故忠。以尊主主御忠臣，则长乐生而功名成。名实相持而成，形影相应而立，故臣主[③]同欲而异使。人主之患在莫之应，故曰：一手独拍，虽疾无声。人臣之忧在不得一，故曰：右手

① “不”，底本原无，据迂本补。
② “而”，底本原无，据王先慎说补。
③ “主”，底本原无，据赵本、迂本补。

画圆，左手画方，不能两成。故曰：至治之国，君若桴，臣若鼓，技若车，事若马。故人有余力易于应，而技有余巧便[1]于事。立功者不足于力，亲近者不足于信，成名者不足于势，近者已亲，而远者不结，则名不称实者也。圣人德若尧、舜，行若伯夷，而位不载于世，则功不立，名不遂。故古之能致功名者，众人助之以力，近者结之以成，远者誉之以名，尊者载之以势。如此，故太山之功长立于国家，而日月之名久著于天地。此尧之所以南面而守名，舜之所以北面而效功也。

大体第二十九

古之全大体者：望天地，观江海，因山谷，日月所照，四时所行，云布风动；不以智累心，

① “便”，底本原无，据赵本补。

不以私累己；寄治乱于法术，托是非于赏罚，属轻重于权衡；不逆天理，不伤情性；不吹毛而求小疵，不洗垢而察难知；不引绳之外，不推绳之内；不急法之外，不缓法之内；守成理，因自然；祸福生乎道法而不出乎爱恶，荣辱之责在乎[1]己而不在乎人。故致至安之世，法如朝露，纯朴不散，心无结怨，口无烦言。故车马不疲弊于远路，旌旗不乱于大泽，万民不失命于寇戎，雄骏不创寿于旗幢；豪杰不著名于图书，不录功于盘盂，记年之牒空虚。故曰：利莫长于简，福莫久于安。使匠石以千岁之寿操钩，视规矩，举绳墨而正太山；使贲、育带干将而齐万民；虽尽力于巧，极盛于寿，太山不正，民不能齐。故曰：古之牧天下者，不使匠石极巧以败太山之体，不使贲、育尽威以伤万民之性。因道全法，君子乐而大奸止。澹然闲静，因天命，持大体。故使人无离法之罪，鱼无失水之祸。如此，故天下少不可。

上不天则下不遍覆，心不地则物不必载。太

① “乎”，底本原无，据赵本、迂本补。

山不立好恶，故能成其高；江海不择小助，故能成其富。故大人寄形于天地而万物备，历心于山海而国家富。上无忿怒之毒，下无伏怨之患，上下交顺[1]，以道为舍。故长利积，大功立，名成于前，德垂于后，治之至也。

① “顺”，原作“扑”，据迂本改。

卷九

内储说上七术第三十

主之所用也七术，所察也六微。七术：一曰众端参观，二曰必罚明威，三曰信赏尽能，四曰一听责下，五曰疑诏诡使，六曰挟知而问，七曰倒言反事。此七者，主之所用也。

经一　参观[①]

观听不参则诚不闻，听有门户则臣壅塞。其说侏儒之梦见灶，哀公之称"莫众而迷"。故齐人见河伯，与惠子之言"亡其半"也。其患在竖牛之饿叔孙，而江乙[②]之说荆俗也。嗣公欲治不

① 标题原在段后作"参观一"，"经"字为整理者所加，与下文"说"区分。

② "乙"，原作"乞"，据迂本改。

知，故使有敌，是以明主推积铁之类，而察一市之患。

说一[①]

卫灵公之时，弥子瑕有宠，专于卫国。侏儒有见公者曰："臣之梦践[②]矣。"公曰："何梦？"对曰："梦见灶，为见公也。"公怒曰："吾闻见人主者梦见日，奚为见寡人而梦见灶？"对曰："夫日兼烛天下，一物不能当也；人君兼烛一国[③]，一人不能拥也。故将见人主者梦见日。夫灶，一人炀焉，则后人无从见矣。今或者一人有炀君者乎？则臣虽梦见灶，不亦可乎！"

鲁哀公问于孔子曰："鄙谚曰：'莫众而

① 底本原无标题，仅在"卫灵公"前标注"一"。今增设标题并冠以"说"字，与上文"经"区分。"经"为观点，"说"为论证观点的事例、材料。两部分内容底本分开编排，今按顺序一一对应，交替编排，便于阅读。

② "践"，原作"贱"，据迂本改。

③ "国"下原有"人"字，据迂本删。

迷。’今寡人举事，与群臣虑之，而国愈乱，其故何[1]也？”孔子对曰：“明主之问臣，一人知之，一人不知也；如是者，明主在上，群臣直议于下。今群臣无不一辞同轨乎季孙者，举鲁国尽化为一，君虽问境内之人，犹之人不免于乱也。”一曰：晏婴子聘鲁，哀公问曰：“语曰：‘莫三人而迷。’今寡人与一国虑之，鲁不免于乱，何也？”晏子曰：“古之所谓‘莫三人而迷’者，一人失之，二人得之，三人足以为众矣，故曰‘莫三人而迷’。今鲁国之群臣以千百数，一言于季氏之私，人数非不众，所言者一人也，安得三哉？”

齐人有谓齐王曰：“河伯，大神也。王何不试与之遇乎？臣请使王遇之。”遇为坛场大水之上，而与王立之焉。有间，大鱼动，因曰：“此河伯。”

张仪欲以秦、韩与魏之势伐齐、荆，而惠施欲以齐、荆偃兵。二人争之。群臣左右皆为张子言，而以攻齐、荆为利，而莫为惠子言。王果听

① “何”，底本原无，据赵本、迂本补。

张子，而以惠子言为不可。攻齐、荆事已定，惠子入见。王言曰：“先生毋言矣。攻齐、荆之事果利矣，一国尽以为然。”惠子因说：“不可不察也。夫齐、荆之事也诚利，一国尽以为利，是何智者之众也？攻齐、荆之事诚不可利，一国尽以为利，何愚者之众也？凡谋者，疑也。疑也者，诚疑以为可者半，以为不可者半。今一国尽以为可，是王亡半也。劫主者，固亡其半者也。”

叔孙相鲁，贵而主断。其所爱者曰竖牛，亦擅用叔孙之令。叔孙有子曰壬，竖牛妒而欲杀之，因与壬游于鲁君所。鲁君赐之玉环，壬拜受之而不敢佩，使竖牛请之叔孙。竖牛欺之曰：“吾已为尔请之矣，使尔佩之。”壬因佩之。竖牛因谓叔孙：“何不见壬于君乎？”叔孙曰：“孺子何足见也。”“壬固已数见于君矣。君赐之玉环，壬已佩之矣。”叔孙召壬见之，而果佩之，叔孙怒而杀壬。壬兄曰丙，竖牛又妒而欲杀之。叔孙为丙铸钟，钟成，丙不敢击，使竖牛请之叔孙。竖牛不为请，又欺之曰：“吾已为[①]尔

① “已为”，原作“以”，据赵本改。

请之矣，使尔击之。”丙因击之。叔孙闻之曰：“丙不请而擅击钟。”怒而逐之。丙出走齐。居一年，竖牛为谢叔孙，叔孙使竖牛召之，又不召而报之曰：“吾已召之矣，丙怒甚，不肯来。”叔孙大怒，使人杀之。二子已死，叔孙有病，竖牛因独养之而去左右，不内人，曰：“叔孙不欲闻人声。”不食而饿杀。叔孙已死，竖牛因不发丧也，徙其府库重宝空之而奔齐。夫听所信之言而子父为人僇，此不参之患也。

江乙[1]为魏王使荆，谓荆王曰：“臣入王之境内，闻王之国俗曰：‘君子不蔽人之美，不言人之恶。’诚有之乎？”王曰：“有之。”“然则若白公之乱，得庶无危乎？诚得如此，臣免死罪矣。”

卫嗣君重如耳，爱世姬，而恐其皆因其爱重以壅己也，乃贵薄疑以敌之如耳，尊魏姬以耦世姬，曰：“以是相参也。”嗣君知欲无壅，而未得其术也。夫不使贱议贵，下必坐上，而必待势重之钧也，而后敢相议，则是益树壅塞之臣也。

---

① “乙”，原作“乞”，据王先慎说改。

嗣君之壅乃始。

夫矢来有乡，则积铁以备一乡；矢来无乡，则为铁室以尽备之。备之则体不伤。故彼以尽备之不伤，此以尽敌之无奸也。

庞恭与太子质于邯郸，谓魏王曰：“今一人言市有虎，王信之乎？”曰：“不信。”“二人言市有虎，王信之乎？”曰：“不信。”“三人言市有虎，王信之乎？”王曰：“寡人信之。”庞恭曰：“夫市之无虎也明矣，然而三人言而成虎。今邯郸之去魏也远于市，议臣者过于三人，愿王察之。”庞恭从邯郸反，竟不得见。

经二　必罚

爱多者则法不立，威寡者则下侵上。是以刑罚不必，则禁令不行。其说在董子之行石邑，与子产之教游吉也。故仲尼说陨霜，而殷法刑弃灰；将行去乐池，而公孙鞅重轻罪。是以丽水之金不守，而积泽之火不救。成欢以太仁弱齐国，卜皮以慈惠亡魏王。管仲知之，故断死人；嗣公知之，故买胥靡。

说二

董阏于为赵上地守。行石邑山中，涧深，峭如墙，深百仞，因问其旁乡左右曰："人尝有入此者乎？"对曰："无有。"曰："婴儿、痴聋、狂悖之人尝有入此者乎？"对曰："无有。""牛马犬彘尝有入此者乎？"对曰："无有。"董阏于喟然太息曰："吾能治矣。使吾治之无赦，犹入涧之必死也，则人莫之敢犯也，何为不治之？"

子产相郑，病将死，谓游吉曰："我死后，子必用郑，必以严莅人。夫火形严，故人鲜灼；水形懦，人多溺。子必严子之形，无令溺子之懦。"故子产死，游吉不忍行严刑[1]，郑少年相率为盗，处于雚泽，将遂以为郑祸。游吉率车骑与战，一日一夜，仅能克之。游吉喟然叹曰：

① "不忍行严刑"，原作"不肯严形"，据迂本改。

"吾蚤行夫子之教，必不悔至于此矣。"

鲁哀公问于仲尼曰："《春秋》之记曰：'冬十二月霣霜不杀菽。'何为记此？"仲尼对曰："此言可以杀而不杀也。夫宜杀而不杀，桃李冬实。天失道，草木犹犯干之，而况于人君乎？"

殷之法，刑弃灰于街者。子贡以为重，问之仲尼。仲尼曰："知治之道也。夫弃灰于街必掩人，掩人，人必怒，怒则斗，斗必三族相残也，此残三族之道也，虽刑之可也。且夫重罚者，人之所恶也；而无弃灰，人之所易也。使人行之所易，而无离所恶，此治之道。"一曰：殷之法，弃灰于公道者断其手。子贡曰："弃灰之罪轻，断手之罚重，古人何太毅也？"曰："无弃灰，所易也；断手，所恶也。行所易，不关所恶，古人以为易，故行之。"

中山之相乐池以车百乘使赵，选其客之有智能有者以为将行，中道而乱。乐池曰："吾以公为有智，而使公为将行，今中道而乱，何也？"客因辞而去，曰："公不知治。有威足以服之人，而利足以劝之，故能治之。今臣，君之少客也。夫从少正长，从贱治贵，而不得操其利害之柄以制之，此所以乱也。尝试使臣，彼之善者我能以为卿相，彼不善者我得以斩其首，何故而不治！”

公孙鞅之法也重轻罪。重罪[①]者，人之所难犯也；而小过者，人之所易去也。使人去其所易，无离其所难，此治之道。夫小过不生，大罪不至，是人无罪而乱不生也。一曰：公孙鞅曰：“行刑重其轻者，轻者不至，重者不来，是谓以刑去刑也。”

荆南之地，丽水之中生金，人多窃采金。采金之禁，得而辄辜磔于市。甚众，壅离其水也，而人窃金不止。夫罪莫重辜磔于市，犹不止者，不必得也。故今有于此，曰：“予汝天下而杀汝身。”庸人不为也。夫有天下，大利也，犹不为者，知必死。故不必得也，则虽辜磔，窃金不止；知必死，则天下不为也。

鲁人烧积泽。天北风，火南倚，恐烧国，

① “重罪”，底本原无，据赵本、迂本补。

哀公惧，自将众趣[1]救火者。左右无人，尽逐兽而火不救，乃召问仲尼。仲尼曰："夫逐兽者乐而无罚，救火者苦而无赏，此火之所以无救也。"哀公曰："善。"仲尼曰："事急，不及以赏；救火者尽赏之，则国不足以赏于人。请徒行罚[2]。"哀公曰："善。"于是仲尼乃下令曰："不救火者，比降北之罪；逐兽者，比入禁之罪。"令下未遍而火已救矣。

成欢谓齐王曰："王太仁，太不忍人。"王曰："太仁，太不忍人，非善名邪？"对曰："此人臣之善也，非人主之所行也。夫人臣必仁而后可与谋，不忍人而后可近也；不仁则不可与谋，忍人则不可近也。"王曰："然则寡人安所太仁，安不忍人？"对曰："王太仁于薛公，而太不忍于诸田。太仁薛公，则大臣无重；太不忍诸田，则父兄犯法。大臣无重，则兵弱于外；父兄犯法，则政乱于内。兵弱于外，政乱于内，此亡国之本也。"

① "趣"，原作"辄"，据赵本、迂本改。
② "罚"，原作"赏"，据王先慎说改。

魏惠王谓卜皮曰："子闻寡人之声闻亦何如焉？"对曰："臣闻王之慈惠也。"王欣然喜曰："然则功且安至？"对曰："王之功至于亡。"王曰："慈惠，行善也。行之而亡，何也？"卜皮对曰："夫慈者不忍，而惠者好与也。不忍则不诛有过，好予则不待有功而赏。有过不罪，无功受赏，虽亡，不亦可乎？"

齐国好厚葬，布帛尽于衣衾，材木尽于棺椁。桓公患之，以告管仲曰："布帛尽则无以为蔽，材木尽则无以为守备，而人厚葬之不休，禁之奈何？"管仲对曰："凡人之有为也，非名之，则利之也。"于是乃下令曰："棺椁过度者戮其尸，罪夫当丧者。"夫戮死无名，罪当丧者无利，人何故为之也？

卫嗣君之时，有胥靡逃之魏，因为襄王之后治病。卫嗣君闻之，使人请以五十金买之，五反而魏王不予，乃以左氏易之。群臣左右谏曰："夫以一都买胥靡，可乎？"王曰："非子之所知也。夫治无小而乱无大。法不立而诛不必，虽有十左氏无益也；法立而诛必，虽失十左氏无害也。"魏王闻之，曰："主欲治而不听之，不祥。”因载而往，徒献之。

经三 赏誉

赏誉薄而谩者下不用也，赏誉厚而信者下轻死。其说在文子称“若兽鹿”。故越王焚宫室，而吴起倚车辕，李悝断讼以射，宋崇门以毁死。勾践知之[①]，故式怒蛙；昭侯知之，故藏弊裤。厚赏之使人为贲、诸也，妇人之拾蚕，渔者之握鳣，是以效之。

说三

齐王问于文子曰：“治国何如？”对曰：“夫赏罚之为道，利器也。君固握之，不可以示人。若如臣者，犹兽鹿也，唯荐草而就。”

① “之”，底本原无，据赵本、迂本补。

越王问于大夫种[①]曰："吾欲伐吴，可乎？"对曰："可矣。吾赏厚而信，罚严而必。君欲之，何不试焚宫室？"于是遂焚宫室，人莫救之。乃下令曰："人之救火者死，比死敌之赏；救火而不死者，比胜敌之赏；不救火者，比降北之罪。"人涂其体、被濡衣而走火者，左三千人，右三千人。此知必胜之势也。

吴起为魏武侯西河之守。秦有小亭临境，吴起欲攻之。不去，则甚害田者；去之，则不足以征甲兵。于是乃倚一车辕于北门之外，而令之曰："有能徙此南门之外者，赐之上田、上宅。"人莫之徙也。及有徙之者，还赐之如令。俄又置一石赤菽东门之外，而令之曰："有能徙此于西门之外者，赐之如初。"人争徙之。乃下令大夫曰："明日且攻亭，有能先登者，仕之国大夫，赐之上田宅。"人争趋之。于是攻亭，一朝而拔之。

李悝为魏文侯上地之守，而欲人之善射也，乃下令曰："人之有狐疑之讼者，令之射的，中

① "种"上原有"文"字，据迂本删。

之者胜，不中者负。”令下而人皆疾习射，日夜不休。及与秦人战，大败之，以人之善战射也。

宋崇门之巷人服丧而毁，甚瘠，上以为慈爱于亲，举以为官师。明年，人之所以毁死者岁十余人。子之服亲丧者，为爱之也，而尚可以赏劝也，况君上之于民乎！

越王虑伐吴，欲人之轻死也，出见怒蛙，乃为之式。从者曰：“奚敬于此？”王曰：“为其有气故也。”明年之请以头献王者岁十余人。由此观之，誉[①]之足以杀人矣。

一曰：越王勾践见怒蛙而式之。御者曰：“何为式？”王曰：“蛙有气如此，可无为式乎？”士人闻之曰：“蛙有气，王犹为式，况士人有勇者乎！”是岁，人有自刭死以其头献者，故曰：“王将复吾而试其教。”燔台而鼓之，使民赴火者，赏在火也；临江而鼓之，使人赴水者，赏在水也；临战而使人绝头刳腹而无顾心者，赏在兵也。又况据法而进贤，其助甚此矣。

韩昭侯使人藏弊裤，侍者曰：“君亦不仁

---

① “誉”，原作“毁”，据赵本、迂本改。

矣，弊裤不以赐左右而藏之。”昭侯曰：“非子之所知也。吾闻明主之爱，一嚬一笑，嚬有为嚬，而笑有为笑。今夫裤，岂特嚬笑哉！裤之与嚬笑远矣。吾必待有功者，故收藏之未有予也。”

鳣似[1]蛇，蚕似蠋。人见蛇则惊骇，见蠋则毛起。然而妇人拾蚕，渔者握鳣，利之所在，则忘其所恶，皆为贲、诸[2]。

经四　一听

一听则愚智不分，责下则人臣不参。其说在“索郑”与“吹竽”。其患在申子之以赵绍、韩沓为尝试。故公子汜议割河东，而应侯谋弛上党。

---

① “似”，原作“以”，据赵本、迂本改。
② “贲诸”，原作“孟贲”，据王先慎说改。

说四

魏王谓郑王曰："始郑、梁一国也，已而别，今愿复得郑而合之梁。"郑君患之，召群臣而与之谋所以对魏。郑[1]公子谓郑君曰："此甚易应也。君对魏曰：'以郑为故魏而可合也，则弊邑亦愿得梁而合之郑。'"魏王乃止。

齐宣王使人吹竽，必三百人。南郭处士请为王吹竽，宣王说之，廪食以数百人。宣王死，湣王立，好一一听之，处士逃。一曰：韩昭侯曰："吹竽者众，吾无以知其善者。"田严对曰："一一而听之。"

赵令人因申子于韩请兵，将以攻魏。申子欲言之君，而恐君之欲疑己外市也，不则恐恶于赵，乃令赵绍、韩沓尝试君之动貌而后言之。内则知昭侯之意，外则有得赵之功。

三国至韩，王谓楼缓曰："三国之兵深矣！

① "郑"，底本原无，据赵本、迂本补。

寡人欲割河东而讲，何如？”对曰：“夫割河东，大费也；免国于患，大功也。此父兄之任也，王何不召公子汜而问焉？”王召公子汜而告之，对曰：“讲亦悔，不讲亦悔。王今割河东而讲，三国归，王必曰：‘三国固且去矣，吾特以三城送之。’不讲，三国也入韩，则国必大举矣，王必大悔，王曰：‘不献三城也。’臣故曰：‘王[①]讲亦悔，不讲亦悔。’”王曰：“为我悔也，宁亡三城而悔[②]，无[③]危乃悔。寡人断讲矣。”

应侯谓秦王曰：“王得宛、叶、蓝田、阳夏，断河内，困梁、郑，所以未王者，赵未服也。弛上党在一而已，以临东阳，则邯郸口中虱也。王拱而朝天下，后者以兵中之。然上党之安乐，其处甚剧，臣恐弛之而不听，奈何？”王曰：“必弛易之矣。”

① “王”，原作“三”，据赵本、迂本改。
② “悔”上原有“无”字，据王先慎说删。
③ “无”，底本原无，据王先慎说补。

经五　诡使

数见久待而不任，奸则鹿散。使人问他则不鬻私。是以庞敬还公大夫，而戴欢诏视辒车，周主亡玉簪，商太宰论牛矢。

说五

庞敬，县令也。遣市者行，而召公大夫而还之。立以间，无以诏之，卒遣行。市者以为令与公大夫有言，不相信，以至无奸。

戴欢，宋太宰，夜使人曰："吾闻数夜有乘辒车至李史门者，谨为我伺之。"使人报曰："不见辒车，见有奉笥而与李史语者，有间，李史受笥。"

周主亡玉簪，令吏求之，三日不能得也。周主令人求而得之家人之屋间。周主曰："吾之吏之不事事也。求簪三日不得之，吾令人求之，不移日而得之。”于是吏皆耸惧，以为君神明也。

商太宰使少庶子之市，顾反而问之曰：“何见于市？”对曰：“无见也。”太宰曰：“虽然，何见也？”对曰：“市南门之外甚众牛车，仅可以行耳。”太宰因诫使者：“无敢告人吾所问于女。”因召市吏而诮之曰：“市门之外何多牛屎？”市吏甚怪太宰知之疾也，乃悚惧其所也。

经六　挟智

挟智而问，则不智者至；深智一物，众隐皆变。其说在昭侯之握一爪也。故必南门而三乡得。周主索曲杖而群臣惧，卜皮事庶子，西门豹详遗辖。

说六

韩昭侯握爪，而佯亡一爪，求之甚急，左右

因割其爪而效之。昭侯以察左右之臣不割。韩昭使骑于县。使者报，昭侯问曰："何见也？"对曰："无所见也。"昭侯曰："虽然，何见？"曰："南门之外，有黄犊食苗道左者。"昭侯谓使者："毋敢泄吾所问于女。"乃下令曰："当苗时，禁牛马入人田中，固有令，入而吏不以为事，牛马甚多入人田中。亟举其数上之；不得，将重其罪。"于是三乡举而上[①]之。昭侯曰："未尽也。"复往审之，乃得南门之外黄犊。吏以昭侯为明察，皆悚惧其所而不敢为非。

周主下令索曲杖，吏求之数日不能得。周主私使人求之，不移日而得之。乃谓吏曰："吾知吏不事事也。曲杖甚易也，而吏不能得，我令人求之，不移日而得之，岂可谓忠哉！"吏乃皆悚惧其所，以君为神明。

卜皮为县令，其御史污秽而有爱妾，卜皮乃使少庶子佯爱之，以知御史阴情。

西门豹为邺令，佯亡其车辖，令吏求之不能得，使人求之而得之家人屋间。

---

① "上"，原作"止"，据赵本、迂本改。

经七　倒言

倒言反事，以尝所疑，则奸情得。故阳山谩樛竖，淖齿为秦使，齐人欲为乱，子之以白马，子产离讼者，嗣公过关市。

说七

阳山君相卫[1]，闻王之疑己也，乃伪谤樛竖以知之。

淖齿闻齐王之恶己也[2]，及矫为秦使以知之。

齐人有欲为乱者，恐王知之，因诈逐所爱者，令走王知之。

子之相燕，坐而佯言曰："走出门者何，白

---

① "卫"，原作"谓"，据赵本改。

② "也"下原重"也"字，据赵本、迂本删。

马也？”左右皆言不见。有一人走追之，报曰：“有。”子之以此知左右之不诚信。

有相与讼者，子产离之而无使得通辞，倒其言以告而知之。

卫嗣公使人为客过关市，关市苛难之，因事关市，以金与关吏，乃舍之。嗣公为关吏曰：“某时有客过而所，与汝金，而汝因遣之。”关吏[1]乃大恐，而以嗣公为明察。

---

① “吏”，原作“市”，据赵本改。

卷十

内储说下六微第三十一

六微：一曰权借在下，二曰利异外借，三曰托于似类，四曰利害有反，五曰参疑内争，六曰敌国废置。此六者，主之所察也。

经一　权借

权势不可以借人。上失其一，臣以为百。故臣得借则力多，力多则内外为用，则人主壅。其说在老聃之言失鱼也。是以人主久语，而左右鬻怀刷。其患在胥僮之谏[1]厉公，与州侯之一言，而燕人浴矢也。

---

① “谏”，原作“权”，据赵本、迂本改。

说一

势重者，人主之渊也；臣者，势重之鱼也。鱼失于渊而不可复得也，人主失其势重于臣而不可复收也。古之人难正言，故托之于鱼。

赏罚者，利器也，君操之以制臣，臣得之以拥主。故君先见所赏则臣鬻之以为德，君先见所罚则臣鬻之以为威。故曰："国之利器，不可以示人。"

靖郭君相齐，与故人久语，则故人富；怀左右刷，则左右重。久语怀刷[1]，小资也，犹以成富，况于吏势乎？

晋厉公之时，六卿贵。胥僮、长鱼矫谏曰："大臣贵重，敌主争事，外市树党，下乱国法，上以劫主，而国不危者，未尝有也。"公曰："善。"乃诛三卿。胥僮、长鱼矫又谏曰："夫同罪之人偏诛而不尽，是怀怨而借之间也。"公

① "刷"，原作"尉"，据迂本改。

曰："吾一朝而夷三卿，予不忍尽也。"长鱼矫对曰："公不忍之，彼将忍公。"公不听。居三月，诸卿作难，遂杀厉公而分其地。

州侯相荆，贵而主断。荆王疑之，因问左右，左右对曰："无有。"如出一口也。

燕人惑易[①]，故浴狗矢。燕人其妻有私通于士，其夫早自外而来，士适出。夫曰："何客也？"其妻曰："无客。"问左右，左右言"无有"，如出一口。其妻曰："公惑易也。"因俗之以狗矢。一曰：燕人李季好[②]远出，其妻私有通于士，季突至[③]，士在内中，妻患之。其室妇曰："令公子裸而解发，直出门，吾属佯不见也。"于是公子从其计，疾走出门。季曰："是何人也？"家室皆曰[④]："无有。"季曰："吾见鬼乎？"妇人曰："然。""为之奈何？"曰："取五姓之矢浴之。"季曰："诺。"乃浴以矢。一曰浴以兰汤。

---

① "惑易"，原作"无惑"，据王先慎说改。
② "好"下原重"好"字，据赵本、迂本删。
③ "至"，原作"之"，据赵本改。
④ "曰"，底本原无，据赵本、迂本补。

经二　利异

君臣之利异，故人臣莫忠，故臣利立而主利灭。是以奸臣者，召敌兵以内除，举外事以眩主，苟成其私利，不顾国患。其说在卫人之夫妻[①]祷祝也。故戴歇议子弟，而三桓攻昭公；公叔内齐军，而翟黄召韩兵；太宰嚭说大夫种，大成牛教申不害；司马喜告赵王，吕仓规秦、楚；宋石遗[②]卫君书，白圭教暴谴。

说二

卫人有夫妻祷者，而祝曰："使我无故，得百来束布。"其夫曰："何少也？"对曰："益是，子将以买妾。"

① "夫妻"，原作"妻夫"，据迂本改。
② "遗"，原作"遣"，据赵本、迂本改。

荆王欲宦诸公子于四邻，戴歇曰："不可。""宦公子于四邻，四邻必重之。"曰："子出者重，重则必为所重之国党，则是教子于外市也，不便。"

鲁孟孙、叔孙、季孙相戮力劫昭公，遂夺其国而擅其制。鲁三桓逼公[1]，昭公攻季孙氏，而孟孙氏、叔孙氏相与谋曰："救之乎？"叔孙氏之御者曰："我，家臣也，安知公家？凡有季[2]孙与无季孙于我孰利？"皆曰："无季孙必无叔孙。""然则救之。"于是撞西北隅而入。孟孙见叔孙之旗入，亦救之。三桓为一，昭公不胜。逐之，死于乾侯。

公叔相韩而有攻齐，公仲甚重于王，公叔恐王之相公仲也，使齐、韩约而攻魏。公叔因内齐军于郑，以劫其君，以固其位，而信两国之约。

翟璜，魏王之臣也，而善于韩。乃召韩兵令之攻魏，因请为魏王构之以自重也。

越王攻吴王，吴王谢而告服，越王欲许之。

---

① "逼公"，原作"公逼"，据王先慎说改。

② "季"，底本原无，据赵本、迂本补。

范蠡、大夫种曰："不可。昔天以越与吴，吴不受，今天反夫差，亦天祸也。以吴予越，再拜受之，不可许也。"太宰嚭遗大夫种书曰："狡兔尽则良犬烹，敌国灭则谋臣亡。大夫何不释吴而患越乎？"大夫种受书读之，太息而叹曰："杀之，越与吴同命。"

大成牛从赵谓申不害于韩曰："以韩重我于赵，请以赵重子于韩，是子有两韩，我有两赵。"

司马喜，中山君之臣也，而善于赵，尝以中山之谋微告赵王。

吕仓，魏王之臣也，而善于秦、荆。微讽秦、荆令之[1]攻魏，因请行和以自重也。

宋石，魏将也；卫君，荆将也。两国构难，二子皆将。宋石遗卫君书曰："二君相当，两旗相望，唯毋一战，战必不两存。此乃两主之事也，与子无有私怨，善者相避也。"

白圭相魏王，暴谴相韩。白圭谓暴谴曰："子以韩辅我于魏，我以魏待子于韩，臣长用

① "之"，原作"而"，据赵本、迂本改。

魏，子长用韩。”

经三　似类

似类之事，人主之所以失诛，而大臣之所以成私也。是以门人捐水而夷射诛，济阳自矫而二人罪，司马喜杀爰骞而季辛，郑袖言恶臭而新人劓，费无忌教郄宛而令尹诛，陈需杀张寿而犀首走。故烧刍廥而中山罪，杀老儒而济阳赏也。

说三

齐中大夫有夷射者，御饮于王，醉甚而出，倚于郎门。门者刖跪请曰：“足下无意赐之余隶乎？”夷射叱曰[①]：“去！刑余之人，何事乃敢乞饮长者！”刖跪走退。及夷射去，刖跪因捐水郎门溜下，类溺者之状。明日，王出而诃之，

① “叱曰”，原作“曰叱”，据王先慎说改。

曰："谁溺于是？"刖跪对曰："臣不见也。虽然，昨日中大夫夷射立于此。"王因诛夷射而杀之。

魏王臣二人不善济阳君，济阳君因伪令人矫王命而谋攻己。王使人问济阳君[1]曰："谁与恨？"对曰："无敢与恨。虽然，尝与二人不善，不足以至于此。"王问左右，左右曰："固然。"王因诛二人者。

季辛与爰骞相怨。司马喜新与季辛恶，因微令人杀爰骞，中山之君以为季辛也，因诛之。

荆王所爱妾有郑袖者。荆王新得美女，郑袖因教之曰："王甚喜人之掩口也，为近王，必掩口。"美女入见，近王，因掩口。王问其故，郑袖曰："此固言恶王之臭。"及王与郑袖、美女三人坐，袖因先诫御者曰："王适有言，必亟听从王言。"美女前近王甚，数掩口。王悖然怒曰："劓之。"御因揄刀而劓美人。一曰：魏王遗荆王美人，荆王甚悦之。夫人郑袖知王悦爱之也，亦悦爱之，甚于王。衣服玩好，择其所欲为

① "济阳君"下原重"济阳君"，据赵本、迂本删。

之。王曰：“夫人知我爱新人也，其悦爱之甚于寡人，此孝子所以养亲，忠臣之所以事君也。”夫人知王之不以己为妒也，因为新人曰：“王甚悦爱子，然恶子之鼻，子见王，常掩鼻，则王长幸子矣。”于是新人从之，每见王，常掩鼻。王谓夫人曰：“新人见寡人常掩鼻，何也？”对曰：“不已知也。”王强问之，对曰：“顷尝言恶闻王臭。”王怒曰：“劓之。”夫人先诫御者曰：“王适有言，必可从命。”御者因揄刀而劓美人。

费无极，荆令尹之近者也。郄宛新事令尹，令尹甚爱之。无极因谓令尹曰：“君爱宛甚，何不一为酒其家？”令尹曰：“善。”因令之为具于郄宛之家。无极教宛曰：“令尹甚傲而好兵，子必谨敬，先亟陈兵堂下及门庭。”宛[1]因为之。令尹往而大惊，曰：“此何也？”无极曰：“君殆，去之！事未可知也。”令尹大怒，举兵而诛郄宛，遂杀之。

犀首与张寿为怨，陈需新入，不善犀首，因

① “宛”，原作“死”，据赵本改。

使人微杀张寿。魏王以为犀首也，乃诛之。

中山有贱公子，马甚瘦，车甚弊。左右有私不善者，乃为之请王曰："公子甚贫，马甚瘦，王何不益之马食？"王不许。左右因微令夜烧刍厩。王以为贱公子也，乃诛之。

魏有老儒而不善济阳君。客有与老儒私怨者，因攻老儒杀之，以德于济阳君，曰："臣为其不善君也，故为君杀之。"济阳君因不察而赏之。一曰：济阳君有少庶子者[①]，不见知欲入爱于君者。齐使老儒掘药于马梨之山，济阳少庶子欲以为功[②]，入见于君曰："齐使老儒掘药于马梨之山，名掘药也，实间君之国。君杀之，是将以济阳君抵罪于齐矣。臣请刺之。"君曰："可。"于是明日得之城阴而刺之，济阳君还益亲之。

---

① "者"，原作"有"，据赵本改。

② "功"，原作"攻"，据赵本改。

经四　有反

事起而有所利，其市主之；有所害，必反察之。是以明主之论也，国害则省其利者，臣害则察其反者。其说在楚兵至而陈需相，黍种贵而廪吏覆。是以昭奚恤执贩茅，而不僖侯谯其次；文公发绕炙，而穰侯请立帝。

说四

陈需，魏王之臣也，善于荆王，而令荆攻魏。荆攻魏，陈需因请为魏王行解之，因以荆势相魏。

韩昭侯之时，黍种尝贵甚。昭侯令人覆廪，廪[①]吏果窃黍种而粜之甚多。

昭奚恤之用荆也，有烧仓廥窌者而不知其

① “廪”，底本原无，据王先慎说补。

人。昭奚恤令吏执贩茅者而问之，果烧也。

昭僖侯之时，宰人上食而羹中有生肝焉，昭侯召宰人之次而诮之曰："若何为置生肝寡人羹中？"宰人顿首服死罪，曰："窃欲去尚宰人也。"一曰：僖侯浴，汤中有砾。僖侯曰："尚浴免，则有当代者乎？"左右对曰："有。"僖侯曰："召而来。"谯之曰："何为置砾汤中？"对曰："尚浴免，则臣得代之，是以置砾汤中。"

文公之时，宰臣上炙而发绕之。文公召宰人而谯之曰："女欲寡人之哽耶，奚为以发绕炙？"宰人顿首再拜请曰："有死罪三：援砺砥刀，利犹干将也，切肉肉断而发不断，臣之罪一也；援锥[1]贯脔而不见发，臣之罪二也；奉炽炉，炭火尽赤红，炙[2]熟而发不烧，臣之罪三也。堂下得[3]无微有疾臣者乎？"公曰："善。"乃召其堂下而谯之，果然，乃诛之。一曰：晋平公觞客，少庶子进炙而发绕之，平公趣

① "锥"，原作"木而"，据王先慎说改。
② "炙"上原有"而"字，据王先慎说删。
③ "得"下原有"财"字，据赵本删。

杀炮人，毋有反令。炮人呼天曰："嗟乎！臣有三罪，死而不自知乎！"平公曰："何谓也？"对曰："臣刀之利，风靡骨断而发不断，是臣之一死也；桑炭炙之，肉红白而发不焦，是臣之二死也；炙熟，又重睫而视之，发绕炙而目不见，是臣之三死也。意者堂下其有翳憎臣者乎？杀臣不亦蚤乎！"

穰侯相秦而齐强。穰侯欲立秦为帝而齐不听，因请立齐为东帝，而不能成也。

经五　参疑

参疑之势，乱之所由生也，故明主慎之。是以晋骊姬杀太子申生，而郑夫人用毒药，卫州吁杀其君完，公子根取东周，王子职甚有宠而商臣果作乱，严遂、韩廆争而哀侯果遇贼，田常、阚止、戴欢、皇喜敌而宋君、简公杀。其说在狐突之称"二好"，与郑昭之对"未生"也。

说五

晋献公之时，骊姬贵，拟于后妻，而欲以其子奚齐代太子申生，因患申生于君而杀之，遂立奚齐为太子。

郑君已立太子矣，而有所爱美女欲以其子为后，夫人恐，因用毒药贼君杀之。

卫州吁重于卫，拟于君，群臣百姓尽畏其势重。州吁果杀其君而夺之政。

公子朝，周太子也，弟公子根甚有宠于君。君死，遂以东周叛，分为两国。

楚成王以商臣为太子，既而又欲置公子职。商臣作乱，遂攻杀成王。一曰："楚成王以[1]商臣为太子，既欲置公子职。商臣[2]闻之，未察也，乃为其傅潘崇曰："奈何察之也？"潘崇曰："飨江芊而勿敬也。"太子听之。江芊

① "以"，底本原无，据王先慎说补。
② "臣"，原作"人"，据赵本改。

曰："呼，役夫！宜君王之欲废女而立职也。"商臣曰："信矣。"潘崇曰："能事之乎？"曰："不能。""能为之诸侯乎？"曰："不能。""能举大事乎？"曰："能。"于是乃起宿营之甲而攻成王。成王请食熊膰而死，不许，遂自杀。

韩廆相韩哀侯，严遂重于君，二人甚相害也。严遂乃令人刺韩廆于朝，韩廆走君而抱之，遂刺韩廆而兼哀侯。

田恒相齐，阚止重于简公，二人相憎而欲相贼也。田恒因行私惠以取其国，遂杀简公而夺之政。

戴欢为宋太宰，皇喜重于君，二人争事而相害也，皇喜遂杀宋君而夺其政。

狐突曰："国君好内则太子危，好外则相室危。"

郑君问郑昭曰："太子亦何如？"对曰："太子未生也。"君曰："太子已置而曰'未生'，何也？"对曰："太子虽置，然而君之好色不已，所爱有子，君必爱之，爱之则必欲以为后，臣故曰'太子未生'也。"

经六　废置

敌之所务，在淫察而就靡，人主不察，则敌废置矣。故文王资费仲，而秦王患楚使；黎且去仲尼，而干象沮甘茂。是以子胥宣王言而子常用，内美而虞、虢亡，佯遗书而苌弘死，用鸡猳而郐桀尽。

说六

文王资费仲而游于纣之旁，令之谏纣而乱其心。

荆王使人之秦，秦王甚礼之。王曰：“敌国有贤者，国之忧也。今荆王之使者甚贤，寡人患之。”群臣谏曰：“以王之贤圣与国之资厚，愿荆王之贤人，王何不深知之而阴有之。荆以为外用也，则必诛之。”

仲尼为政于鲁，道不拾遗，齐景公患之。

犁[①]且谓景公曰："去仲尼犹吹毛耳。君何不迎之以重禄高位，遗哀公女乐以骄荣其意。哀公新乐之，必怠于政，仲尼必谏，谏必轻绝于鲁。"景公曰："善。"乃令犁且以女乐二八[②]遗哀公，哀公乐之，果怠于政。仲尼谏，不听，去而之楚。

楚王谓干象曰："吾欲以楚扶甘茂而相之秦，可乎？"干象对曰："不可也。"王曰："何也？"曰："甘茂少而事史举先生。史举，上蔡之监门也，大不事君，小[③]不事家，以苛刻闻天下。茂事之，顺焉。惠王之明，张仪之辨也，茂事之，取十官而免于罪，是茂贤也。"王曰："相人敌国而相贤，其不可何也？"干象曰："前时王使邵滑之越，五年而能亡越。所以然者，越乱而楚治也。日者知用之越，今亡之秦，不亦太亟亡乎？"王曰："然则为之奈何？"干象对曰："不如相共立。"王曰："共立可相，何也？"对曰："共立少见爱幸，长为

① "犁"，原作"梨"，据王先慎说改。
② "二八"，原作"六"，据王先慎说改。
③ "小"，原作"心"，据赵本改。

贵卿，被王衣，含杜若，握玉环，以听于朝，且利以乱秦矣。”

吴攻[①]荆，子胥使人宣言于荆曰：“子期用，将击之；子常用，将去之。”荆人闻之，因用子常而退子期也，吴人击[②]之，遂胜之。晋献公伐虞、虢，乃遗之屈产之乘、垂棘之璧，女乐二八[③]，以荣其意而乱其政。

叔向之谗苌弘也，为书曰：“苌弘谓叔向曰：子为我谓晋君，所与君期者，时可矣，何不亟以兵来？”因佯遗其书周君之庭而急去行。周以苌弘为卖周也，乃诛苌弘而杀之。

郑桓公将欲袭郐，先问郐之豪杰、良臣、辩智、果敢之士，尽与姓名，择郐之良田赂之，为官爵之名而书之。因为设坛场郭门之外而理之，衅之以鸡豭，若盟状。郐君以为内难也，而尽杀其良臣。桓公袭郐，遂取之。

---

① “攻”，原作“政”，据赵本改。
② “击”，原作“系”，据赵本改。
③ “二八”，原作“六”，据王先慎说改。

经七　庙攻

“参疑”“废置”之事，明主绝之于内而施之于外。资其轻者，辅其弱者，此谓“庙攻”。参伍既用于内，观听又行于外，则敌伪得。其说在秦侏儒之告惠文君也。故襄疵言袭邺，而嗣公赐令席。

说七

秦侏儒善于荆王，而阴有善荆王左右而内重于惠文君。荆适有谋，侏儒常先闻之以告惠文君。

邺令襄疵，阴善赵王左右。赵王谋袭邺，襄疵常辄闻而先言之魏王。备之，赵乃辄还。[1]

卫嗣君之时，有人于令之左右。县令有发蓐

① 此条原在“秦侏儒”前，据赵本改。

而席弊甚，嗣公还令人遗之席，曰：“吾闻汝今者发蓐而席弊甚，赐汝席。”县令大惊，以君为神也。

卷十一

外储说左上第三十二

经一

明主之道，如有若之应密子也。明主之听言也，美其辩；其观行也，贤其远。故群臣士民之道言者迂弘，其行身也离世。其说在田鸠对荆王也。故墨子为木鸢，讴癸筑武宫。夫药酒用言，明君圣主之以独知也。

说一

宓子贱治单父。有若见之曰："子何臞也？"宓子曰："君不知贱不肖，使治单父，官事急，心忧之，故臞也。"有若曰："昔者舜鼓五弦、歌《南风》之诗而天下治。今以单父之细也，治之而忧，治天下将奈何乎？故有术而御之，身坐于庙堂之上，有处女子之色，无害于治；无术而御之，身虽瘁臞，犹未有益。”

楚王谓田鸠曰：“墨子者，显学也。其身体则可，其言多而不辩，何也？”曰：“昔秦伯嫁其女于晋公子，令晋为之饰装，从衣文之媵七十人。至晋，晋人爱其妾而贱公女。此可谓善嫁妾，而未可谓善嫁女也。楚人有卖其珠于郑者，为木兰[①]之柜，薰桂椒之椟，缀以珠玉，饰以玫瑰，辑以羽翠。郑人买其椟而还其珠。此可谓善卖椟矣，未可谓善鬻珠也。今世之谈也，皆道辩说文辞之言，人主览其文而忘有用。墨子之说，传先王之道，论圣人之言，以宣告人。若辩其辞，则恐人怀其文忘其直，以文害用也。此与楚人鬻珠、秦伯嫁女同类，故其言多不辩。”

墨子为木鸢，三年而成，蜚一日而败。弟子曰：“先生[②]之巧，至能使木鸢飞。”墨子曰：“不如为车輗者巧也。用咫尺之木，不费一朝之

① “兰”，原作“栏”，据赵本、迂本改。
② “生”，原作“主”，据赵本、迂本改。

事，而引三十石之任，致远力多，久于岁数。今我为鸢，三年成，蜚一日而败。”惠子闻之曰：“墨子大巧，巧为輗，拙为鸢。”

宋王与齐仇也，筑武宫。讴癸倡，行者止观，筑者不倦。王闻，召而赐之。对曰：“臣师射稽之讴又贤于癸。”王召射稽使之讴，行者不止，筑者知倦。王曰：“行者不止，筑者知倦，其讴不胜如癸美，何也？”对曰：“王试度其功。”癸四板，射稽八板；擿其坚，癸五寸，射稽二寸。

夫良药苦于口，而智者劝而饮之，知其入而已己疾也。忠言拂于耳，而明主听之，知其可以致功也。

经二

人主之听言也，不以功用为的，则说者多“棘刺”“白马”之说；不以仪的为关，则射者皆如羿也。人主于说也，皆如燕王学道也；而长说者，皆如郑人争年也。是以言有纤察微难而非务也，故季[1]、惠、宋、墨皆画策也；论有深闳大，非用也，故畏、震、瞻、车、状皆鬼魅也；言而拂难坚确，非功也，故务、卞、鲍、介、墨翟皆坚瓠也。且虞庆诎匠也而屋坏，范且穷工而弓折。是故求其诚者，非归饷也不可。

说二

宋人有请为燕王以棘刺之端为母猴者，必三月斋然后能观之。燕王因以三乘养之。右御冶[2]工言王曰："臣闻人主无十日不燕之斋。今知王不能久斋，今以观无用之器也，故以三月为期。凡刻削者，以其所以削必小。今臣冶人也，无以为之削，此不然物也，王必察之。"王因囚而问之，果妄，乃杀之。冶人谓王曰："计无度量，言谈之士多'棘刺'之说也。"一曰：好微巧，卫人曰："能以棘刺之端为母猴。"燕王说

---

① "季"，原作"李"，据王先慎说改。
② "冶"，原作"治"，据赵本、迂本改。

之，养之以五乘之奉。王曰：“吾试观客为棘刺之母猴。”“人主欲观之，必半岁不入宫，不饮酒食肉。雨霁日出，视之晏阴之间，而棘刺之母猴乃可见也。”燕王因养卫人，不能观其母猴。郑有台下之冶者谓燕王曰：“臣，削者也。诸微物必以削之，而所削必大于削。今棘刺之端不容削锋，难以治棘刺之端。王试观客之削，能与不能可知也。”王曰：“善。”谓卫人曰：“客为棘削之？”曰：“以削。”王曰：“吾欲观见之。”客曰：“臣请之舍取之。”因逃。

兒①说，宋人，善辩者也，持“白马非马也”服齐稷下之辩者。乘白马而过关，则顾白马②之赋。故籍之虚辞，则能胜一国；考实按形，不能谩于一人。

夫新砥砺杀矢，彀弩而射，虽冥而妄发，其端未尝不中秋毫也，然而莫能复其处，不可谓善射，无常仪的也。设五寸之的，引十步之远，非羿、逢蒙不能必全者，有常仪的也。有度难而无

① “兒”，原作“见”，据赵本改。
② “马”，底本原无，据赵本、迂本补。

度易也。有常仪的，则羿、蒙以五寸为巧；无常仪的，则以妄发而中秋毫为拙。故无度而应之，则辩士繁说；设度而持之，虽知者犹畏失也，不敢妄言。今人主听说，不应之以度而说其辩；不度以功，誉其行而不入关。此人主所以长欺，而说者所以长养也。

客有教燕王为不死之道者，王使人学之，所使学者未及学而客死。王大怒，诛之。王不知客之欺己，而诛学者之晚也。夫信不然之物而诛无罪之臣，不察之患也。且人所急无如其身，不能自使其无死，安能使王长生哉？

郑人有相与争年者。其一人曰："我与黄帝之兄同年。"讼此而不决，以后息者为胜耳。[①]

客有为周君画策者，三年而成。君观之，与髹策者同状。周君大怒。画策者曰："筑十版之墙，凿八尺之牖，而以日始出时加之其上而观。"周君为之，望见其状，尽成龙蛇禽兽车马，万物之状备具。周君大悦。此策之功非不微难也，然其用与素髹策同。

---

① 此条底本原无，据赵本、迂本补。

客有为齐王画者，齐王问曰："画孰最难者？"曰："犬马难。""孰易者？"曰："鬼魅最易。"夫犬马，人所知也，旦暮罄于前，不可类之，故难。鬼魅[1]，无形者，不罄于前，故易之也。

齐有居士田仲者，宋人屈穀见之，曰："穀闻先生[2]之义，不恃仰人而食。今穀有树瓠之道，坚如石，厚而无窍，献之。"仲曰："夫瓠所贵者，谓其可以盛也。今厚而无窍，则不可剖以盛物；而任重如坚石，则不可以剖而以斟。吾无以瓠为也。"曰："然，穀将以欲弃之。"今田仲不恃仰人而食，亦无益人之国，亦坚瓠之类也。

虞庆为屋，谓匠人曰："屋太尊。"匠人对曰："此新屋也，涂濡而椽生。"虞庆曰："不然。夫濡涂重而生椽挠，以挠椽任重涂，此宜卑。"更日久，则涂干而椽燥。涂干则轻，椽燥则直，椽任轻涂，此益尊。"匠人诎，为之而

---

① "魅"，原作"神"，据王先慎说改。
② "生"，原作"王"，据赵本、迂本改。

屋坏。一曰：虞庆将为屋，匠人曰："材生而涂濡。夫材生则挠，涂濡则重，以挠任重，今虽成，久必坏。"虞庆曰："材干则直，涂干则轻。今诚得干，日以轻直，虽久，必不坏。"匠人诎，作之成，有间，屋果坏。

范且曰："弓之折，必于其尽也，不于其始也。夫工人张弓也，伏檠三旬而蹈弦，一日犯机，是节之其始而暴之其尽也，焉得无折？且张弓不然：伏檠一日而蹈弦，三旬而犯机，是暴之其始而节之其尽也。"工人穷也，为之，弓折。

范且、虞庆之言，皆文辩辞胜而反事之情。人主说而不禁，此所以败也。夫不谋治强之功，而艳乎辩说文丽之声，是却有术之士而任"坏屋""折弓"也。故人主之于国事也，皆不达乎工匠之构屋张弓也。然而士穷乎[1]范且、虞庆者，为虚辞，其无用而胜；实事，其无易而穷也。人主多无用之辩，而少无易之言，此所以乱也。今世之为范且、虞庆者不辍，而人主说之不止，是贵"败""折"之类而以知术之人为工匠

---

① 底本于此处断句提行，据王先慎说改。

也。不得施其技巧，故屋坏弓折；知治之人不得行其方术，故国乱而主危。

夫婴儿相与戏也，以尘为饭，以涂为羹，以木为胾，然至日晚必归饷者，尘饭涂羹可以戏而不可食也。夫称上古之传颂，辩而不悫，道先王仁义而不能正国者，此亦可以戏而不可以为治也。夫慕仁义而弱乱者，三晋也；不慕而治强者，秦也，然而未帝者，治未毕也。

经三

挟夫相为则责望，自为则事行。故父子或怨噪，取庸作者进美羹。说在文公之先宣言与勾践之称如皇也。故桓公藏蔡[①]怒而攻楚，吴起怀瘳实而吮伤。且先王之赋颂，钟鼎之铭，皆播吾之迹，华山之博也。然先王所期者利也，所用者力也。筑社[②]之谚，目辞说也。请许学者而行宛曼

① “藏蔡”，原作“蔡藏”，据赵本、迂本改。
② “社”，原作“杜”，据迂本改。

于先王，或者不宜今乎？如是，不能更也。郑县人得车厄也，卫人佐弋，卜子妻写弊裤也，而其少者也。先王之言，有其所为小而世意之大者，有其所为大而世意小者，未可必知也。说在宋人之解书与梁人之读记也。故先王有郢书，而后世多燕说。夫不适国事而谋先王，皆归取度者也。

说三

人为婴儿也，父母养之简，子长而怨；子盛壮成人，其供养薄，父母怒而诮之。子、父，至亲也，而或谯或怨者，皆挟相为而不周于为己也。夫卖庸而播耕者，主人费家而美食，调布而求易钱者，非爱庸客也，曰：如是，耕者且深，耨者熟耘也。庸客致力而疾耘耕者，尽巧而正畦陌畦畤者，非爱主人也，曰：如是，羹且美，钱布且易云也。此其养功力，有父子之泽矣，而心调于用者，皆挟自为心也。故人行事施予，以利之为心，则越人易和；以害之为心，则父子离且怨。

文公伐宋，乃先宣言曰："吾闻宋君无道，蔑侮长老，分财不中，教令不信，余来为民诛之。"

越伐吴，乃先宣言曰："我闻吴王筑如皇之台，掘深池，罢苦百姓，煎靡财货，以尽民力，余为民诛之。"

蔡女为桓公妻，桓公与之乘舟，夫人荡舟，桓公大惧，禁之不止，怒而出之。乃且复召之，因复更嫁之。桓公大怒，将伐蔡。仲父谏曰："夫以寝席之戏，不足以伐人之国，功业不可冀[①]也，请无以此为稽也。"桓公不听。仲父曰："必不得已，楚之菁茅不贡于天子三年矣，君不如举兵为天子伐楚。楚服[②]，因还袭蔡，曰'余为天子伐楚，而蔡不以兵听从'，遂灭之。此义于名而利于实，故必有天子诛之名，而有报仇之实。"

吴起为魏将而攻中山。军人有病疽者，吴起跪而自吮其脓。伤者之母立泣，人问曰："将

① "冀"，原作"异"，据赵本、迂本改。

② "服"，原作"伏"，据赵本改。

军于若子如是，尚何为而泣？”对曰：“吴起吮其父之创而父死，今是子又将死也，今吾是以泣。”

赵主父令工施钩梯而缘播[1]吾，刻疏人迹其上，广三尺，长五尺，而勒之曰：“主父常游于此。”

秦昭王令工施钩梯而上华山，以松柏之心为博，箭长八尺，棋长八寸，而勒之曰：“昭王尝与天神博于此矣。”

文公反国，至河，令笾豆捐之，席蓐捐之，手足胼胝面目黧黑[2]者后之。咎犯闻之而夜哭。公曰：“寡人出亡二十年，乃今得反国。咎犯闻之不喜而哭，意不欲寡人反国耶？”犯对曰：“笾豆，所以食也，席蓐，所以卧也，而君捐之；手足胼胝，面目黧黑，劳有功者也，而君后之。今臣有与在后，中不胜其哀，故哭。且臣为君行诈伪以反国者众矣，臣尚自恶也，而况于君？”再拜而辞。文公止之曰：“谚曰：‘筑

① “播”，原作“沈”，据王先慎说改。
② “黑”，底本原无，据赵本、迂本补。

社者，攓撅而置之，端冕而祀之。’今子与我取之，而不与我治之；与我置之，而不与我祀之。焉可？”解左骖而盟于河。

郑县人卜[①]子使其妻为裤，其妻问曰：“今裤何如？”夫曰：“象吾故[②]裤。”妻[③]因毁新，令如故裤。

郑县人有得车轭者，而不知其名，问人曰：“此何种也？”对曰：“此车轭也。”俄又复得一，问人曰：“此是何种也？”对曰：“此车轭也。”问者大怒曰：“曩者曰车轭，今又曰车轭，是何众也？此女欺我也！”遂与之斗。

卫人有佐弋者，鸟至，因先以其裷麾之，鸟惊而不射也。

郑县人卜[④]子妻之市，买鳖以归。过颍水，以为渴也，因纵而饮之，遂亡其鳖。

夫少者侍长者饮，长者饮，亦自饮也。一曰：鲁人有自喜者，见长年饮酒不能釂则唾之，

---

① “卜”，原作“乙”，据赵本改。
② “故”，底本原无，据赵本、迂本补。
③ “妻”下原有“子”字，据王先慎说删。
④ “卜”，原作“乙”，据王先慎说改。

亦效唾之。一曰：宋人有少者亦欲效善，见长者饮无余，非斟酒饮也而欲尽之。

书曰："绅之束之。"宋人有治者，因重带自绅束也。人曰："是何也？"对[①]曰："书言之，固然。"书曰："既雕既琢，还归其朴。"梁人有治者，动作言学，举事于文，曰："难之。"顾失其实。人曰："是何也？"对曰："书言之，固然。"

郢人有遗燕相国书者，夜书，火不明，因谓持烛者曰："举烛。"云而过书"举烛"。举烛，非书意也。燕相受书而说之，曰："举烛者，尚明也；尚明也者，举贤而任之。"燕相白王，大说，国以治。治则治矣，非书意也。今世举学者多似此类。

郑人有且置履者，先自度其足而置之其坐，至之市而忘操之。已得履，乃曰："吾忘持度。"反归取之。及反，市罢，遂不得履。人曰："何不试之以足？"曰："宁信度，无自信也。"

① "对"上原有"书"字，据赵本、迂本删。

经四

利之所在，民归之；名之所彰，士死之。是以功外于法而赏加焉，则上不信得所利于下；名外于法而誉加焉，则士劝名而下畜之于君。故中章、胥己仕，而中牟之民弃田圃而随文学者邑之半；平公腓痛足痹而不敢坏坐，晋国之辞仕记者国之锤。此三士者，言袭法，则官府之籍也；行中事，则如令之民也：二君之礼太甚。若言离法而行远功，则绳外民也，二君又何礼之？当亡。且居学之士，国无事不用力，有难不被甲。礼之，则惰[1]修耕战之功；不礼，则周主上之法。国安则尊显，危则为屈公之威，人主奚得于居学之士哉？故明王论李疵视中山也。

---

① “惰”，原作“情”，据赵本、迂本改。

说四

王登为中牟令，上言于襄主曰："中牟有士曰中章、胥己者，其身甚修，其学甚博，君何不举之？"主曰："子见之，我将为中大夫。"相室谏曰："中大夫，晋重列也，今无功而受，非晋臣之意。君其耳而未之目邪！"襄主曰："我取登，既耳而目之矣；登之所取，又耳而目之。是耳目人绝无已也。"王登一日而见二中大夫，予之田宅。中牟之人弃其田耘、卖宅圃而随文学者之半。

叔向御坐，平公请事，公腓痛足痹转筋而不敢坏坐。晋国闻之，皆曰："叔向贤者，平公礼之，转筋而不敢坏坐。"晋国之辞仕托慕叔向者，国之锤矣。

郑县人有屈公者，闻敌，恐，因死；恐已，因生。

赵主父使李疵视中山可攻不也。还报曰："中山可伐也。君不亟伐，将后齐、燕。"主父曰："何故可攻？"李疵对曰："其君见好岩穴之士，所倾盖与车以见穷闾隘巷之士以十数，伉礼下布衣之士以百数矣。"君曰："以子言论，是贤君也，安可攻？"疵曰："不然。夫好显岩穴之士而朝之，则战士怠于行阵；上尊学者，下士居朝，则农夫惰于田。战士怠于行阵[①]者，则兵弱也；农夫惰于田者，则国贫也。兵弱于敌，国贫于内，而不亡者，未之有也。伐之不亦可乎？"主父曰："善。"举兵而伐中山，遂灭也。

经五

《诗》曰："不躬不亲，庶民不信。"傅说之以"无衣紫"，缓之以郑简、宋襄，责之以尊厚耕战。夫不明分，不责诚，而以躬亲位下，且为"下[②]走""睡卧"，与去"掩弊""微

① "阵"，底本原无，据赵本补。
② "且为下"，底本原无，据赵本、迂本补。

服”。孔丘不知，故称“犹盂”；邹君不知，故先自僇。明主之道，如叔向赋猎与昭侯之奚听也。

说五

齐桓公好服紫，一国尽服紫。当是时也，五素不一紫。桓公患之，谓管仲曰：“寡人好服紫，贵甚，一国百姓好服紫不已，寡人奈何？”管仲曰：“君欲，何不试勿衣紫也？谓左右曰：‘吾甚恶紫之臭。’于是左右适有衣紫而进者，公必曰：‘少却，吾恶紫臭。’”公曰：“诺。”于是日，郎中莫衣紫；其明日，国中莫衣紫；三日，境内莫衣紫也。一曰：齐王好衣紫，齐人皆好也。齐国五素不得一紫。齐王患紫贵。傅说王曰：“《诗》云：‘不躬不亲，庶民不信。’今王[1]欲民无衣紫者，王以自解紫衣而朝。群臣有紫衣进者，曰：‘益远！寡人恶

① “王”，原作“欲”，据赵本、迂本改。

臭。’”是日也，郎中莫衣紫；是月也，国中莫衣紫；是岁也，境内莫衣紫。

郑简公谓子产曰：“国小，迫于荆、晋之间。今城郭不完，兵甲不备，不可以待不虞。”子产曰：“臣闭其外也已远矣，而守其内也已固矣，虽国小，犹不危之也。君其勿忧。”是以没简公身无患。子产相郑，简公谓子产曰：“饮酒不乐也。俎豆不大，钟鼓竽瑟不鸣，寡人之事不一，国家不定，百姓不治，耕战不辑睦，亦子之罪。子有职，寡人亦有职，各守其职。”子产退而为政五年，国无盗贼，道不拾遗，桃枣荫于街者莫有援也，锥刀遗道三日可反。三年不变，民无饥也。

宋襄公与楚人战于涿谷上。宋人既成列矣，楚人未及济。右司马购强趋而谏曰：“楚人众而宋人寡，请使楚人半涉未成列而击之，必败。”襄公曰：“寡人闻君子曰：‘不重伤，不擒二毛，不推人于险，不迫人于厄，不鼓不成列。’今楚未济而击之，害义。请使楚人毕涉成阵而后鼓士进之。”右司马曰：“君不爱宋民，腹心不完，特为义耳。”公曰：“不反列，且行法。”

右司马反列，楚人已成列撰阵矣，公乃鼓之。宋人大败，公伤股，三日而死。此乃慕自亲仁义之祸。夫必恃人主之自躬亲而后民听从，是则将令人主耕以为上、服战雁行也民乃肯耕战，则人主不泰危乎？而人臣不泰安乎？

齐景公游少海，传骑从中来谒曰："婴疾甚，且死，恐公后之。"景公遽起，传骑又至。景公曰："趋驾烦且之乘，使驺子韩枢御之。"行数百步，以驺为不疾，夺辔代之御；可数百步，以马为不进，尽释车而走。以烦且之良而驺子韩枢[①]之巧，而以为不如下走也。

魏昭王欲与官事，谓孟尝君曰："寡人欲与官事。"君曰："王欲与官事，则何不试习读法？"昭王读法十余简而睡卧矣。王曰："寡人不能读此法。"夫不躬亲其势柄，而[②]欲为人臣所宜为者也，睡不亦宜乎？孔子曰："为人君者，犹盂也；民，犹水也。盂方水方，盂圜水圜。"

---

① "枢"，底本原无，据赵本、迂本补。

② "而"，原作"不"，据赵本、迂本改。

邹君好服长缨，左右皆服长缨，甚贵。邹君患之，问左右，左右曰："君好服，百姓亦多服，是以贵。"君因先自断其缨而出，国中皆不服长缨。君不能下令为百姓服度以禁之，长缨出以示民[①]，是先戮以莅民也。

叔向赋猎，功多者受多，功少者受少。

韩昭侯谓申子曰："法度甚不[②]易行也。"申子曰："法者，见功而与赏，因能而受官。今君设法度而听左右之请，此所以难行也。"昭侯曰："吾自今以来知行法矣，寡人奚听矣。"一日，申子请仕其从兄官。昭侯曰："非所学于子也。听子之谒，败子之道乎，亡其用子之谒？"申子辟舍请罪。

经六

小信成则大信立，故明王积于信。赏罚不信

① "民"上原有"先"字，据赵本、迂本删。
② "不"，底本原无，据迂本补。

则禁令不行，说在文公之攻原与箕[1]郑救饿也。是以吴起须故人而食，文侯会虞人而猎。故明主信，如曾子杀彘也。患在尊厉王[2]击警鼓与李悝谩两和也。

说六

晋文公攻原，裹十日粮，遂与大夫期十日。至原十日而原不下，击金而退，罢兵而去。士有从原中出者，曰："原三日即下矣。"群臣左右谏曰："夫原之食竭力尽矣，君姑待之。"公曰："吾与士期[3]十日，不去，是亡吾信也。得原失信，吾不为也。"遂罢兵而去。原人闻曰："有君如彼其信也，可无归乎？"乃降公。卫人闻曰："有君如彼其信也，可无从乎？"乃降公。孔子闻而记之曰："攻原得卫者，信也。"

文公问箕郑曰："救饿奈何？"对曰：

---

① "箕"，原作"其"，据赵本、迂本改。
② "王"，原作"正"，据赵本、迂本改。
③ "期"，原作"朝"，据赵本、迂本改。

"信。"公曰："安信？"曰："信名。信名，则群臣守职，善恶不逾，百事不怠；信事，则不失天时，百姓不逾；信义，则近亲劝[①]勉而远者归之矣。"

吴起出，遇故人而止之食。故人曰："诺，今返而御。"吴子曰："待公而食。"故人至暮不来，起不食待之。明日早，令人求故人。故人来，方与之食。

魏文侯与虞人期猎。明日，会天疾风，左右止文侯，不听，曰："不可以风疾之故而失信，吾不为也。"遂自驱车往，犯风而罢虞人。

曾子之妻之市，其子随之而泣。其母曰："女还，顾反为女杀彘。"适市来，曾子欲捕彘杀之。妻止之曰："特与婴儿戏耳。"曾子曰："婴儿非与戏也。婴儿非有知也，待父母而学者也，听父母之教。今子欺之，是教子欺也。父欺子，而不信其母，非以成教也。"遂烹彘也。

楚厉王有警，为鼓以与百姓为戍。饮酒醉，过而击之也，民大惊。使人止，曰："吾醉而与

① "劝"，原作"观"，据赵本、迂本改。

左右戏，过击之也。”民皆罢。居数月，有警，击鼓而民不赴。乃更令明号而民信之。

李悝警其两和，曰[①]：“谨警敌人，旦暮且至击汝。”如是者再三而敌不至。两和懈怠，不信李悝。居数月，秦人来[②]袭之，至几夺其军。此不信患也。一曰：李悝与秦人战，谓左和曰：“速上！右和已上矣。”又驰而至右和曰：“左和已上矣。”左右和曰：“上矣。”于是皆争上。其明年，与秦人战。秦人袭之，至几夺其军[③]。此不信之患。

有相与讼者，子产离之而毋得使通辞，到至其言以告而知也。

惠嗣公使人伪关市，关市呵难之，因事关市以金，关市乃舍之。嗣公谓关市曰：“其时有客过而予汝金，因谴之。”关市大恐，以嗣公为明察。

---

① “和曰”，原作“曰和”，据赵本改。

② “来”，原作“求”，据赵本、迂本改。

③ “军”，原作“车”，据赵本、迂本改。

卷十二

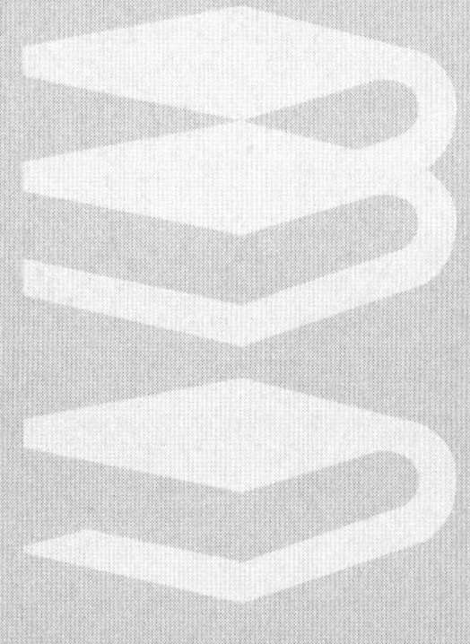

外储说左下[1]第三十三

经一

以罪受诛，人不怨上，刖危坐子皋；以功受赏，臣不德君，翟璜操右契而乘轩。襄王不知，故昭卯五乘而履屩。上不过任，臣不诬能，即臣将为失少室周。

说一

孔子相卫，弟子子皋为狱吏，刖人足，所刖者守门。人有恶孔子于卫君者，曰："尼欲作乱。"卫君欲执孔子。孔子走，弟子皆逃。子皋

① "下"，底本原无，据赵本补。

从出门，刖危引之而逃之门下室中，吏追不得。夜半，子皋问刖危曰："吾不能亏主之法令而亲刖子之足，是子报仇之时也，而子何故乃肯逃我？我何以得此于子？"刖危曰："吾断足也，固吾罪当之，不可奈何。然方公之狱治臣也，公倾侧法令，先后臣以言，欲臣之免也甚，而臣知之。及狱决罪定，公憱然不悦，形于颜色，臣见又知之。非私臣而然也，夫天性仁心固然也。此臣之所以悦而德公也。"

田子方从齐之魏，望翟黄乘轩骑驾出，方以为文侯也，移车异路而避之，则翟黄也。方问曰："子奚乘是车也？"曰："君谋欲伐中山，臣荐翟角而谋得果；伐之，臣荐乐羊而中山拔；得中山，忧欲治之，臣荐李克而中山治：是以君赐此车。"方曰："宠之称功尚薄。"

秦、韩攻魏，昭卯西说而秦、韩罢；齐、荆攻魏，卯东说而齐、荆罢。魏襄王养之以五乘将军。卯曰："伯夷以将军葬于首阳山之下，而天下曰：'夫以伯夷之贤与其称仁，而以将军葬，是手足不掩也。'今臣罢四国之兵，而王乃与臣五乘，此其称功，犹嬴胜而履屩。"

孔子曰："善为吏[①]者树德，不能为吏者树怨。概者，平量者也；吏者，平法者也。治国者，不可失平也。"

少室周者，古之贞廉洁悫者也，为赵襄主力士。与中牟徐子角力，不若也，入言之襄主以自代也。襄主曰："子之处，人之所欲也，何为言徐子以自代？"曰："臣以力事君者也。今徐子力多臣，臣不以自代，恐他人言之而为罪也。"一曰：少室周为襄主骖乘，至晋阳，有力士牛子耕，与角力而不胜。周言于主曰："主之所以使臣骖[②]乘者，以臣多力也。今有多力于臣者，愿进之。"

经二

恃势而不恃信，故东郭牙议管仲；恃术而不恃信，故浑轩非文公。故有术之主，信赏以尽

① "吏"，原作"利"，据赵本、迂本改。下句"吏"字同。

② "骖"，原作"骑"，据王先慎说改。

能，必罚以禁邪，虽有驳行，必得所利。简主之相阳虎，哀公问“一足”。

说二

齐桓公将立管仲，令群臣曰：“寡人将立管仲为仲父。善者入门而左，不善者入门而右。”东郭牙中门而立。公曰：“寡人立管仲为仲父，令曰：‘善者左，不善者右。’今子何为中门而立？”牙曰：“以管仲之智，为能谋天下乎？”公曰：“能。”“以断，为敢行大事乎？”公曰：“敢。”牙曰：“君知能谋天下，断敢行大事，君因专属之国柄焉。以管仲之[1]能，乘公之势以治齐国，得无危乎？”公曰：“善。”乃令隰朋治内、管仲治外以相参。

晋文公出亡，箕郑挈壶餐而从，迷而失道，与公相失，饥而道泣，寝饿而不敢食。及文公反

① “之”，底本原无，据迂本补。

国，举兵攻原[1]，克[2]而拔之。文公曰："夫轻忍饥馁之患而必全壶餐，是将不以原叛。"乃举以为原令。大夫浑轩闻而非之，曰："以不动壶餐之故，怙其不以原叛也，不亦无术乎？"故明主者，不恃其不我叛也，恃[3]吾不可叛也；不恃其不我欺也，恃吾不可欺也。

阳虎议曰："主贤明，则悉心以事之；不肖，则饰奸而试之。"逐于鲁，疑于齐，走而之赵，赵简主迎而相之。左右曰："虎善窃人国政，何故相也？"简主曰："阳虎务取之，我务守之。"遂执术而御之。阳虎不敢为非，以善事简主，兴主之强，几至于霸也。

鲁哀公问于孔子曰："吾闻古者有夔一足，其果信有一足乎？"孔子对曰："不也，夔非一足也。夔者忿戾恶心，人多不说喜也。虽然，其所以得免于人害者，以其信也。人皆曰：'独此一，足矣。'夔非一足也，一而足也。"哀公曰："审而是，固足矣。"一曰：哀公问于孔子

---

① "原"，原作"用"，据赵本、迂本改。
② "克"，原作"兑"，据王先慎说改。
③ "恃"，底本原无，据赵本、迂本补。

曰："吾闻夔一足，信乎？"曰："夔，人也，何故一足？彼其无他异，而独通于声。尧曰：'夔一而足矣。使为乐正。'故君子曰：'夔有一，足[1]。'非一足也。"

经三

失臣主之理，则文王自履而矜。不易朝燕之处，则季孙终身庄而遇贼。

说三

文王伐崇，至凤黄虚，袜系解，因自结。太公望曰："何为也？"王曰："君与处皆其师，中皆其友，下尽其使也。今皆[2]先君之臣，故无可使也。"一曰[3]：晋文公与楚战，至黄凤之

① "足"，原作"之"，据赵本、迂本改。
② "皆"，原作"王"，据赵本改。
③ "一曰"，底本原无，据赵本、迂本补。

陵，履系解，因自结之。左右曰："不可以使人乎？"公曰："吾闻上君所与居，皆其所畏也。中君之所与居，皆其所爱也。下君之所与居，皆其所侮也。寡人虽不肖，先君之人皆在，是以难之也。[1]

季孙好士，终身庄，居处衣服常如朝廷。而季孙适懈，有过失，而不能长为也。故客以为厌易己，相与怨之，遂杀季孙。故君子去泰去甚。

南宫敬子问颜涿聚曰："季孙养孔子之徒，所朝服与坐者以十数而遇贼，何也？"曰："昔周成王近优侏儒以逞其意，而与君子断事，是能成其欲于天下。今季孙养孔子之徒，所朝服而与坐者以十数，而与优侏儒断事，是以遇贼。故曰：不在所与居，在所与谋也。"

孔子御坐于鲁哀公，哀公赐之桃与黍。哀公请用，仲尼先饭黍而后啖桃，左右皆掩口而笑。哀公曰："黍者，非饭之也，以雪桃也。"仲尼对曰："丘知之矣。夫黍者，五谷之长也，祭

① "晋文公……难之也"，底本误置于说二之结尾，据赵本、迂本移此。

先王为上盛。果蓏有六，而桃为下，祭先王不得入庙。丘之闻[①]也，君子以贱雪贵，不闻以贵雪贱。今以五谷之长雪果蓏之下，是从上雪下也。丘以为妨义，故不敢以先于宗庙之盛也。”

简主谓左右：“车席泰美。夫冠虽贱，头必戴之；屦虽贵，足必履之。今车席如此，太美，吾将何屩以履之？夫美下而耗上，妨义之本也。”

费仲说纣曰：“西伯昌贤，百姓悦之，诸侯附焉，不可不诛；不诛，必为殷祸[②]。”纣曰：“子言，义主，何可诛？”费仲曰：“冠虽穿弊，必戴于头；履虽五采，必践之于地。今西伯[③]昌，人臣也，修义而人向之，卒为天下患，其必昌乎？人人不以其贤为其主，非可不诛也。且主而诛臣，焉有过？”纣曰：“夫仁义者，上所以劝下也。今昌好仁义，诛之不可。”三说不用，故亡。

齐宣王问匡倩曰：“儒者博乎？”曰：“不

① “闻”，原作“门”，据赵本、迂本改。
② “祸”，底本原无，据迂本补。
③ “伯”，原作“戎”，据赵本、迂本改。

也。”王曰：“何也？”匡倩对曰：“博贵枭，胜者必杀枭。杀枭者，是杀所贵也。儒者以为害义，故不博也。”又问曰：“儒者弋乎？”曰：“不也。弋者从下害于上者也，是从下伤君也。儒者以为害，故不弋。”又问：“儒者鼓瑟乎？”曰：“不也。夫瑟以小弦为大声，以大弦为小声，是大小易序，贵贱易位。儒者以为害义，故不鼓也。”宣王曰：“善。”仲尼曰：“与其使民谄下也，宁使民谄上。”

经四

利所禁，禁所利，虽神不行；誉所罪，毁所赏，虽尧不治。夫为门而不使入，委利而不使进，乱之所以产也。齐侯不听左右，魏主不听誉者，而明察照群臣，则钜不费金钱，孱不用璧。西门豹请复治邺，足以知之。犹盗婴儿之矜裘，与刖危子荣衣。子绰左右画，去蚁驱蝇。安[1]得

① “安”，原作“官”，据赵本、迂本改。

无桓公之忧索官，与宣主之患臞马也？

说四

讵者，齐之居士；孱者，魏之居士。齐、魏之君不明，不能亲照境内，而听左右之言，故二子费金璧而求入仕也。

西门豹为邺令，清[①]克洁悫，秋毫之端无私利也，而甚简左右。左右因相与比周而恶之。居期年，上计，君收其玺。豹自曰："臣昔者不知所以治邺，今臣得矣，愿请玺，复以治邺。不当，请伏斧锧之罪。"文侯不忍而复与之。豹因重敛百姓，急事左右。期年，上计，文侯迎而拜之。豹对曰："往年臣为君治邺，而君夺臣玺；今臣为左右治邺，而君拜臣。臣不能治矣。"遂纳玺而去。文侯不受，曰："寡人曩不知子，今知矣。愿子勉为寡人治之。"遂不受。

齐有狗盗之子与刖危子戏而相夸。盗子曰：

① "清"，原作"请"，据赵本、迂本改。

“吾父之裘独有尾。”危子曰：“吾父独冬不失袴。”

子绰曰：“人莫能左画方而右画圆也。以肉去蚁，蚁愈多；以鱼驱蝇，蝇愈至。”

桓公谓管仲曰：“官少而索者众，寡人忧之。”管仲曰：“君无听左右之谓请，因能而受禄，录功而与官，则莫敢索官。君何患焉？”

韩宣子曰：“吾马菽粟多矣，甚臞，何也？寡人患之。”周市对曰：“使驺尽粟以食，虽无肥，不可得也。名为多与之，其实少，虽无臞，亦不可得也。主不审其情实，坐而患之，马犹不肥也。”

桓公问置吏于管仲，曰：“辩察于辞，清洁于货，习人情，夷吾不如弦商，请立以为大理。登降肃让，以明礼待宾，臣不如隰朋，请立以为大行。垦草仞邑，辟地生粟，臣不如宁戚[1]，请以为大田。三军既成阵，使士视死如归，臣不如公子成父，请以为大司马。犯颜极谏，臣不如东郭牙，请立以为谏臣。治齐，此五子足矣；将欲

① “戚”，原作“武”，据王先慎说改。

霸王，夷吾在此。”

经五

臣以卑俭为行，则爵不足以劝[1]赏；宠光无节，则臣下侵逼。说在苗贲皇非献伯，孔子议晏婴。故仲尼论管仲与孙叔[2]敖。而出入之容变[3]，阳虎之言见其臣也。而简主之应人臣也失主术。朋党相和，臣下得欲，则人主孤；群臣公举，下不相和，则人主明。阳虎将为赵武之贤、解狐之公，而简主[4]以为枳棘，非所以教国也。

说五

孟献伯相鲁，堂下生藿藜，门外长荆棘，食

① “劝”，原作“观”，据迂本改。
② “孙叔”，原作“叔孙”，据迂本改。
③ “变”，原作“娈”，据赵本、迂本改。
④ “主”，底本原无，据赵本、迂本补。

不二味，坐不重席，无[①]衣帛之妾，居不粟马，出不从车。叔向闻之，以告苗贲皇。贲皇非之曰："是出主之爵禄以附下也。"一曰：孟献伯拜上卿，叔向往贺，门有御，马不食禾。向曰："子无二马二舆，何也？"献伯曰："吾观国人尚有饥色，是以不秣马；班白者多[②]徒行，故不二舆。"向曰："吾始贺子之拜卿，今贺子之俭也。"向出，语苗贲皇曰："助吾贺献伯之俭也。"苗子曰："何贺焉？夫爵禄旂章，所以异功伐别贤不肖也。故晋国之法，上大夫二舆二乘，中大夫二舆一乘，下大夫专乘，此明等级也。且夫卿必有军事，是故循车马，比卒乘，以备戎事。有难，则以备不虞；平夷，则以给朝事。今乱晋国之政，乏不虞之备，以成节，以洁私名，献伯之俭也可与？又何贺？"

管仲相齐，曰："臣贵矣，然而臣贫。"桓公曰："使子有三归之家。"曰："臣富矣，然而臣卑。"桓公使立于高、国之上。曰："臣

① "无"上原有"晋"字，据迂本删。
② "多"，原作"不"，据赵本改。

尊矣，然而臣疏。”乃立为仲父。孔子闻而非之曰：“泰侈逼上。”一曰：管仲父出，朱盖青衣，置鼓而归，庭有陈鼎，家有三归。孔子曰：“良大夫也，其侈逼上。”

孙叔敖相楚，栈车牝马，粝饭[1]菜羹，枯鱼之膳，冬羔裘，夏葛衣，面有饥色，则良大夫也，其俭逼下。

阳虎去齐走赵，简主问曰：“吾闻子善树人。”虎曰：“臣居鲁，树三人，皆为令尹；及虎抵罪于鲁，皆搜索于虎也。臣居齐荐三人，一人得近王，一人为县令，一人为候吏；及臣得罪，近王者不见臣，县令者迎臣执缚，候吏者追臣至境上，不及而止。虎不善树人。”主俯而笑曰：“树橘柚者，食之则甘，嗅之则香；树枳棘者，成而刺人。故君子慎所树。”

中牟无令，晋平公问赵武曰：“中牟，三国之股肱，邯郸之肩髀，寡人欲得其良令也，谁使而可？”武曰：“刑伯子可。”公曰：“非子之仇也？”曰：“私仇不入公门。”公又问曰：

① “饭”，原作“饼”，据王先慎说改。

“中府之令，谁使而可？”曰：“臣子可。”故曰：“外举不避仇，内[①]举不避子。”

赵武所荐四十六人于其君[②]，及武死，各就宾位，其无私德若此也。

平公问叔向曰：“群臣孰贤？”曰：“赵武。”公曰：“子党于师人。”“武立如不胜衣，言如不出口，然所举士也数十人，皆得其意，而公家甚赖之。及武子之生[③]也不利于家，死不托于孤，臣敢以为贤也。”

解狐荐其仇于简主以为相。其仇以为且幸释己也，乃因往拜谢。狐乃引弓迎[④]而射之，曰：“夫荐汝，公也，以汝能当之也。夫仇汝，吾私怨也，不以私怨汝之故拥汝于吾君。”故私怨不入公门。

解狐举邢伯柳为上党守，柳往谢之，曰：“子释罪，敢不再拜？”曰：“举子，公也；怨子，私也。子往矣，怨子如初也。”

---

① “内”，原作“外”，据赵本、迂本改。
② “于其君”，底本原无，据王先慎说补。
③ “生”，原作“主”，据赵本改。
④ “迎”，原作“送”，据王先慎说改。

郑县人卖豚，人问其价。曰："道日暮，安暇语汝。"

经六

公室卑，则忌直言；私行胜，则少公功。说在文子之直言，武子之用杖；梁车用法，而成侯收玺；管仲以公，而国人谤怨。

说六

范文子喜直言，武子击之以杖："夫直议者，不为人所容，无所容，则危身，非徒危身，又将危父。"

子产者，子国之子也。子产忠于郑君，子国谯怒之曰："夫介异于人臣，而独忠[①]于主。主贤明，能听汝；不明，将不汝听。听与不听未可

① "忠"，底本原无，据赵本、迂本补。

必知，而汝已离于群臣。离于群臣，则必危汝身矣。非徒危己也，又且危父矣。”

梁车新为邺令，其姊往看之，暮而后至[1]，门闭，因逾郭而入。车遂刖其足。赵成侯以为不慈，夺之玺而免之令。

管仲束缚，自鲁之齐，道而饥渴，过绮乌封人而乞食。乌封人跪而食之，甚敬。封人因窃谓仲曰：“适幸，及齐不死而用齐，将何报我？”曰：“如子之言，我且贤之用，能之[2]使，劳之论。我何以报子？”封人怨之。

---

① “至”，底本原无，据王先慎说补。

② “之”，底本原无，据赵本、迂本补。

卷十三

外储说右上第三十四

君所以治臣者有三。

经一

势不足以化则除之。师旷之对，晏子之说，皆合势之易也而道行之难，是与兽逐走也，未知除患。患之可除，在子夏之说《夏秋》也："善持势者，蚤绝其奸萌。"故季孙让仲尼以遇势，而况错之于君乎？是以太公望杀狂矞，而臧获不乘骥。嗣公知之，故而驾鹿。薛公知之，故与二栾博。此皆知同异之反也。故明主之牧臣也，说在畜焉。

说一

赏之誉之不劝，罚之毁之不畏，四者加焉不变，则其除之。

齐景公之晋，从平公饮，师旷侍坐。始坐[1]，景公问政于师旷曰："太师将奚以教寡人？"师旷曰："君必惠民而已。"中坐，酒酣，将出，又复问政于师旷曰："太师奚以教寡人？"曰："君必惠民而已矣。"景公出之舍，师旷送之，又问政于师旷。师旷曰："君必惠民而已矣。"景公归思，未醒，而得师旷之所谓：公子尾、公子夏者，景公之二弟也，甚得齐民，家富贵而民说之，拟于公室，此危吾位者也。今谓我惠民者，使我与二弟争民耶？于是反国，发廪粟以赋众贫，散府余财以赐孤寡，仓无陈粟，府无余财，宫妇不御者出嫁之，七十受禄米。鬻德惠施于民也，

① "始坐"，底本原无，据迂本补。

已与二弟争民[①]。居二年，二弟出走，公子夏逃楚，公子尾走晋。

景公与晏子游于少海，登柏寝之台而还望其国，曰："美哉！泱泱乎，堂堂[②]乎，后世将[③]孰有此？"晏子对曰："其田成氏乎！"景公曰："寡人有此国也，而曰田成氏[④]有之，何也？"晏子对曰："夫田成氏甚得齐民。其于民也，上之请爵禄行诸大臣，下之私大斗斛区釜以出货，小斗斛区釜以收之。杀一牛，取一豆肉，余以食士。终岁，布帛取二制焉，余以衣士。故市木之价，不加贵于山；泽之鱼盐龟鳖蠃蚌，不加[⑤]贵于海。君重敛，而田成氏厚施。齐尝大饥，道旁饿死者不可胜数也，父子相牵而趋田成氏者不闻不生。故周秦之民相与歌之曰：'讴乎，其已乎！苞乎，其往归田成子乎！'《诗》曰：'虽无德与女，式歌且舞。'今田成氏之德而民之歌舞，民德归之矣。故曰：'其田成氏乎！'"

---

① "民"，底本原无，据赵本、迂本补。
② "堂堂"，原作"堂"，据赵本、迂本改。
③ "将"上原有"出"字，据赵本、迂本删。
④ "氏"，原作"景"，据赵本改。
⑤ "加"，底本原无，据迂本补。

公泫然出涕曰："不亦悲乎！寡人有国而田成氏有之。今为之奈何？"晏子对曰："君何患焉？若君欲夺之，则近贤而远不肖，治其烦乱，缓其刑罚，振贫穷而恤孤寡，行恩惠而给不足，民[①]将归君，则虽有十田成氏，其如君何？"

或曰：景公不知用势，而师旷、晏子不知除患。夫猎者，托车舆之安，用六马之足，使王良佐辔，则身不劳而易及轻兽矣。今释车舆之利，捐六马之足与王良之御，而下走逐兽，则虽楼季之足无时及兽矣。托良马固车，则臧获有余。国者，君之车也；势者，君之马也。夫不处势以禁诛擅爱之臣，而必德厚以与天下齐行以争名，是皆不乘君之车，不因马之利，释[②]车而下走者也。故曰：景公不知用势之主也，而师旷不知，晏[③]子不知除患之臣也。

子夏曰："《春秋》之记臣杀君、子杀父者，以十数矣。皆非一日之积也，有渐而以至

① "民"，原作"氏"，据赵本、迂本改。
② "释"，底本原无，据王先慎说补。
③ "晏"，原作"景"，据赵本、迂本改。

矣。凡奸者，行久而成积，积成而力多，力多而能杀，故明主蚤绝之。”今田常之为乱，有渐见矣，而君不诛。晏子不使其君禁侵陵之臣，而使其主行惠，故简公受其祸。故子夏曰：“善持势者，蚤绝奸之萌。”

季孙相鲁，子路为郈令。鲁以五月起众为长沟，当此之为，子路以其私秩粟为浆饭，要作沟者于五父之衢而餐之。孔子闻之，使子贡往覆其饭，击毁其器，曰：“鲁君有民，子奚为乃餐之？”子路怫然怒，攘肱而入，请曰：“夫子疾由之为仁义乎？所学于夫子者，仁义也；仁义者，与天下共其所有而同其利者也。今以由之秩粟而餐民，不可何也？”孔子曰：“由之野也！吾以女知之，女徒未及也。女故如是之不知礼也！女之餐之，为爱之也。夫礼，天子爱天下，诸侯爱境内，大夫爱官职，士爱其家，过其所爱曰侵。今鲁君有民而子擅爱之，是子侵也，不亦诬乎！”言未卒，而季孙使者至，让曰：“肥也起民而使之，先生使弟子令徒役而餐之，将夺肥之民耶？”孔子驾而去鲁。以孔子之贤，而季孙非鲁君也，以人臣之资，假人主之术，蚤禁于未形[1]，而子路不得行其私惠，而害不得生，况人主乎！以景公之势而禁田常之侵也，则必无劫弑之患矣。

太公望东封于齐，齐东海上有居士曰狂矞、华士昆弟二人者立议曰：“吾不臣天子，不友诸侯，耕作而食之，掘井而饮之，吾无求于人也。无上之名，无君之禄，不事仕而事力。”太公望至于营丘，使吏执杀之以为首诛。周公旦从鲁闻之，发急传而问之曰：“夫二子，贤者也。今日飨国而杀贤者，何也？”太公望曰：“是昆弟二人立议曰：‘吾不臣天子，不友诸侯，耕作而食之，掘井而饮之，吾无求于人也。无上之名，无君之禄，不事仕而事力。’彼不臣天子者，是望不得而臣也；不友诸侯者，是望不得而使也；耕作而食之，掘井而饮之，无求于人者，是望不得以赏罚劝禁也。且无上名，虽知，不为望用；不仰君禄，虽贤，不为望功。不仕，则不治；不任，则不忠。且先王之所以使其臣民者，非爵禄则刑罚也。今四者不足以使之，则望当谁

① “形”，原作“刑”，据赵本、迂本改。

为君乎？不服兵革而显，不亲耕耨而名，又所以教于国也。今有马于此，如骥之状者，天下之至良也。然而驱之不前，却之不止[1]，左之不左，右之不右，则臧获虽贱，不托其足。臧获之所愿托其足于骥者，以骥之可以追利辟害也。今不为人用，臧获虽贱，不托其足焉。已自谓以为世之贤士而不为主用，行极贤而不用于君，此非明主之所臣也，亦骥之不可左右矣，是以诛之。”一曰：太公望东封于齐。海上有贤者狂矞，太公望闻之往请焉，三却马于门而狂矞不报见也，太公望诛之。当是时也，周公旦在鲁，驰往止之，比至，已诛之矣。周公旦曰：“狂矞，天下贤者也，夫子何为诛之？”太公望曰：“狂矞也议不臣天子，不友诸侯，吾恐其乱法易教也，故以为首诛。今有马于此，形容似骥也，然驱之不往，引之不前，虽臧获不许托足于其轸也。”

如[2]耳说卫嗣公，卫嗣公说而太息。左右曰：“公何为不相也？”公曰：“夫马似鹿者而

① “止”，原作“正”，据赵本、迂本改。
② “如”，原作“女”，据赵本、迂本改。

题之千金，然而有百金之马而无千[①]金之鹿者，何也[②]？马为人用而鹿不为人用也。今如耳，万乘之相也，外有大国之意，其心不在卫，虽辩[③]智，亦不为寡人用，吾是以不相也。”

薛公之相魏昭侯也，左右有栾子者曰阳胡、潘，其于王甚重，而不为薛公。薛公患之，于是乃召与之博，予之人百金，令之昆弟博；俄又益之人二百金。方博有间，谒者言客张季之子在门，公怫然怒，抚兵而授谒者曰：“杀之！吾闻季之不为文也。”立有间，时季羽在侧，曰：“不然。窃闻季为公甚，顾其人阴未闻耳。”乃辍不杀客，大礼之，曰：“曩者闻季之不为文也，故欲杀之；今诚为文也，岂忘季哉！”告廪献千石之粟，告府献五百金，告驺私厩献良马固车二乘，因令奄将宫人之美妾二十人并遗季也。栾子因相谓曰：“为公者必利，不为公者必害，吾曹何爱不为公？”因斯竞劝而遂为之。薛公以人臣之势，假人主之术也，而害不得生，况错之

① “千”，原作“一”，据王先慎说改。
② “何也”，底本原无，据王先慎说补。
③ “辩”，原作“辨”，据赵本、迂本改。

人主乎！

夫驯乌断其下翎[①]焉。断其下翎，则必恃人而食，焉得不驯乎？夫明主畜臣亦然，令臣不得不利君之禄，不得[②]无服上之名。夫利君之禄，服上之名，焉得不服？

经二

人主者，利害之轺毂也，射者众，故人主共矣。是以好恶见则下有因，而人主惑矣；辞言通则臣难言，而主不神矣。说在申子之言"六慎"，与唐易之言弋也。患在国羊[③]之请变，与宣王之太息也。明之以靖郭氏之献十珥也，与犀首、甘茂[④]之道穴闻也。堂谿公知术，故问玉卮；昭候能[⑤]术，故以听独寝。明主之道，在申

① "翎"，原作"颔"，据王先慎说改。下句"翎"字同。

② "得"，原作"禄"，据赵本、迂本改。

③ "羊"，原作"年"，据赵本、迂本改。

④ "茂"，原作"戍"，据赵本、迂本改。

⑤ "能"，原作"熊"，据赵本、迂本改。

子之劝“独断”也。

说二

申子曰：“上明见，人备之；其不明见，人惑之。其知见，人惑之；不知见，人匿之。其无欲见，人司之；其有欲见，人饵之。故曰：吾无从知之，惟无为可以规之。”一曰：申子曰：“慎而言也，人且知女；慎而行也，人且随女。而有知见也，人且匿女；而无知见也，人且意女。女有知也，人且臧女；女无知也，人且行女。故曰：惟无为可以规之。”

田子方问唐易鞠曰：“弋者何慎？”对曰：“鸟以数百目视子，子以二[①]目御之，子谨周子廪。”田子方曰：“善。子加之弋，我加之国。”郑长者闻之曰[②]：“田子方知欲为廪，而未得所以为廪。夫虚无无见者，廪也。”一曰：

① “二”，原作“三”，据赵本、迂本改。
② “曰”，底本原无，据赵本、迂本补。

齐宣王问弋于唐易子曰：“弋者奚贵？”唐易子曰：“在于谨廪。”王曰：“何谓谨廪？”对曰：“鸟以数十目视人，人以二目视鸟，奈何其[1]不谨廪也？故曰‘在于谨廪’也。”王[2]曰：“然则为天下何以为此廪？今人主以二目视一国，一国以万目视人主，将何以自为廪乎？”对曰：“郑长者有言曰：‘夫虚静无为而无见也。’其可以为此廪乎！”国羊重于郑君，闻君之恶己也，侍饮，因先谓君曰：“臣适不幸而有过，愿君幸而告之。臣请变更，则臣免死罪矣。”

客有说韩宣王，宣王说而太息。左右引王之说之曰先告客以为德。

靖郭君之相齐也，王后死，未知所置，乃献玉珥以知之。一曰：薛公相齐，齐威王夫人死，中有十孺子皆贵于王，薛公欲知王所欲立，而请置一人以为夫人。王听之，则是说行于王，而重于置夫人也；王不听，是说不行，而轻于置夫人也。欲先知王之所欲置以劝之王置之，于是为十

① “其”，底本原无，据迂本补。
② “王”，原作“故”，据赵本改。

玉珥而美其一而献之。王以赋十孺子。明日坐，视美珥之所在而劝王以为夫人。

甘茂相秦惠王，惠王爱公孙衍，与之间有所言，曰："寡人将相子。"甘茂之吏道穴闻之曰，以告甘茂。甘茂入见王，曰："王得贤相，臣敢再拜贺。"王曰："寡人托国于子，安更得贤相？"对曰："将相犀首。"王曰："子安闻之？"对曰："犀首告臣。"王怒犀首之泄，乃逐之。一曰：犀首，天下之善将也，梁王之臣也。秦王欲得之与治天下，犀首曰："衍，其人臣者也，不敢离主之国。"居期年，犀首抵罪于梁王，逃而入秦，秦王甚善之。樗里疾，秦之将也，恐犀首之代之将也，凿穴于王之所常隐语者。俄而王果与犀首计，曰："吾欲攻韩，奚如？"犀首曰："秋可矣。"王曰："吾欲以国累子，子必勿泄也。"犀首反走再拜曰："受命。"于是樗里疾已[1]道穴听之矣。郎中皆曰："兵秋起攻韩，犀首为将。"于是日也，郎中尽知之；于是日也，境内尽知之。王召樗里疾曰：

① "已"，原作"也"，据赵本、迂本改。

“是何匈匈也，何道出？”樗里疾曰：“似犀首也。”王曰：“吾无与犀首言也，其犀首何哉？”樗里疾曰：“犀首也羁旅，新抵罪，其心孤，是言自嫁于众。”王曰：“然。”使人召犀首，已逃诸侯矣。

堂谿公谓昭侯曰：“今有千金之玉卮，通而无当，可以盛水乎？”昭侯曰：“不可。”“有瓦器而不漏，可以盛酒乎？”昭侯曰：“可。”对曰：“夫瓦器，至贱也，不漏，可以盛酒。虽有乎千金之玉卮，至贵而无当，漏，不可盛[①]水，则人孰注浆哉？今为人之主而漏其群臣之语，是犹无当之玉卮也。虽有圣智，莫尽其术，为其漏也。”昭侯曰：“然。”昭侯闻堂谿公之言，自此之后，欲发天下之大事，未尝不独寝，恐梦言而使人知其谋也。一曰：堂谿公见昭侯曰：“今有白玉之卮而无当，有瓦卮而有当。君渴，将何以饮？”君曰：“以瓦卮。”堂谿公曰：“白玉之卮美而君不以饮者，以其无当耶？”君曰：“然。”堂谿公曰：“为人主而漏

---

① “盛”，原作“乘”，据迂本改。

泄其群臣之语，譬犹玉卮之无当。”堂谿公每见而出，昭侯必独卧，惟恐梦言泄于妻妾。申子曰：“独视者谓明，独听者谓聪。能独断者，故可以为天下主。”

经三

术之不行，有故。不杀其狗，则酒酸。夫国亦有狗，且左右皆社鼠也。人主[①]无尧之再诛，与庄王之应太子，而皆有薄媪之决蔡妪也。知贵、不能，以教歌之法先揆之。吴起之出爱妻，文公之斩颠颉，皆违其情者也。故能使人弹疽者，必其忍痛者也。

说三

宋人有酤酒者，升概甚平，遇客甚谨，为酒

① “主”，原作“土”，据赵本、迂本改。

甚美，县帜甚高，然而[1]不售，酒酸。怪其故，问其所知。问长者杨倩，倩曰："汝狗猛耶？"曰："狗猛，则酒何故而不售？"曰："人畏焉。或令孺子怀钱挈壶瓮而往酤，而狗迓而龁之，此酒所以酸而不售也。"夫国亦有狗，有道之士怀其术而欲以明万乘之主，大臣为猛狗迎而龁之，此人主之所以蔽胁，而有道之士所以不用也。故桓公问管仲曰[2]："治国最奚患？"对曰："最患社鼠矣。"公曰："何患社鼠哉？"对曰："君亦见夫为社者乎？树木而涂之，鼠穿其间，掘穴托其中。熏之，则恐焚木；灌之，则恐涂阤：此社鼠之所以不得也。今人君之左右，出则为势重而收利于民，入则比周而蔽恶于君。内间主之情以告外，外内为重，诸臣百吏以为富。吏不诛则乱法，诛之则君不安，据而有之，此亦国之社鼠也。"故人臣执柄而擅禁，明[3]为己者必利，而不为己者必害，此亦猛狗也。夫大臣为猛狗而龁有道之士矣，左右又为社鼠而间主

① "然而"，原作"著然"，据王先慎说改。
② "曰"，底本原无，据赵本、迂本补。
③ "明"上原有"御"字，据赵本、迂本删。

之情，人主不觉。如此，主焉得无壅，国焉得无亡乎？一曰：宋之酤酒者有庄氏者，其酒常美。或使仆往酤庄氏之酒，其狗龁人，使者不敢往，乃酤佗家之酒。问曰："何为不酤庄氏之酒？"对曰："今日庄氏之酒酸。"故曰：不杀其狗则酒酸。

桓公问管仲曰："治国何患？"对曰："最苦社鼠。夫社，木而涂之，鼠因自托也。熏之则木焚，灌之则涂阤，此所以苦于社鼠也。今人君左右，出则为势重以收利于民，入则比周谩侮蔽恶以欺于君，不诛则乱法，诛之则人主危，据而有之，此亦社鼠也。"故人臣执柄擅禁，明为己者必利，不为己者必害，亦猛狗也。故左右为社鼠，用事者为猛狗，则术不行矣。

尧欲传天下于舜。鲧谏曰："不祥哉！孰以天下而传之于匹夫乎？"尧不听，举兵而诛杀鲧于羽山之郊。共工又谏曰："孰以天下而传之于匹夫乎？"尧不听，又举兵而流[1]共工于幽州之都。于是天下莫敢言无传天下于舜。仲尼闻之曰："尧之知舜之贤，非其难者也。夫至乎诛谏

---

① "流"，原作"诛"，据王先慎说改。

者必传之舜，乃其难也。”一曰：“不以其所疑败其所察则难也。”

荆庄王有茅门之法曰：“群臣大夫诸公子入朝，马蹄践溜者，廷理斩其辀，戮其御。”于是太子入朝，马蹄践溜，廷理斩其辀，戮其御。太子怒，入为王泣曰：“为我诛戮廷理。”王曰：“法者，所以敬宗庙，尊社稷。故能立法从令尊敬社稷者，社稷之臣也，焉可诛也？夫犯法废令不尊敬社稷者，是臣乘君而下尚校也。臣乘君，则主失威；下尚校，则上位危。威失位危，社稷不守，吾将何以遗子孙？”于是太子乃还走，避舍露宿三日，北面再拜请死罪。一曰：楚王急召太子。楚国之法，车不得至于茆门。天雨，廷中有潦，太子遂驱车至于茆门。廷理曰：“车不得至茆门，非法也。”太子曰：“王召急，不得须无潦。”遂驱之。廷理举殳而击其马，败其驾。太子入为王泣曰：“廷中多潦，驱车至茆门，廷理曰‘非法也’，举殳击臣马，败臣驾。王必诛之。”王曰：“前有老主而不逾，后有储主而不属，矜矣！是真吾守法之臣也。”乃益爵二级，而开后门出太子。勿复过。

卫嗣君谓薄疑曰："子小寡人之国以为不足仕，则寡人力能仕子，请进爵以子为上卿。"乃进田万顷。薄子曰："疑之母亲疑，以疑为能相万乘所不窕也。然疑家巫有蔡妪者，疑母甚爱信之，属之家事焉。疑智足以信言家事，疑母尽以听疑也；然已与疑言者，亦必复决之于蔡妪也。故论疑之智能，以疑为能相万乘而不窕也；论其亲，则子母之间[①]也，然犹不免议之于蔡妪也。今疑之于人主也，非子母之亲也，而人主皆有蔡妪。人主之蔡妪，必其重人也。重人者，能行私者也。夫行私者，绳之外也；而疑之所[②]言，法之内也。绳之外与法之内，仇也，不相受也。"

一曰：卫君之晋，谓薄疑曰："吾欲与子皆行。"薄疑曰："媪也在中，请归与媪计之。"卫君自请薄媪。曰："疑，君之臣也，君有意从之，甚善。"卫君曰："吾以请之媪，媪许我矣。"薄疑归，言之媪也，曰："卫君之爱[③]疑奚与媪？"媪曰："不如吾爱子也。""卫君之

---

① "间"，原作"闻"，据赵本、迂本改。

② "所"，底本原无，据赵本、迂本补。

③ "爱"，底本原无，据赵本、迂本补。

贤疑奚与媪也？”曰：“不如吾贤子也。”“媪与疑计家事，已决矣，乃请决之于卜者蔡妪。今卫君从疑而行，虽与疑决计，必与他蔡妪败之。如是，则疑不得长为臣矣。”

夫教歌者，使先呼而诎之，其声反清徵者乃教之。一曰：教歌者，先揆以法，疾呼中宫，徐呼中徵。疾不中宫，徐不中徵，不可谓教。

吴起，卫左氏中人也，使其妻织组而幅狭于度。吴子使更之，其妻曰：“诺[①]。”及成，复度之，果不中度，吴子大怒。其妻对曰：“吾始经之而不可更也。”吴子出之。其妻请其兄而索入[②]。其兄曰：“吴子，为法者也。其为法也，且欲以与万乘致功[③]，必先践之妻妾然后行之，子毋幾索入矣。”其妻之弟又重于卫君，乃因以卫君之重请吴子。吴子不听，遂去卫而入荆也。一曰：吴起示其妻以组曰：“子为我织组，令之如是。”组已就而效之，其组异善。起曰：“使子为组，令之如是，而今也异善，何也？”其妻

①“诺”，原作“诸”，据赵本、迂本改。
②“入”，底本原无，据赵本、迂本补。
③“功”，原作“攻”，据赵本、迂本改。

曰："用财若一也，加务善之。"吴起曰："非语也。"使之衣归。其父往请之，吴起曰："起家无虚言。"

晋文公问于狐偃曰："寡人甘肥周于堂，卮酒豆肉集于宫，壶酒不清，生肉不布，杀一牛遍于国中，一岁之功尽以衣士卒，其足以战民乎？"狐子曰："不足。"文公曰："吾弛关市之征而缓刑罚，其足以战民乎？"狐子曰："不足。"文公曰："吾民之有丧资者，寡人亲使郎中视事，有罪者赦之，贫穷不足者与之，其足以战民乎？"狐子对曰："不足。此皆所以慎产也；而战之者，杀之也。民之从公也，为慎产也，公因而迎杀之，失所以为从公矣。"曰："然则何如足以战民乎？"狐子对曰："令无得不战。"公曰："无得不战奈何？"狐子对曰："信赏必罚，其足以战。"公曰："刑罚之极安至？"对曰："不辟亲贵，法行所爱。"文公曰："善。"明日令田于圃陆，期以日中为期，后期者行军法焉。于是公有所爱者曰颠颉，后期，吏请其罪，文公陨涕而忧。吏曰："请用事焉。"遂斩颠颉之脊以徇百姓，以明法之信也。

而后百姓皆惧曰："君于颠颉之贵重如彼甚也，而君犹行法焉，况于我则何有矣。"文公见民之可战也，于是遂兴兵伐原，克之。伐卫，东其亩，取五鹿。攻阳。胜虢[①]。伐曹。南围郑，反之陴。罢宋[②]围。还与荆人战城濮，大败荆人。返为践土之盟，遂成[③]衡雍之义。一举而八有功[④]。所以然者，无他故异物，从狐偃之谋，假颠颉之脊也。

夫痤疽之痛也，非刺骨髓，则烦心不可支也；非如是，不能使人以半寸砥石弹之。今人主之于治亦然：非不知有苦则安；欲治其国[⑤]，非如是不能听圣知而诛乱臣。乱臣[⑥]者，必重人；重人者，必人主所甚亲爱也。人主所甚亲爱也者，是同坚白也。夫以布衣之资，欲以离人主之坚白所爱，是以解左髀说右髀者，是身必死而说不行者也。

---

① "虢"，原作"号"，据赵本、迂本改。
② "宋"，原作"朱"，据赵本改。
③ "成"，原作"城"，据王先慎说改。
④ "功"，原作"攻"，据赵本、迂本改。
⑤ "国"，底本原无，据赵本、迂本补。
⑥ "乱臣"，底本原不重，据赵本、迂本补。

卷十四

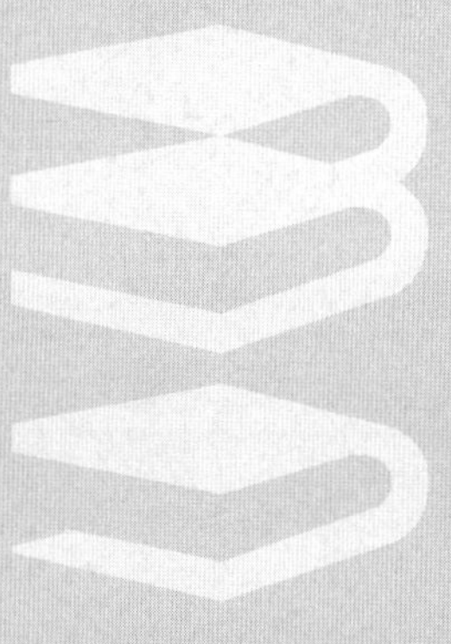

外储说右下[1]第三十五

经一

赏罚共，则禁令不行。何以明之？以造父、于期。子罕为出彘，田恒为圃池，故宋君、简公弑。患在王良、造父之共车，田连、成窍之共琴也。

说一

造父御四马，驰骤周旋而恣欲于马。恣欲于马者，擅辔策之制也。然马惊于出彘，而造父不能禁制者，非辔策之严不足也，威分于出彘也。

① “下”，底本原无，据赵本补。

王子于期为驸驾，辔策不用而择欲于马，擅刍水之利也。然马过于圃池而驸马败者，非刍水之利不足也，德分于圃池也。故王良、造父，天下之善御者也，然而使王良操左革而叱咤之，使造父操右革而鞭笞之，马不能行十里[①]，共故也。田连、成窍，天下善鼓琴者也，然而田连鼓上、成窍擑下而不能成曲，亦故也。夫以王良、造父之巧，共辔而御不能使马，人主安能与其臣共权以为治？以田连、成窍之巧，共琴而不能成曲，人主又安能与臣共势以成功乎？一曰：造父为齐王驸驾，渴马服成，效驾圃中。渴马见圃池，去车走池，驾败。王子于期为赵简主取道争千里之表，其始发也，彘[②]伏沟中，王子于期齐辔策而进之，彘突出于沟中，马惊驾败。

司城子罕谓宋君曰："庆赏赐与，民之所喜也，君自行之；杀戮诛罚，民之所恶也，臣请当之。"宋君曰："诺。"于是出威令，诛大臣，君曰："问子罕也。"于是大臣畏之，细民归

① "里"，原作"异"，据赵本、迂本改。
② "彘"，底本原无，据赵本、迂本补。

之。处期年，子罕杀宋君而夺政。故子罕为出彘以夺其君国。

简公在上位，罚重而诛严，厚赋敛而杀戮民。田成恒设慈爱，明宽厚。简公以齐民为渴马，不以恩加民，而田成恒以仁厚为圃池也。一曰：造父为齐王驸驾，以渴服马，百日而服成。服成，请效驾齐王，王曰："效驾于圃中。"造父驱车入圃，马见圃池而走，造父不能禁。造父以渴服马久矣，今马见池，駻而走，虽造父不能治。今简公之法禁其众久矣，而田成恒利之，是田成恒倾圃池而示渴民也。一曰：王子于期为宋君为千里之逐。已驾，察手吻文。且发矣，驱而前之，轮中绳；引而却之，马掩迹。拊而发之，彘逸出于窦中。马退而却，策不能进前也；马駻而走，辔不能止[1]也。一曰：司城子罕谓宋君曰："庆赏[2]赐予者，民之所好也，君自行之；诛罚杀戮者，民之所恶也，臣请当之。"于是戮细民而诛大臣，君曰："与子罕议之。"居期

① "止"，原作"正"，据迂本改。
② "赏"，原作"驾"，据赵本、迂本改。

年，民知杀生之命制于子罕也，故一国归焉。故子罕劫宋君而夺其政，法不能禁也。故曰：“子罕为出彘，而田成常为圃池也。”令王良、造父共车，人操一边辔而入门间，驾必败而道不至也。令田连、成窍共琴，人抚一弦而挥，则音必败曲不遂矣。

经二

治强生于法，弱乱生于阿，君明于此，则正赏罚非仁下也。爵禄生于功，诛罚生于罪[①]，臣明于此，则尽死力而非[②]忠君也。君通于不仁，臣通于不忠，则可以王矣。昭襄知主情而不发五苑，田鲔知臣情，故教田章，而公仪辞鱼。

---

① “罪”，原作“罚”，据赵本、迂本改。
② “非”，底本原无，据赵本、迂本补。

说二

秦昭王有病，百姓里买牛而家为王祷。公孙述出见之，入贺王曰："百姓乃皆里买牛为王祷。"王使人问之，果有之。王曰："訾之人二甲。夫非令而擅祷者[1]，是爱寡人也。夫爱寡人，寡人亦且改法而心与之相循者，是法不立；法不立，乱亡之道也。不如人罚二甲而复与为治。"一曰：秦襄王病，百姓为之祷；病愈，杀牛塞祷。郎中阎遏、公孙衍出见之，曰："非社腊之时也，奚自杀牛而祠社？"怪而问之。百姓曰："人主病，为之祷；今病愈，杀牛塞祷。"阎遏、公孙衍说，见王拜贺曰："过尧、舜矣。"王惊曰："何谓也？"对曰："尧、舜其民未至为之祷也。今王病而民以牛祷，病愈杀牛塞祷。故臣窃以王为过尧、舜也。"王因使人问之，何里为之，訾其里正与伍老屯二甲。阎遏、

① "者"，底本原无，据迂本补。

公孙衍愧不敢言。居数月，王饮酒酣乐，阎遏、公孙衍谓王曰："前时臣窃以王为过尧、舜，非直敢谀也。尧、舜病，且其民未至为之祷也；今王病而民以牛祷，病愈杀牛塞祷。今乃訾其里正与伍老屯二甲，臣窃怪之。"王曰："子何故不知于此？彼民之所以为我用者，非以吾爱之为我用者也，以吾势之为我用者也。吾释[①]势与民相收，若是，吾适不爱而民因不为我用也，故遂绝爱道也。"

秦大饥，应侯请曰："五苑之草著、蔬菜、橡果、枣、栗，足以活民，请发之。"昭襄王曰："吾秦法，使民有功而受赏，有罪而受诛。今发五苑之蔬果[②]者，使民有功与无功俱赏也。夫使民有功与无功俱赏者，此乱之道也。夫发五苑而乱，不如弃枣蔬而治。"一曰："令发五苑之蓏、蔬、枣、栗，足以活民，是使[③]民有功与无功互[④]争取也。夫生而乱，不如死而治，大夫

① "释"，原作"适"，据赵本、迂本改。
② "果"，原作"草"，据赵本改。
③ "使"，原作"用"，据迂本改。
④ "互"，底本原无，据王先慎说补。

其释之。”

田鲔教其子田章曰：“欲利而身，先利而君；欲富而家，先富而国。”一曰：田鲔教其子田章曰：“主卖官爵，臣卖智力，故曰[①]：自恃无恃人。”

公仪休相鲁而嗜鱼，一国尽争买鱼而献之，公仪子不受。其弟谏曰：“夫子嗜鱼而不受者，何也？”对曰：“夫唯嗜鱼，故不受也。夫即受鱼，必有下人之色，有下人之色，将枉于法；枉于法，则免于相。虽嗜鱼，此不必能自给致我鱼，我又不能自给鱼。即无受鱼而不免于相，虽嗜鱼，我能长自给鱼。”此明夫恃人不如自恃也，明于人之为己者不如己之自为也。

经三

明主者，鉴于外也，而外事不得不成，故苏代非齐王。人主鉴于上也，而居者不适不显，故

① “曰”，底本原无，据王先慎说补。

潘寿言禹情。人主无所觉悟，方吾知之，故恐同衣于族，而况借于权乎！吴章知之，故说以佯，而况借于诚乎！赵王恶虎目而壅。明主之道，如周行人之却卫侯也。

说三

子之相燕，贵而主断。苏代为齐使燕，王问之曰："齐王亦何如主也？"对曰："必不霸矣。"燕王曰："何也？"对曰："昔桓公之霸也，内事属鲍叔，外事属管[1]仲，桓公被发而御妇人，日游于市。今齐王不信其大臣。"于是燕王因益大信子之。子之闻之，使人遗苏代金百镒，而听其所使之。一曰：苏代为秦使燕，见无益子之，则必不得事而还，贡赐又不出，于是见燕王，乃誉齐王。燕王曰："齐王何若是之贤也？则将必王乎？"苏代曰："救亡不暇，安得王哉？"燕王曰："何也？"曰："其任所爱不

---

① "管"，底本原无，据赵本、迂本补。

均。”燕王曰：“其亡何也？”曰：“昔者齐桓公爱管仲，置以为仲父，内事理焉，外事断焉，举国而归之，故一匡天下，九合诸侯。今齐任所爱不均，是以知其亡也。”燕王曰：“今吾任子之，天下未之闻也？”于是明日张朝而听子之。潘寿谓燕王曰：“王不如以国让子之。人所以谓尧贤者，以其让天下于许由，许由必不受也，则是尧有让许由之名而实不失天下也。今王以国让子之，子之必不受也，则是王有让子之之名而与尧同行也。”于是[①]燕王因举国而属之，子之大重。一曰：潘寿，阚者。燕使人聘之。潘寿见燕王曰：“臣恐子之之如益也。”王曰：“何益哉？”对曰：“古者禹死，将传天下于益，启之人因相与攻益而立启。今王信爱子之，将传国子之，太子之人尽怀印，为子之之人无一人在朝廷者。王不幸弃群臣，则子之亦益也。”王因收吏玺，自三百石以上皆效之子之，子之大重。夫人主之所以镜照者，诸侯之士徒也，今诸侯之士徒皆私门之党也。人主之所以自浅娋者，岩穴之士

① “是”，底本原无，据赵本、迂本补。

徒也，今岩穴之士徒皆私门之舍人也。是何也？夺号之资在子之也。故吴章曰："人主不佯憎爱人。佯爱人，不得复憎也；佯憎人，不得复爱也。"一曰：燕王欲传国于子之也，问之潘寿，对曰："禹爱益而任天下于益，已而以启人为吏。及老，而以启[1]为不足任天下，故传天下于益，而势重尽在启也。已而启与友党攻益而夺之天下，是禹名传天下于益，而实令启自取之也，此禹之不及尧、舜明矣。今王欲传之子之，而吏无非太子之人者也，是名传之而实令太子自取之也。"燕王乃收玺，自三百石以上皆效之，子之遂重。

方吾子曰："吾闻之古礼：行不与同服者同车，不与同族者共家，而况君人者乃借其权而外其势乎！"

吴章谓韩宣王曰："人主不可佯爱人，一日不可复憎；不可以佯憎人，一日不可复爱也。故佯憎佯爱之征见，则谀者因资而毁誉之。虽有明主，不能复收，而况于以诚借人也！"

赵王游于圃中，左右以兔与虎而辍，盼然

① "启"，原作"所"，据赵本、迂本改。

环其眼。王曰："可恶哉，虎目也！"左右曰："平阳君之目可恶过此。见此未有害也，见平阳君之目如此者，则必死矣。"其明日，平阳君闻之，使人杀言者，而王不诛也。

卫君入朝于周，周行人问其号，对曰："诸侯辟疆。"周行人却之曰："诸侯不得与天子同号。"卫君乃自更曰："诸侯燬。"而后内之。仲尼闻之曰："远哉禁逼，虚名不以借人，况实事乎？"

经四

人主者，守法责成以立功者也。闻有吏虽乱而有独善之民，不闻有乱民而有独治之吏，故明主治吏不治民。说在摇木之本与引网之纲。故失火之啬夫，不可不论也。救火者，吏操壶走火，则一人之用也；操鞭使人，则役万夫。故所遇术者，如造父之遇惊[1]马，牵马推车则不能进，代

① "惊"，原作"笃"，据王先慎说改。

御执辔持策则马咸骛矣。是以说在椎锻平夷，榜檠矫直。不然，败在淖齿用齐戮闵王，李兑用赵饿主父也。

说四

摇木者一一摄其叶，则劳而不遍；左右拊其本，而叶遍摇矣。临渊而摇木，鸟惊而高，鱼恐而下。善张网者引其纲，不一一摄万目而后得，则是劳而难；引其纲，而鱼已囊矣。故吏者，民之本、纲者也，故圣人治吏不治民。

救火者，令吏挈壶瓮而走火，则一人之用也；操鞭棰指麾而趣使人，则制万夫。是以圣人不亲细民，明主不躬小事。

造父方耨，得有子父乘车过者，马惊而不行，其子下车牵马，父子推车，请造父助我推车。造父因收器，辍而寄载之，援其子之乘，乃始检辔持策，未之用也，而马辔惊矣。使造父而不能御，虽尽力劳身助之推车，马犹不肯行也。

令使身[1]佚，且寄载，有德于人者，有术而御之也。故国者，君之车也；势者，君之马也。无术以御之，身虽劳，犹不免乱；有术以御之，身处佚乐之地，又致帝王之功也。

椎锻者，所以平不夷也；榜檠者，所以矫不直也。圣人之为法也，所以平不夷、矫不直也。

淖齿之用齐也，擢闵王之筋；李兑之用赵也，饿杀主父。此二君者，皆不能用其椎锻榜檠，故身死为戮，而为天下笑。一曰：入齐，则独闻淖齿而不闻齐王；入赵，则独闻李兑而不闻赵王。故曰：人主者不操术，则威势轻而臣擅名。一曰：田婴相齐，人有说王者曰："终岁之计，王不一以数日之间自听之，则无以知吏之奸邪得失也。"王曰："善。"田婴闻之，即遽请于王而听其计。王将听之矣，田婴令官具押券斗石参升之计。王自听计，计不胜听，罢食后，复坐，不复暮食矣。田婴复谓曰："群臣所终岁日夜不敢偷怠之事也，王以一夕听之，则群臣有为劝勉矣。"王曰："诺。"俄而王已睡矣，吏尽

① "使身"，原作"身使"，据赵本改。

揄刀削其押券升石之计。王自听之，乱乃始生。一曰：武灵王使惠文王莅政，李兑为相，武灵王不以身躬亲杀生之柄，故劫于李兑。

经五

因事之理，则不劳而成。故兹郑之踞辕而歌以上高梁也。其患在赵简主税吏请轻重；薄疑之言“国中饱”，简主喜而府库虚，百姓饿而奸吏富也。故桓公巡民而管仲省腐财怨女。不然，则在延陵乘马不得进，造父过之而为之泣也。

说五

兹郑子引辇上高梁而不能支。兹郑踞辕而歌，前者止，后者趋，辇乃上。使兹郑无术以致人，则身虽绝力至死，辇犹不上也。今身不至劳苦而辇以上者，有术以致人之故也。

赵简主出税者，吏请轻重。简主曰：“勿轻

勿重。重，则利入于上；若轻，则利归于民。吏无私利而正矣。”

薄疑谓赵简主曰：“君之国中饱。”简主欣然而喜曰：“何如焉？”对曰：“府库空虚于上，百姓贫饿于下，然而奸吏富矣。”

齐桓公微服以巡民家，人有年老而自养者，桓公问其故。对曰：“臣有子三人，家贫无以妻之，佣未及反[①]。”桓公归，以告管仲，曰：“畜积有腐弃之财，则人饥饿；宫中有怨女，则民无妻。”桓公曰：“善。”乃论宫中有妇人而嫁之。下令于民曰：“丈夫二十而室，妇人十五而嫁。”一曰：桓公微服而行于民间，有鹿门稷者，行年七十而无妻。桓公问管仲曰：“有民老而无妻者乎？”管仲曰：“有鹿门稷者，行年七十矣而无妻。”桓公曰：“何以令之有妻？”管仲曰：“臣闻之：上有积财，则民臣必匮乏于下；宫中有怨女，则有老而无妻者。”桓公曰：“善。”令于宫中女子未尝御，出嫁之。乃令男子年二十而室，女年十五而嫁。则内无怨女，外

① “反”，底本原无，据赵本、迂本补。

无旷夫。

延陵卓子乘苍龙挑文之乘，钩饰在前，错锻在后，马欲进则钩饰禁之，欲退则错锻贯之，马因旁出。造父过而为之泣涕，曰："古之治人亦然矣。夫赏所以劝之而毁存焉，罚所以禁之而誉加焉。民中立而不知所由，此亦圣人之所为泣也。"一曰：延陵卓子乘苍龙与翟文之乘，前则有错饰，后则利锻策，进则引之，退则策之。马前不得进，后不得退，遂避而逸，因下抽刀而刎其脚。造父见之，泣，终日不食，因仰天而叹曰："策，所以进之也，错饰在前；引，所以退之也，利锻在后。今人主以其清洁也进之，以其不适左右也退之；以其公正也誉之，以其不听从也废之。民惧，中立而不知所由，此圣人之所为泣也。"

卷十五

难一第三十六

晋文公将与楚人战，召舅犯问之，曰："吾将与楚人战，彼众我寡，为之奈何？"舅犯曰："臣闻之，繁礼君子，不厌忠信；战阵之间，不厌诈伪。君其诈之而已矣。"文公辞舅犯，因召雍季而问之，曰："我将与楚人战，彼众我寡，为之奈何？"雍季对曰："焚[①]林而田，偷多兽，后不必无兽；以诈遇民，偷取一时，后必无复。"文公曰："善。"辞雍季，以舅犯之谋与楚人战以败之。归而行爵，先雍季而后舅犯。群臣曰："城濮之事，舅犯谋也，夫用其言而后其身可乎？"文公曰："此非君所知也。夫舅犯言，一时之权也；雍季言，万世之利也。"仲尼闻之，曰："文公之霸也宜哉！既知一时之权，

① "焚"，原作"楚"，据赵本、迂本改。

又知万世之利。”

或曰：雍季之对，不当文公之问。凡对问者，有因问小大缓急而对也。所问高大而对以卑狭，则明主弗受也。今文公问以少遇众，而对曰“后必无复”，此非所以应也。且文公不知一时之权，又不知万世之利。战而胜，则国安而身定，兵强而威立，虽有后复，莫大于此，万世之利奚患不至？战而不胜，则国亡兵弱，身死名息，拔拂今日之死不及，安暇待万世之利？待万世之利在今日之胜，今日之胜在诈于敌，诈敌，万世之利也[①]。故曰：“雍季之对不当文公之问。”且文公又不知舅犯之言，舅犯所谓“不厌诈伪”者，不谓诈其民，请诈其敌也。敌者，所伐之国也，后虽无复，何伤哉？文公之所以先雍季者，以其功耶？则所以胜楚破军者，舅犯之谋也；以其善言耶？则雍季乃道其后之无复也，此未有善言也。舅犯则以兼之矣。舅犯曰：“繁礼君子，不厌忠信”者，忠所以爱其下也，信所以不欺其民也。夫既以爱而不欺矣，言孰善于此？

① “也”，原作“而已”，据王先慎说改。

然必曰出于诈伪者，军旅之计也。舅犯前有善言，后有战胜，故舅犯有二功而后论，雍季无一焉而先赏。“文公之霸，不亦宜乎”，仲尼不知善赏也。

历山之农者侵畔，舜往耕焉，期年，甽亩正。河滨之渔者争坻，舜往渔焉，期年而让长。东夷之陶者器苦窳，舜往陶焉，期年而器牢。仲尼叹曰：“耕、渔与陶，非舜官也，而舜往为之者，所以救败也。舜其信仁乎！乃躬藉处苦而民从之，故曰：‘圣人之德化乎！’”

或问儒者曰：“方此时也，尧安在？”其人曰：“尧为天子。”“然则仲尼之圣尧奈何？圣人明察在上位，将使天下无奸也。今耕渔不争，陶器不窳，舜又何德而化？舜之救败也，则是尧有失也。贤舜则去尧之明察，圣尧则去舜之德化，不可两得也。楚人有鬻楯与矛者，誉之曰：‘楯之坚，莫能陷也。’又誉其矛曰：‘吾矛之利，于物无不陷也。’或曰：‘以子之矛陷子之楯何如？’其人弗能应也。夫不可陷之楯与无不陷之矛，不可同世而立。今尧、舜之不可两誉，矛楯之说也。且舜救败，期年已一过，三年已三过，舜有尽，寿有尽，天下过无已者，以[①]有尽逐无已，所止者寡矣。赏罚使天下必行之，令曰：‘中程者赏，弗中程者诛。’令朝至暮变，暮至朝变，十日而海内毕矣，奚待期[②]年？舜犹不以此说尧令从己，乃躬亲，不亦无术乎？且夫以身为苦而后化民者，尧、舜之所难也；处势而骄下者，庸主之所易也。将治天下，释庸主之所易，道尧、舜之所难，未可与为政也。”

管仲有病，桓公往问之，曰：“仲父病，不幸卒于大命，将奚以告寡人？”管仲曰：“微君言，臣故将谒之。愿君去竖刁，除易牙，远卫公子开方。易牙[③]为君主惟人肉未尝，易牙烝其子首而进之。夫人情[④]莫不爱其子，今弗爱其子，安能爱君？君妒而好内，竖刁自宫以治内，人情莫不爱其身，身且不爱，安能爱君？闻开方事君十五年，齐、卫之间不容数日行，弃其母，久宦[⑤]不归，其母不爱，安能爱君？臣闻之：‘矜

① “已者以”，原作“以已者”，据赵本改。
② “期”，原作“暮”，据赵本、迂本改。
③ “牙”，原作“非”，据赵本、迂本改。
④ “情”上原有“惟”字，据赵本、迂本删。
⑤ “宦”，原作“官”，据王先慎说改。

伪不长，盖虚不久。’愿君去此三子者也。”管仲卒死，桓公弗行。及桓公死，虫出尸不葬。

或曰：管仲所以见告桓公者，非有度者之言也。所以竖刁、易牙者，以不爱其身，适君之欲也。曰“不爱其身，安能爱君”，然则臣有尽死力以为其主者，管仲将弗用也。曰“不爱其死力，安能爱君”，是君去忠臣也。且以不爱其身度其不爱其君，是将以管仲之不能死公子纠度其不死桓公也，是管仲亦在所去之域矣。明主之道不然，设民所欲以求其功，故为爵禄以劝之；设民所恶以禁其奸，故为刑罚以威之。庆赏信而刑罚必，故君举功于臣，而奸不用于上，虽有竖刁，其奈君何？且臣尽死力以与，君垂爵禄以与臣市，君臣之际，非父子之亲也，计数之所出也。君有道，则臣尽力而奸不生；无道，则臣上塞主明而下成私。管仲非明此度数于桓公也，使去竖刁，一竖刁又至，非绝奸之道也。且桓公所以身死虫流出尸不葬者，是臣重也。臣重之实，擅主也。有擅主之臣，则君令不下究，臣情不上通。一人之力能隔君臣之间[1]，

① “间”，原作“闻”，据赵本、迂本改。

使善败不闻，祸福不通，故有不葬之患也。明主之道，一人不兼官，一官不兼事。卑贱不待尊贵而进论，大臣不因左右而见。百官修通，群臣辐凑。有赏者君见其功，有罚者君知其罪。见知不悖于前，赏罚不弊于后，安有不葬之患？管仲非明此言于桓公也，使去三子，故曰：管仲无度矣。

襄子围于晋阳中，出围，赏有功者五人，高赫为赏首。张孟谈曰："晋阳之事，赫无大功，今为赏首，何也？"襄子曰："晋阳之事，寡人国家危，社稷殆矣。吾群臣无有不骄侮之意者，惟赫子不失君臣之礼，是以先之。"仲尼闻之曰："善赏哉！襄子赏一人而天下为人臣者莫敢失礼矣。"

或曰：仲尼不知善赏矣。夫善赏罚者，百官不敢侵职，群臣不敢失礼。上设其法，而下无奸诈之心，如此，则可谓善赏罚矣。使襄子于晋阳也，令不行，禁不止，是襄子无国，晋阳无君也，尚谁与守哉？今襄子于晋阳也，知氏灌之，臼灶生蛙[①]，而民无反心，是君臣亲也。襄子有

---

① "臼灶生蛙"，原作"曰灶生龟"，据王先慎说改。

君臣亲之泽，操令行禁止之法，而犹有骄侮之臣，是襄子失[1]罚也。为人臣者，乘事而有功则赏。今赫仅不骄侮而襄子赏之，是失赏也。明主赏不加于无功，罚不加于无罪。今襄子不诛骄侮之臣，而赏无功之赫，安在襄子之善赏也？故曰：仲尼不知善赏。

晋平公与群臣饮，饮酣，乃喟然叹曰："莫乐为人君！惟其言而莫之违。"师旷侍坐于前，援琴撞之，公披衽而避，琴坏于壁。公曰："太师谁[2]撞？"师旷曰："今者有小人言于侧者，故撞之。"公曰："寡人也。"师旷曰："哑！是非君人者之言也。"左右请除之，公曰："释之，以为寡人戒。"

或曰：平公失君道，师旷失臣礼。夫非其行而诛其身，君之于臣也；非其行则陈其言，善谏不听则远其身者，臣之于君也。今师旷非平公之行，不陈人臣之谏，而行人主之诛，举琴而亲其体，是逆上下之位，而失人臣之礼也。夫为人臣

---

① "失"，底本原无，据赵本、迂本补。
② "谁"，原作"谯"，据赵本、迂本改。

者，君有过则谏，谏不听则轻爵禄以待之，此人臣之礼义也。今师旷非平公之过，举琴而亲其体，虽严父不加于子，而师旷行之于君，此大逆之术也。臣行大逆，平公喜而听之，是失君道也。故平公之迹不可明也，使人主过于听而不悟其失；师旷之行亦不可明也，使奸臣袭极谏而饰弑君之道。不可谓两明，此为两过。故曰：平公失君道，师旷亦失臣礼矣。

齐桓公时，有处士曰小臣稷，桓公三往而弗得见。桓公曰："吾闻布衣之士不轻爵禄，无以易万乘之主；万乘之主不好仁义，亦无以下布衣之士。"于是五往乃得见之。

或曰：桓公不知仁义。夫仁义者，忧天下之害，趋一国之患，不避卑辱，谓之仁义。故伊尹以中国为乱，道为宰于汤；百里奚以秦为乱，道为[1]虏于穆公。皆忧天下之害，趋一国之患，不辞卑辱，故谓之仁义。今桓公以万乘之势，下匹夫之士，将欲忧齐国，而小臣不行，见小臣之忘民也，忘民不可谓仁义。仁义者，不失人臣之

---

① "为"，底本原无，据赵本、迂本补。

礼，不败君臣之位者也。是故四封之内，执会而朝，名曰臣。臣吏分职受事，名曰萌。今小臣在民萌之众，而逆君上之欲，故不可谓仁义。仁义不在焉，桓公又从而礼之。使小臣有智能而遁桓公，是隐也，宜刑[①]；若无智能而虚骄矜桓公，是诬也，宜戮。小臣之行，非刑则戮。桓公不能领臣主之理而礼刑戮之人，是桓公以轻上侮君之俗教于齐国也，非所以为治也。故曰：桓公不知仁义。

靡笄之役，韩献子将斩人。郤献子闻之，驾往救之。比至，则已斩之矣。郤子因曰："胡不以徇？"其仆曰："曩不将救之乎？"郤子曰："吾敢不分谤乎？"

或曰：郤子言不可不察也，非分谤也。韩子之所斩也，若罪人，不可救，救罪人，法之所以败也，法败则国乱；若非罪人，则劝之以徇[②]，劝之以徇是重不辜也，重不辜，民所以起怨者也，民怨则国危。郤子之言非危则乱，不可不察

① "宜刑"，底本原无，据赵本、凌本补。

② "徇"，原作"殉"，据王先慎说改。本段其他"徇"字同。

也。且韩子之所斩若罪人，郤子奚分焉？斩若非罪人，则已斩之矣，而郤子乃至，是韩子之谤已成，而郤子且后至也。夫郤子曰“以徇”，不足以分斩人之谤，而又生徇之谤，是子言分谤也？昔者纣为炮烙，崇侯、恶来又曰“斩涉者之胫”也，奚分于纣之谤？且民之望于上也甚矣，韩子弗得，且望郤子之得之也；今郤子俱弗得，则民绝望于上矣。故曰：郤子之言非分谤也，益谤也。且郤子之往救罪也，以韩子为非也，不道其所以为非而劝之以徇，是使韩子不知其过也。夫下使民望绝于上，又使韩子不知其失，吾未得郤子之所以分谤者也。

桓公解管仲之束缚而相之。管仲曰：“臣有宠矣，然而臣卑。”公曰：“使子立高、国之上。”管仲曰：“臣贵矣，然而臣贫。”公曰：“使子有三归之家。”管仲曰：“臣富矣，然而臣疏。”于是立以为仲父。霄略曰：“管仲以贱为不可以治国，故请高、国之上；以贫为不可以治富，故请三归；以疏为不可以治亲，故处仲父。管仲非贪，以便治也。”或曰：今使臧获奉君令诏卿相，莫敢不听，非卿相卑而臧获尊也，主令所加，莫敢不从也。今使管仲之治不缘桓公，是无君也，国无君不可以为治。若负桓公之威，下桓公之令，是臧获之所以信也，奚待高、国、仲父之尊而后行哉？当世之行事、都丞之下征令者，不辟尊贵，不就卑贱。故行之而法者，虽巷伯信乎卿相；行之而非法者，虽大吏诎乎民萌。今管仲不务尊主明法，而事增宠益爵，是非管仲贪欲富贵，必暗而不知术也。故曰：管仲有失行，霄略有过誉。

韩宣王问于樛留："吾欲两用公仲、公叔，其可乎？"樛留对曰："昔魏两用楼、翟而亡西河，楚两用昭、景而亡鄢[①]、郢。今君两用公仲、公叔，此必将争事而外市，则国必忧矣。"

或曰：昔者齐桓[②]公两用管仲、鲍叔，成汤两用伊尹、仲虺。夫两用臣者国之忧，则是桓公不霸，成汤不王也。湣王一用淖齿，而身[③]死乎东庙；主父一用李兑，减食而死。主有术，两用不为患；无术，两用则争，争事而外市，一则专

① "鄢"，原作"鄗"，据赵本、迂本改。
② "桓"，原作"景"，据赵本、迂本改。
③ "身"，原作"手"，据王先慎说改。

制而劫弑。今留无术以规上，使其主去两用一，是不有西河、鄗、郢之忧，则必有身死减食之患，是樛留未有善以知言也。

难二第三十七

景公过晏子曰："子宫小近市，请徙子家豫章之圃。"晏子再拜而辞曰："且婴家贫，待市食而朝暮趋之，不可以远。"景公笑曰："子家习市，识贵贱乎？"是时景公繁于刑，晏子对曰："踊贵而屦贱。"景公曰："何故？"对曰："刑多也。"景公造然变色曰："寡人其暴乎！"于是损刑五。或曰：晏子之贵踊，非其诚也，欲便辞以止多刑也。此不察治之患也。夫刑当无多，不当无少，无以不当闻，而以太多说，无术之患也。败军之诛以千百数，犹且不止；即治乱之刑如恐不胜，而奸尚不尽。今晏子不察其当否，而以太多为说，不亦妄乎？夫惜草茅者耗禾穗，惠盗贼者伤良民。今缓刑罚，行宽惠，是利奸邪而害善人也，此非所以为治也。

齐桓公饮酒醉，遗其冠，耻之，三日不朝。管仲曰："此非有国之耻也，公胡[①]其不雪之以政？"公曰："善[②]。"因发仓囷赐贫穷，论囹圄出薄罪。处三日而民歌之曰："公胡不复遗冠乎！"或曰：管仲雪桓公之耻于小人，而生桓公之耻于君子矣。使桓公发仓囷而赐贫穷，论囹圄而出薄罪，非义也，不可以雪耻，使之而义也。桓公宿义，须遗冠而后行之，则是桓公行义非为遗冠也？是虽雪遗冠之耻于小人，而亦遗义之耻于君子矣。且夫发囷仓而赐贫穷者，是赏无功也；论囹圄而出薄罪者，是不诛过也。夫赏无功则民偷幸而望于上，不诛过则民不惩而易为非，此乱之本也，安可以雪耻哉！

昔者文王侵盂、克莒、举酆，三举事而纣恶之。文王乃惧，请入洛西之地、赤壤之国方千里，以[③]解炮烙之刑，天下皆说。仲尼闻之曰：

① "胡"，原作"故"，据赵本改。
② "善"上原有"故其"二字，据赵本、迂本删。
③ "以"下原有"请"字，据王先慎说删。

"仁哉文王！轻千里之国而请解炮烙之刑。智哉文王！出千里之地而得天下之心。"

或曰：仲尼以文王为智也，不亦过乎？夫智者，知祸难之地而辟之者也，是以身不及于患也。使文王所以见恶于纣者，以其不得人心耶？则虽索人心以解恶可也。纣以其大得人心而恶之，己又轻地以收人心，是重见疑也，固其所以桎梏囚于羑里也。郑长者有言："体道，无为无见也。"此最宜于文王矣，不使人疑之也。仲尼以文王为智，未及此论也。

晋平公问叔向曰："昔者齐桓公九合诸侯，一匡天下，不识臣之力也？"叔向对曰："管仲善制割，宾胥无善削缝，隰朋善纯缘，衣成，君举而服之，亦臣之力也，君何力之有？"师旷伏琴而笑之。公曰："太师奚笑也？"师旷对曰："臣笑叔向之对君也。凡为人臣者，犹炮宰和五味而进之君，君弗食，孰敢强之也？臣请譬之：君者，壤地也；臣者，草木也。必壤地美，然后草木硕大，亦君之力，臣何力之有？"

或曰：叔向、师旷之对，皆偏辞也。夫一匡天下，九合诸侯，美之大者也，非专君之力也，又非专臣之力也。昔者宫之奇在虞，僖负羁在曹，二臣之智，言中事，发中功，虞、曹俱亡者何也？此有其臣而无其君者也。且蹇叔处干而干亡，秦而秦霸，非蹇叔愚于干而智于秦也，此有君与无臣也。向曰“臣之力也”，不然矣。昔者桓公宫中二市，妇闾二百，被[①]发而御妇人。得管仲为五伯长，失管仲得竖刁而身死，虫流出尸不葬。以为非臣之力也，且不以管仲为霸；以为君之力也，且不以竖刁为乱。昔者晋文公慕于齐女而亡归，咎犯极谏，故使反晋国。故桓公以管仲合，文公以[②]舅犯霸，而师旷曰“君之力也”，又不然矣。凡五霸所以能成功名于天下者，必君臣俱有力焉。故曰：叔向、师旷之对，皆偏辞也。

齐桓公之时，晋客至，有司请礼，桓公曰“告仲父”者三。而优笑曰：“易哉，为君！一曰‘仲父’，二曰‘仲父’。”桓公曰：“吾闻君人者劳于索人，佚于使人。吾得仲父已难矣，

① “被”，原作“披”，据赵本、迂本改。
② “以”，底本原无，据赵本、迂本补。

得仲父之后，何为不易乎哉？”

或曰：桓公之所应优，非君人者之言也。桓公以君人为劳于索人，何索人为劳哉？伊尹自以为宰干汤，百里奚自以为虏干穆公。虏，所辱也；宰，所羞也。蒙羞辱而接君上，贤者之忧世急也。然则君人者无逆[①]贤而已矣，索贤不为人主难。且官职所以任贤也，爵禄所以赏功也。设官职，陈爵禄，而士自至，君人者奚其劳哉？使人又非所佚也。人主虽使人，必度量准之，以刑名参之；以事遇于法则行，不遇于法则止；功当其言则赏，不当则诛。以刑名收臣，以度量准下，此不可释也，君人者焉佚哉？索人不劳，使人不佚，而桓公曰“劳于索人，佚于使人”者，不然。且桓公得[②]管仲又不难。管仲不死其君而归桓公，鲍叔轻官让能而任之，桓公得管仲又不难，明矣。已得管仲之后，奚遽易哉？管仲非周公旦。周公旦假为天子七年，成王壮，授之以政，非为天下计也，为其职也。夫不夺子而行天

① “逆”，原作“道”，据赵本、迂本改。

② “得”，底本原无，据赵本、迂本补。

下者，必不背死君而事其仇；背死君而事其仇者，必不难夺子而行天下；不难夺子而行天下者，必不难夺其君国矣。管仲，公子纠之臣也，谋杀桓公而不能，其君死而臣桓公。管仲之取舍非周公旦，未可知也。若使管仲大贤也，且为汤、武。汤、武[①]，桀、纣之臣也，桀、纣作乱，汤、武夺之。今桓公以易居其上，是以桀、纣之行居汤、武之上，桓公危矣。若使管仲不肖人也，且为田常。田常，简公之臣也，而弑其君。今桓公以易居其上，是以简公之易居田常之上也，桓公又危矣。管仲非周公旦以明矣，然为汤、武与田常未可知也。为汤、武有桀、纣之危，为田常有简公之乱也。已得仲父之后，桓公奚遽[②]易哉？若使桓公之任管仲，必知不欺己也，是知不欺主之臣也。然虽知不欺主之臣，今桓公以任管仲之专借竖刁、易牙，虫流出尸而不[③]葬，桓公不知臣欺主与不欺主已明矣，而任臣如彼其专也，故曰：桓公暗主。

---

① “汤武”，底本原不重，据赵本、迂本补。
② “遽”，原作“处”，据迂本改。
③ “不”，原作“作”，据赵本、迂本改。

李兑治中山，苦陉令上计而入多。李兑曰：“语言辨，听之说，不度于义，谓之窕言。无山林泽谷之利而入多者，谓之窕货。君子不听窕言，不受窕货，子[1]姑免矣！”

或曰：李子设辞曰：“夫言语辨，听之说，不度于义者，谓之窕言。”“辩”在言者，“说”在听者，言非听者也。所谓“不度于义”，非谓听者，必谓所听也。听者，非小人则君子也。小人无义，必不能度之义也；君子度之义，必不肯说也。夫曰“言语辨，听之说，不度于义”者，必不诚之言也。入多之为窕货也，未可远行也。李子之奸弗蚤禁，使至于计，是遂过也。无术以知而入多，入多者穰也，虽倍入，将奈何？举事慎阴阳之和，种树节四时之适，无早晚之失、寒温之灾，则入多。不以小功妨大务，不以和私欲害人事，丈夫尽于耕农，妇人力于织纴，则入多。务于畜养之理，察于土地之宜，六畜遂，五谷殖，则入多。明于权计，审于地形舟车机械之利，用力少，致功大，则入多。利商市

① “子”，原作“之”，据赵本、迂本改。

关梁之行，能以所有致所无，客商归之，外货留之，俭于财用，节于衣食，宫室器械周于资用，不事玩好，则入多。入多，皆人为也。若天事，风雨时，寒温适，土地不加大，而有丰年之功，则入多。人事、天功二物者皆入多，非山林泽谷之利也。夫“无山林泽谷之利入多”，因谓之“窕货”者，无术之言[①]也。

赵简子围卫之郛郭，犀楯犀橹，立于矢石之所不[②]及，鼓之而士不起。简子投枹曰：“乌乎！吾之士数弊也。”行人烛过免胄而对曰：“臣闻之，亦有君之不能耳，无弊者。昔者吾先君献公并国十七，服国三十八，战十有二胜，是民之用也。献公没，惠公即位，淫衍暴乱，身好玉女，秦人恣侵，去绛十七里，亦是人之用也。惠公没，文公授之，围卫，取邺，城濮之战，五败荆人，取尊名于天下，亦此人之用也。亦有君不能士耳，士无弊也。”简子乃去楯橹，立矢石之所及，鼓之而士乘之，战大胜。简子曰：“与吾得

① “言”，原作“害”，据赵本、迂本改。
② “不”，底本原无，据王先慎说补。

革车千乘，不如闻行人烛过之一言也。”

或曰：行人未有以说也，乃道惠公以此人是败，文公以此人是霸，未见[1]所以用人也，简子未可以速去楯[2]橹也。严亲在围，轻犯矢石，孝子之所爱亲也。孝子爱亲，百数之一也。今以为身处危而人尚可战，是以百族之子于上皆若[3]孝子之爱亲也，是行人之诬也。好利恶害，夫人之所有也。赏厚而信，人轻敌矣；刑重而必，失人不比矣。长行徇上，数百不一失；喜利畏罪，人莫不然。将众者不出乎莫不然之数，而道乎百无失人之行，行[4]人未知众之道也。

---

① “见”，原作“死”，据赵本、迂本改。
② “楯”，原作“胁”，据赵本改。
③ “若”，原作“善”，据赵本改。
④ “行”，底本原无，据赵本、迂本补。

卷十六

难三第三十八

鲁穆公问于子思曰："吾闻庞㯏氏之子不孝，其行奚如？"子思对曰："君子尊贤以崇德，举善以观民。若夫过行，是细人之所识也，臣不知也。"子思出。子服厉伯入见，问[①]庞㯏氏子，子服厉伯对曰："其过三，皆君之所未尝闻。"自是之后，君贵子思而贱子服厉伯也。

或曰：鲁之公室，三世劫于季氏，不亦宜乎？明君求善而赏之，求奸而诛之，其得之一也。故以善闻之者，以说善同于上者也；以奸闻之者，以恶奸同于上者也。此宜赏誉之所及[②]也。不以奸闻，是异于上而下比周于奸者也，此宜毁罚之所及也。今子思不以过闻，而穆公贵

① "问"，底本原无，据赵本、迂本补。
② "及"，原作"力"，据赵本改。

之；厉伯以奸闻，而穆公贱之。人情皆喜贵而恶贱，故季氏之乱成而不上闻，此鲁君之所以劫也。且此亡王之俗，取鲁之民所以自美，而穆公独贵之，不亦倒乎？

文公出亡，献公使寺人披攻①之蒲城，披斩其祛，文公奔翟。惠公即位，又使攻之惠窦，不得也。及文公反国，披求见，公曰："蒲城之役，君令一宿，而汝即至；惠窦之难，君令三宿，而汝一宿，何其速也？"披对曰："君令不二。除君之恶，恐不堪。蒲人、翟人，余何有焉？今公即位，其无蒲、翟乎？且桓公置射钩而相管仲。"君乃见之。

或曰：齐、晋绝祀，不亦宜乎？桓公能用管仲之功，而忘射钩之怨；文公能听寺人之言，而弃斩祛之罪。桓公、文公能容二子者也。后世之君明不及二公，后世之臣贤不如二子。不忠之臣以事不明之君，君不知则有燕操、子罕、田常之贼，知之则以管仲、寺人自解。君必不诛而自

① "攻"，原作"功"，据赵本、迂本改。下句"攻"字同。

以为有桓、文之德，是臣仇而明不能烛，多假之资，自以为贤而不戒，则虽无后嗣，不亦可乎？且寺人之言也，直饰君令而不贰者，则是贞于君也。死君后生臣不愧，而复为贞。今惠公朝卒而暮事文公，寺人之"不贰"何如？

人有设桓公隐者，曰："一难，二难，三难，何也？"桓公不能射[①]，以告管仲。管仲对曰："一难也，近优而远士。二难也，去其国而数之海。三难也，君老而晚置太子。"桓公曰："善。"不择日而庙礼太子。

或曰：管仲之射隐，不得也。士之用不在近远，而俳优侏儒固人主之所与燕也，则近优而远士而以为治，非其难者也。夫处世而不能用其有，而悖不去国，是以一人之力禁一国。以一人之力禁一国者，少能胜之。明能照远奸而见隐微，必行之令，虽远于海，内必无变。然则去国之海而不劫杀，非其难者也。楚成王置商臣以为太子，又欲置公子职，商臣作难，遂弑成王。公子宰，周太子也，公子根有宠，遂以东州反，分

① "射"，原作"对"，据迂本改。

而为两国。此皆非晚置太子之患也。夫分势不二，庶孽卑，宠无藉，虽处大臣，晚置太子可也。然则晚置太子，庶孽不乱，又非其难也。物之所谓难者，必借人成势而勿侵害己，可谓一难也。贵妾不使二后，二难也。爱孽不使危正適，专听一臣而不敢隅君，此则可谓三难也。

叶公子高问政于仲尼，仲尼曰："政在悦近而来远。"哀公问政于仲尼，仲尼曰："政在选贤。"齐景公问政于仲尼，仲尼曰："政在节财。"三公出，子贡问曰："三公问夫子政一也，夫子对之不同，何也？"仲尼曰："叶都大而国小，民有背心，故曰'政在悦近而来远'。鲁哀公有大臣三人，外障距诸侯四邻之士，内比周而以愚其君，使宗庙不扫除，社稷不血食者，必是三臣也，故曰'政在选贤'。齐景公筑雍门，为路寝，一朝而以三百乘之家赐者三，故曰'政在节财'。"

或曰：仲尼之对，亡国之言也。恐民有倍心，而说[1]之"悦近而来远"，则是教民怀惠。

① "说"上原有"诚"字，据赵本、迂本删。

惠之为政，无功者受赏，而有罪者免，此法之所以败也。法败而乱，以乱政治败民，未见其可也。且民有倍心者，君上之明有所不及也。不绍叶公之明，而使之悦近而来远，是舍吾势之所能禁而使与不行惠以争民，非能持势者也。夫尧之贤，六王之冠也，舜一从而咸包，而尧无天下矣。有人无术以禁下，恃为舜而不失其民，不亦无术乎？明君见小奸于微，故民无大谋；行小诛[1]于细，故民无大乱。此谓“图难于其所易也，为大者于其所细也”。今有功者必赏，赏者不得君，力之所致也；有罪者必诛，诛者不怨上，罪之所生也。民知诛罚之皆起于身也，故疾功利于业，而不受赐于君。“太上，下智有之。”此言太上之下民无说也，安取怀惠之民？上君之民无利害，说以“悦近来远”，亦可舍已。哀公有臣外障距内比周以愚其君，而说之以“选贤”，此非功伐之论也，选其心之所谓贤者也。使哀公知三子外障距内比周也，则三子不一日立矣。哀公不知选贤，选其心之所谓贤，故三

① “诛”，原作“谋”，据赵本、迂本改。

子得任事。燕子哙贤子之而非孙卿，故身死为僇。夫差智太宰嚭而愚子胥，故灭于越。鲁君不必知贤，而说以“选贤”，是使哀公有夫差、燕哙之患也。明君不自举臣，臣相进也；不自贤，功自徇也。论之于任，试之于事，课之于功。故群臣公政而无私，不隐贤，不进不肖。然则人主奚劳于选贤？景公以百乘之家赐，而说以“节财”，是使景公无术以享厚乐[①]，而独俭于上，未免于贫也。有君以千里养其口腹，则虽桀、纣不侈焉。齐国方三千里，而桓公以其半自养，是侈于桀、纣也；然而能为五霸冠者，知侈俭之地也。为君不能禁下而自禁者，谓之劫；不能饰下而自饰者，谓之乱；不节下而自节者，谓之贫。明君使人无私，以诈而食者禁；力尽于事，归利于上者必闻，闻者必赏；污秽为私者必知，知者必诛。然故忠臣尽忠于[②]公，民士竭力于家，百官精克于上，侈倍景公，非国之患也。然则说之以“节财”，非其急者也。夫对三公一言而三公

① “以享厚乐”，原作“使智□之侈”，据赵本、迂本改。

② “于”下原有“方”字，据赵本、迂本删。

可以无患，知下之谓也。知下明则禁于微，禁于微[①]则奸无积，奸无积则无比周，无比周则公私分，公私分则朋党散，朋党散则无外障距内比周之患。知下明则见精沐，见精沐则诛赏明，诛赏明则国不贫。故曰：一对而三公无患，知下之谓也。

郑子产晨出，过东[②]匠之闾，闻妇人之哭，抚其御之手而听之。有间，遣吏执而问之，则手绞其夫者也。异日，其御问曰："夫子何以知之？"子产曰："其声惧。凡人于其亲爱也，始病而忧，临死而惧，已死而哀。今哭已死，不哀而惧，是以知其有奸也。"

或曰：子产之治，不亦多事[③]乎？必奸待耳目之所及而后知之，则郑国之得奸者寡矣。不任典成之吏，不察参伍之政，不明度量，恃尽[④]聪明劳智虑而以知奸，不亦无术乎？且夫物众而智寡，寡不胜众，智不足以遍知物，故则因物以治

① "禁于微"，底本原不重，据赵本、迂本补。
② "东"，原作"束"，据赵本改。
③ "事"，原作"士"，据赵本、迂本改。
④ "尽"，原作"毒"，据赵本、迂本改。

物。下众而上寡，寡不胜众者，言君不足以遍知臣也，故因人以知人。是以形体不劳而事治，智虑不用而奸得。故宋人语曰："一雀过羿，必得之，则羿诬矣。以天下为之罗，则雀不失矣。"夫知奸亦有大罗，不失其一而已矣。不修其理，而以己之胸察为之弓矢，则子产诬矣。老子曰："以智治国，国之贼也。"其子产之谓矣。

秦昭王问于左右曰："今时韩、魏孰与始强？"左右对曰："弱于始也。""今之如耳、魏齐孰与曩之孟常、芒卯？"对曰："不及也。"王曰："孟常、芒卯率强韩、魏，犹无奈寡人何也！"左右对曰："甚然。"中期推琴而对曰："王之料天下过矣。夫六晋之时，知氏最强，灭范、中行，又率[1]韩、魏之兵以伐赵，灌以晋水，城之未沈者三板。知伯出，魏宣子御，韩康子为骖乘，知伯曰：'始吾不知水可以灭人之国，吾乃今知之。汾水可以灌安邑，绛水可以灌平阳。'魏宣子肘韩康子，康子践宣子之足，肘足接乎车上而知氏分于晋阳之下。今足下

① "又率"，原作"而从"，据王先慎说改。

虽强，未若知氏，韩、魏虽弱，未至如其晋阳之下也。此天下方用肘足之时，愿王勿易之也。”

或曰：昭王之问也有失，左右、中期之对也有过。凡明主之治国也，任其势。势不可害，则虽强天下无奈何也，而况孟常、芒卯、韩、魏能奈我何？其势可害也，则不肖如耳、魏齐及韩、魏犹能害之。然则害与不侵，在自恃而已矣，奚问乎？自[1]恃其不可侵，强与弱奚其择焉？夫不能[2]自恃，而问其奈何也，其不侵也幸矣。申子曰：“失之数而求之信，则疑矣。”其昭王之谓也。知伯无度，从韩康、魏宣而图以水灌灭其国，此知伯之所以国亡而身死，头为饮杯之故也。今昭王乃问孰与始强，其畏有水人之患乎？虽有左右，非韩、魏之二子也，安有肘足之事？而中期曰“勿易”，此虚言也。且中期之所官，琴瑟也。弦不调，弄不明，中期之任也，此中期所以事昭王者也。中期善承其任，未慊昭王也，而为所不知，岂不妄哉？左右对之曰“弱于始”

① “自”，原作“曰”，据迁本改。
② “夫不能”，原作“夫在不”，据赵本、迁本改。

与“不及”则可矣，其曰“甚然”则谀也。申子曰：“治不逾官，虽知不言。”今中期不知而尚言之，故曰：昭王之问有失，左右、中期之对皆有过也。

管子曰：“见其可，说之有证；见其不可，恶之有形。赏罚信于所见，虽所不见，其敢为之乎？见其可，说之无[①]证；见其不可，恶之无形。赏罚不信于所见，而求所不见之外，不可得也。”

或曰：广廷严居，众人之所肃也；宴室独处，曾、史之所僈也。观人之所肃，非行情也。且君上者，臣下之所为饰也。好恶在所见，臣下之饰奸物以愚其君，必也。明不能烛远奸、见隐微，而待之以观饰行、定赏罚，不亦弊乎？

管子曰：“言于室满于室，言于堂满于堂，是谓天下王。”

或曰：管仲之所谓言室满室、言堂满堂者，非特谓游戏饮食之言也，必谓大物也。人主之大物，非法则术也。法者，编著之图籍，设之于官

① “无”下原有“说”字，据赵本、迂本删。

府，而布之于百姓者也。术者，藏之于胸中，以偶众端，而潜御群臣者也。故法莫如显，而术不欲见。是以明主言法，则境内卑贱莫不闻知也，不独满于堂；用术，则亲爱近习莫之得闻也，不得满室。而管子犹曰“言于室满室，言于堂满堂”，非法术之言也。

难四第三十九

卫孙文子聘于鲁，公登亦登。叔孙穆子趋进曰：“诸侯之会，寡君未尝后卫君也。今子不后寡君一等，寡君未知所过也。子其少安。”孙子无辞，亦无悛容。穆子退而告人曰：“孙子必亡。亡臣而不后君，过而不悛，亡之本也。”

或曰：天子失道，诸侯伐之，故有汤、武。诸侯失道，大夫伐之，故有齐、晋。臣而伐君者必亡，则是汤、武不王，晋、齐不立也。孙子君于卫，而后不臣于鲁，臣之君也。君有失也，故臣有得也。不命亡于有失之君，而命亡于有得之臣，不察。鲁不得诛卫大夫，而卫君之明不知不悛之臣，孙子虽有是二也，臣以亡？其所以亡其失，所以得君也。

或曰：臣主之施，分也。臣能夺君者，以得相踦也。故非其分而取者，众之所夺也；辞其分而取者，民之所予也。是以桀索岷山之女，纣求比干之心，而天下离[①]；汤身易名，武身受詈，而海内服；赵咺走山，田外仆，而齐、晋从。则汤、武之所以王，齐、晋之所以立，非必[②]以其君也，彼得之而后以君处之也。今未有其所以得，而行其所以处，是倒义而逆德也。倒义，则事之所以败也；逆德，则怨之所以聚也。败亡之不察，何也？

鲁阳虎欲攻三桓，不克而奔齐，景公礼之。鲍文子谏曰："不可。阳虎有宠于季氏而欲伐于季孙，贪其富也。今君富于季孙，而齐大于鲁，阳虎所以尽诈也。"景公乃囚阳虎。或曰：千金[③]之家，其子不仁，人之急利甚也。桓公，五

① "离"，原作"谓"，据赵本、迂本改。
② "非必"，原作"心非"，据赵本、迂本改。
③ "金"，原作"食"，据赵本、迂本改。

伯之上也，争国而杀其兄，其利大也。臣主之间，非兄弟之亲也，劫杀之功，制万乘而享大利，则群臣孰非阳虎也？事以微巧成，以疏拙败。群臣之未起难也，其备未具也。群臣皆有阳虎之心，而君上不知，是微而巧也。阳虎贪于天下，以欲攻上，是疏而拙也。不使景公加诛于拙虎，是鲍文子之说反也。臣之忠诈，在君所行也。君明而严则群臣忠，君懦而暗则群臣诈。知微之谓明，无救赦之谓严。不知齐之巧臣，而诛鲁之成乱，不亦妄乎？

或曰：仁贪不同心。故公子目夷辞宋，而楚商臣弑父；郑去疾予弟，而鲁桓弑兄。五伯兼并，而以桓律人，则是皆无贞廉也。且君明而严，则群臣忠。阳虎为乱于鲁，不成而走，入齐而不诛，是承为乱也。君明则诛，知阳虎之可以济乱也，此见微之情也。语曰：“诸侯以国为亲。”君严则阳虎之罪不可失，此无救赦之实也。则诛阳虎，所以使群臣忠也。未知齐之巧臣而废明乱之罚，责于未然而不诛昭昭之罪，此则妄矣。今诛鲁之罪乱，以威群臣之有奸心者，而可以得季、孟、叔孙之亲，鲍文之说，何以为反？

郑伯将以高渠弥为卿，昭公恶之，固谏不听。及昭公即位，惧其杀己也，辛卯，弑昭公而立子亶也。君子曰："昭公知所恶矣。"公子圉曰："高伯其为戮乎，报[①]恶已甚矣！"

或曰：公子圉之言也，不亦反乎？昭公之及于难者，报恶晚也。然则高伯之晚于死者，报恶甚也。明君不悬怒，悬怒则臣罪，轻举以行计，则人主危。故灵台之饮，卫侯怒而不诛，故褚[②]师作难；食鼋之羹，郑君怒而不诛，故子公杀君。君子之举"知所恶"，非甚之也，曰知之若是其明也，而不行诛焉，以及于死，故曰[③]"知所恶"，以见其无权也。人君非独不足于见难而已，或不足于断制。今昭公见恶稽罪而不诛，使渠弥含憎惧死以侥幸，故不免于杀，是昭公之报恶不甚也。

或曰：报恶甚者，大诛报小罪。大诛小罪也者，狱之至也。狱之患，故非在所以诛也，以仇之众也。是以晋厉公灭三郤而栾、中行作难，郑

① "报"，原作"执"，据赵本、迂本改。
② "褚"，原作"楮"，据赵本改。
③ "曰"，底本原无，据赵本、迂本补。

子都杀伯咺而食鼎起祸[1]，吴王诛子胥而越勾践成霸。则卫侯之逐，郑灵之弑，不以褚师之不死而子公[2]之不诛也，以未可以怒而有怒之色，未可诛而有诛之心。怒其当罪，而诛不逆人心，虽悬奚害？夫未立有罪，即位之后，宿罪而诛，齐故胡之所以灭也。君行之臣，犹有后患，况为臣而行之君乎？诛既不当，而以尽为心，是与天下有仇也，则虽为戮，不亦可乎！

卫灵之时，弥子瑕有宠于卫国，侏儒有见公者曰："臣之梦浅矣。"公曰："奚梦？""梦见灶者，为见公也。"公怒曰："吾闻人主者梦见日，奚为见寡人而梦见灶乎？"侏儒曰："夫日兼照天下，一物不能当也；人君兼照一国，一人不能壅也。故将见人主而梦日也。夫灶，一人炀焉，则后人无从见矣。或者一人炀君邪？则臣虽梦灶，不亦可乎？"公曰："善。"遂去雍鉏，退弥子瑕，而用司空狗。

或曰：侏儒善假于梦以见主道矣，然灵公

① "祸"，原作"福"，据赵本改。

② "子公"，原作"公父"，据赵本、迂本改。

不知侏儒之言也。“去雍钼，退弥子瑕，而用司空狗”者，是去所爱而用所贤也。郑子都贤庆建而壅焉，燕子哙贤子之而壅焉。夫去所爱而用所贤，未免使一人炀己也。不肖者炀主，不足以害明，今不加知而使贤者炀主，己则必危[1]矣。

或曰：屈到嗜芰，文王嗜菖蒲菹，非正味也，而二贤尚之，所味不必美。晋灵侯说参无恤，燕哙贤子之，非[2]正士也，而二君尊之，所贤不必贤也。非贤而贤用之，与爱而用之同；贤诚贤而举之，与用所爱异状。故楚庄举叔孙而霸，商辛用费仲而灭，此皆用所贤而事相反也。燕哙虽举所贤，而同于用所爱，卫奚距然哉？则侏儒之未可见也。君壅而不知其壅也。已见之后而知其壅也，故退壅臣，是加知之也。曰“不加知而使贤者炀己，则必危”，而今以加知矣，则虽炀己，必不危矣。

---

① “必危”，原作“贤”，据赵本、迂本改。

② “非”上原有“之”字，据迂本删。

卷十七

难势第四十

慎子曰："飞龙乘云，腾蛇游雾，云罢雾霁，而龙蛇与螾蚁同矣，则失其所乘也。贤人而诎于不肖者，则权轻位卑也；不肖而能服于贤者，则权重位尊也。尧为匹夫，不能治三人；而桀为天子，能乱天下。吾以此知势位之足恃，而贤智之不足慕也。夫弩弱而矢高者，激于风也；身不肖而令行者，得助于众也。尧教于隶属而民不听，至于南面而王天下，令则行，禁则止。由此观之，贤智未足以服众，而势位足以诎[①]贤者也。"

应慎子曰：飞龙乘云，腾蛇游雾，吾不以龙蛇为不托于云雾之势也。虽然，夫释[②]贤而专

① "诎"，原作"缶"，据王先慎说改。
② "释"，原作"择"，据王先慎说改。

任势，足以为治乎？则吾未得见也。夫有云雾之势而能乘游之者，龙蛇之材美之也。今云盛而螾弗能乘也，雾醲而蚁不能游也，夫有盛云醲雾之势而不能乘游者，螾蚁之材薄也。今桀、纣南面而王天下，以天子之威为之云雾，而天下不免乎大乱者，桀、纣之材薄也。且其人以尧之势以治天下也，其势何以异桀之势也乱天下者也。夫势者，非能必使贤者用己，而不肖者不用己也。贤者用之则天下治，不肖者用之则天下乱。人之情性，贤者寡而不肖者众，而以威势之利济乱世之不肖人，则是以势乱天下者多矣，以势治天下者寡矣。夫势者，便治而利乱者也。故《周书》曰："毋为虎傅翼，飞入邑，择人而食之。"夫乘不肖人于势，是为虎傅翼也。桀、纣为高台深池以尽民力，为炮烙以伤民性，桀、纣得乘四行者，南面之威为之翼也。使桀、纣为匹夫，未始行一而身在刑戮矣。势者，养虎狼之心而成暴[1]乱之事者也，此天下之大患也。势之于治乱，本末有位也，而语专言势之足以治天下者，则其智

① "暴"下原有"风"字，据赵本、迂本删。

之所至者浅矣。夫良马固车，使臧获御之则为人笑，王良御之而日取千里。车马非异也，或至乎千里，或为人笑，则巧[1]拙相去远矣。今以国位为车，以势为马，以号令为辔，以刑罚为鞭策，使尧、舜御之则天下治，桀、纣御之则天下乱，则贤不肖相去远矣。夫欲追速致远，不知任王良；欲进利除害，不知任贤能。此则不知类之患也。夫尧、舜亦治民之王良也。

复应之曰：其人以势为足恃以治官。客曰"必待贤乃治"，则不然矣。夫势者，名一而变无数者也。势必于自然，则无为言于势矣；吾所为言势者，言人之所设也。夫尧[2]、舜生而在上位，虽有十桀、纣不能乱者，则势治也；桀、纣亦生而在上位，虽有十尧、舜而亦不能治者，则势乱也。故曰："势治者则不可乱，而势乱者则不可治也。"此自然之势也，非人之所得设也。若吾所言，谓人之所得势也而已矣，贤何事焉？何以明其然也？客曰："人有鬻矛与盾者，誉其

---

① "巧"，底本原无，据赵本、迂本补。

② "尧"，原作"圣"，据赵本、迂本改。

盾之坚：‘物莫能陷也。’俄而又誉其矛曰：‘吾矛之利，物无不陷也。’人应之曰：‘以子之矛，陷子之盾，何如？’其人弗能应也。”以为不可陷之盾与无不陷之矛，为名不可两立也。夫贤之为势不可禁，而势之为道也无不禁，以不可禁之势，此矛盾之说也。夫贤势之不相容亦明矣。且夫尧、舜、桀、纣千世而一出，是比肩随踵而生也。世之治者不绝于中，吾所以为言势者，中也。中者，上不及尧、舜而下亦不为桀、纣，抱法处势则治，背法去势则乱。今废势背法而待尧、舜，尧、舜至乃治，是千世乱而一治也；抱法处势而待桀、纣，桀、纣至乃乱，是千世治而一乱也。且夫治千而乱一，与治一而乱千也，是犹乘骥駬而分驰也，相[1]去亦远矣。夫弃隐栝之法，去度量之数，使奚仲为车，不能[2]成一轮；无庆赏之劝，刑罚之威，释势委法，尧、舜户说而人辨之，不能治三家。夫势之足用亦明矣，而曰“必待贤”，则亦然矣。且夫百日不食

① “相”，原作“扬”，据赵本、迂本改。
② “能”，原作“使”，据赵本、迂本改。

以待粱肉，饿者不活；今待尧、舜之贤乃治当世之民，是犹待粱肉而救饿之说也。夫曰"良马固车，臧获御之则为人笑，王良御之则日取乎千里"，吾不以为然。夫待越人之善海游者以救中国之溺人，越人善游矣，而溺者不济矣。夫待古之王良以驭今之马，亦犹越人救溺之说也，不可亦明矣。夫良马固车，五十里而一置，使中手御之，追速致远，可以及也，而千里可日致也，何必待古之王良乎？且御非使王良也，则必使臧[①]获败之；治非使尧、舜也，则必使桀、纣乱之。此味非饴蜜也，必苦莱、亭历也。此则积辩累辞，离理失术，两未之议也，奚可以难夫道理之言乎哉？客议未及此论也。

① "臧"，原作"仓"，据赵本、迂本改。

问辩第[1]四十一

或问曰："辩安生[2]乎？"对曰："生于上之不明也。"问者曰："上之不明，因生辩也，何哉？"对曰："明主之国，令者，言最贵者也；法者，事最适者也。言无二贵，法不两适，故言行而不轨于法令者必禁。若其无法令而可以接诈应变、生利揣事者，上必采其言而责其实，言当则有大利，不当则有重罪，是以愚者畏罪而不敢言，智者无以讼，此所以无辩之故也。乱世则不然，主上[3]有令而民以文学非之，官府有法民以私行矫之，人主顾渐其法令而尊学者之智行，此世之所以多文学也。夫言行者，以功用为之的彀者也。夫砥砺杀矢而以妄发，其端未尝不

① "第"，底本原无，据赵本补。
② "生"，原作"在"，据迂本改。
③ "上"，底本原无，据赵本、迂本补。

中秋毫也，然而不可谓善射者，无常仪的也。设五寸之的，引十步之远，非羿、逄蒙不能必中者，有常也。故有常则羿、逄蒙以五寸的为巧，无常则以妄发之中秋毫为拙。今听言观行，不以功[①]用为之的彀，言虽至察，行虽至坚，则妄发之说也。是以乱世之听言也，以难知为察，以博文为辩；其观行也，以离群为贤，以犯上为抗。人主者说辩察之言，尊贤抗之行，故夫作法术之人，立取舍之行，别辞争之论，而莫为之正。是以儒服带剑者众，而耕战之士寡；坚白无厚之词章，而宪令之法息。故曰："上不明则辩生焉。"

问田第四十二

徐渠问田鸠曰："臣闻智士不袭下而遇君，

① "功"，原作"公"，据迁本改。

圣人不见功而接上。今阳成义渠，明将也，而措于毛伯；公孙亶回，圣相也，而关于州部，何哉？”田鸠曰：“此无他故异物，主有度、上有术之故也。且足下独不闻楚将宋觚而失其政，魏相冯离而亡其国？二君者驱于声词，眩乎辩说，不试于毛伯，不关乎州部，故有失政亡国之患。由是观之，夫无毛伯之试，州部之关，岂明主之备哉！”

堂谿公谓韩子曰：“臣闻服礼辞让，全之术也；修行退智，遂之道也。今先生立法术，设度数，臣窃以为危于身而殆于躯。何以效之？所闻先生术曰：‘楚不用吴起而削乱，秦行商君而富强。二子之言已当矣，然而吴起支解而商君车裂者，不逢世遇主之患也。’逢遇不可必也，患祸不可斥也，夫舍乎全遂之道而肆乎危殆之行，窃为先生无取焉。”韩子曰：“明先生之言矣。夫治天下之柄，齐民萌之度，甚未易处也。然所以废先王之教，而行贱臣之所取者，窃以为立法术，设度数，所以利民萌便众庶之道也。故不惮乱主暗上之患祸，而必思以齐民萌之资利者，仁智之行也。惮乱主暗上之患祸，而避乎死亡之害，知明而不见民萌之资夫科身者，贪鄙之为也。臣不忍向贪鄙之为，不敢伤仁智之行。先生[①]有幸臣之意，然有大伤臣之实。”

定法第四十三

问者曰：“申不害、公孙鞅，此二家之言孰急于国？”应之曰：“是不可程也。人不食，十日则死；大寒之隆，不衣亦死。谓之衣食孰急于人，则是不可一无也，皆养生之具也。今申不害言术，而公孙鞅为法。术者，因任而授官，循名而责实，操杀生之柄，课群臣之能者也，此人主之所执也。法者，宪令著于官府，刑罚必于民心，赏存乎慎法，而罚加乎奸令者也，此臣之所师也。君无术则弊于上，臣无法则乱于下，此不可一无，皆帝王之具也。”

① “生”，原作“王”，据迂本改。

问者曰："徒术而无法，徒法而无术，其不可何哉？"对曰："申不害，韩昭侯之佐也。韩者，晋之别国也。晋之故法未息，而韩之新法又生；先君之令未收，而后君之令又下。申不害不擅其法，不一其宪令，则奸多。故利在故法前令则道之，利在新法后令则道之，利在故新相反，前后相勃，则申不害虽十使昭侯用术，而奸臣犹有所谲其辞矣。故托万乘之劲韩，七十年而不至于霸王者，虽用术于上，法不勤饰于官之患也。公孙鞅之治秦也，设告相坐而责其实，连什伍而同其罪，赏厚而信，刑重而必，是以其民用力劳而不休，逐敌危而不却，故其国富而兵强。然而无术以知奸，则以其富强也资人臣而已矣。及孝公、商君死，惠王即位，秦法未败也，而张仪以秦殉韩、魏。惠王死，武王即位，甘茂以秦殉周。武王死，昭襄王即位，穰侯越韩、魏而东攻齐，五年而秦不益尺土之地，乃成[1]其陶邑之封。应侯攻韩八年，成其汝南之封。自是以来，诸用秦者皆应、穰之类也。故战胜则大臣尊，

---

① "成"，原作"城"，据王先慎说改。

益地则私封立，主无术以知奸也。商君虽十饰其法，人臣反用其资。故乘强秦之资数十年而不至于帝王者，法虽[①]勤饰于官，主无术于上之患也。”

问者曰：“主用申子之术，而官行商君之法，可乎？”对曰：“申子未尽于法也。申子言：‘治[②]不逾官，虽知弗[③]言。’治[④]不逾官，谓之守职也可；知而弗言，是不谓过也。人主以一国目视，故视莫明焉；以一国耳听，故听莫聪焉。今知而弗言，则人主尚安假借矣？商君之法曰：‘斩一首者爵一级，欲为官者为五十石之官；斩二首者爵二[⑤]级，欲为官者为百石之官。’官爵之迁与斩首之功相称也。今有法曰：斩首者令为医匠，则屋不成而病不已。夫匠者手巧也，而医者齐药也，而以斩首之功为之，则不当其能。今治官者，智能也；今斩首者，勇力之所加。而治者智能之官，是以斩首之功为医匠

① “虽”，原作“不”，据王先慎说改。
② “治”，底本原无，据赵本、迂本补。
③ “弗”，底本原无，据赵本、迂本补。
④ “治”，原作“法”，据赵本、迂本改。
⑤ “二”，原作“一”，据王先慎说改。

也。故曰：二子之于法术，皆未尽善也。”

说疑第四十四

凡治之大者，非谓其赏罚之当也。赏无功之人，罚不辜之[1]民，非所谓明也。赏有功，罚有罪，而不失其人，方在于人者也，非能生功止过者也。是故禁奸之法：太上禁其心，其次禁其言，其次禁其事。今世皆曰“尊主安国者，必以仁义智能”，而不知卑主危国者之必以仁义智能也。故有道之主，远仁义，去智能，服之以法。是以誉广而名威，民治而国安，知用民之法也。凡术也者，主之所以执也；法也者，官之所以师也。然使郎中日闻道于郎门之外，以至于境内日见法，又非其难者也。

昔者有扈氏有失度，讙兜氏有孤男，三苗有

① “之”，底本原无，据赵本、迂本补。

成驹，桀有侯侈，纣有崇侯虎，晋有优施，此六人者，亡国之臣也。言是如非，言非如是，内险以贼，其外小谨，以征其善；称道往古，使良事沮；善禅其主，以集精微，乱之以其所好：此夫郎中左右之类者也。往世之主，有得人而身安国存者，有得人而身危国亡者，得人之名一也，而利害相千万也，故人主左右不可不慎也。为人主者诚明于臣之所言，则别贤不肖如黑白矣。

若夫许由、续牙、晋伯阳、秦颠颉、卫侨如、狐不稽、重明、董不识、卞随、务光、伯夷、叔齐，此十二人者，皆上见利不喜，下临难不恐，或与之天下而不取，有萃辱之名，则不乐食谷之利。夫见利不喜，上虽厚赏无以劝之；临难不恐，上虽严刑无以威之：此之谓不令之民也。此十二者，或伏死于窟穴，或槁死于草木，或饥饿于山谷，或沉溺于水泉。有如此，先古圣王皆不能臣，当今之世，将安用之？

若夫关龙逢、王子比干、随季梁、陈泄冶、楚申胥、吴子胥，此六人者，皆疾争强谏以胜其君。言听事行，则如师徒之势；一言而不听，一事而不行，则陵其主以语，待之以其身，虽死家破，要领不属，手足异处，不难为也。如此臣者，先古圣王皆不能忍也，当今之时，将安用之？

若夫齐田恒、宋子罕、鲁季孙意如、晋侨如、卫子南劲、郑太宰欣、楚白公、周单荼、燕子之，此九人者之为其臣也，皆朋党比周以事其君，隐正道而行私曲，上逼君，下乱治，援外以挠内，亲下以谋上，不难为也。如此臣者，唯圣王智主能禁之，若夫昏乱之君，能见之乎？

若夫后稷、皋陶、伊尹、周公旦、太公望、管仲、隰朋、百里奚、蹇叔、舅犯、赵衰[①]、范蠡、大夫种、逢同、华登，此十五人者为其臣也，皆夙兴夜寐，卑身贱体，竦心白意，明刑辟、治官职以事其君，进善言、通道法而不敢矜其善，有成功立事而不敢伐其劳，不难破家以便国，杀身以安主，以其主为高天泰山之尊，而以其身为壑谷鬴洧之卑，主有明名广誉于国，而身不难受壑谷鬴洧之卑。如此臣者，虽当昏乱之主尚可致功，况于显明之主乎？此谓霸王之佐也。

若夫周滑之、郑王孙申、陈公孙宁、仪行

① “衰”，原作“襄”，据迂本改。

父、荆芋尹申亥、随少师、越种干、吴王孙頟、晋阳成泄、齐竖刁、易牙，此十二人者之为其臣也，皆思小利而忘法义，进则掩蔽贤良以阴暗其主，退则挠乱百官而为祸难，皆辅其君，共其欲，苟得一说于主，虽破国杀众，不难为也。有臣如此，虽当圣王尚恐夺之，而况昏乱之君，其能无失乎？有臣如此者，皆身死国亡，为天下笑。故周威公身杀，国分为二；郑子阳身杀，国分为三；陈灵公[①]身死于夏征舒氏；荆灵王死于乾溪之上；随亡于荆；吴并于越；知伯灭于晋阳之下；桓公身死七日不收。故曰：谄谀之臣，唯圣王知之，而乱主近之，故至身死国亡。

圣王明君则不然，内举不避亲，外举不避仇。是在焉，从而举之；非在焉，从而罚之。是以贤良遂进而奸邪并退，故一举而能服诸侯。其在记曰：尧有丹朱，而舜有商均，启有五观，商有太甲，武王有管、蔡。五王之所诛者，皆父兄子弟之亲也，而所杀亡其身残破其家者何也？以其害国伤民败法类也。观其所举，或在山林薮泽

---

① “公”，底本原无，据赵本、迂本补。

岩穴之间，或在囹圄缧[1]绁缠索之中，或在割烹刍牧饭牛之事。然明主不羞其卑贱也，以其能，为可以明法，便国利民，从而举之，身安名尊。

乱主则不然，不知其臣之意行，而任之以国。故小之名卑地削，大之国亡身死，不明于用臣也。无数以度其臣者，必以其众人之口断之。众之所誉，从而悦之；众之所非，从而憎之。故为人臣者破家残赇，内构党与、外接巷族以为誉，从阴约结以相固也，虚相与爵禄以相劝也。曰："与我者将利之，不与我者将害之。"众贪其利，劫其威。彼诚喜，则能利己；忌怒，则能害己。众归而民留之，以誉盈于国，发闻于主，主不能理其情，因以为贤。彼又使谲诈之士，外假为诸侯之宠使，假之以舆马，信之以瑞节，镇之以辞令，资之以币帛，使诸侯淫说其主，微挟私而公议。所为使者，异国之主也；所为谈者，左右之人也。主说其言而辩其辞，以此人者天下之贤士也。内外之于左右，其讽一而语同，大者不难卑身尊位以下之，小者高爵重禄以利之。

① "缧"，原作"绁"，据赵本、迂本改。

夫奸人之爵禄重而党与弥众，又有奸邪之意，则奸臣愈反而说之，曰："古之所谓圣君明王[1]者，非长幼弱也及以次序也，以其构党与，聚巷族，逼上弑君而求其利也。"彼曰："何知其然也？"因曰："舜逼尧，禹逼舜，汤放桀，武王伐纣，此四王者，人臣弑其君者也，而天下誉之。察四王之情，贪得人之意也；度其行，暴乱之兵也。然四王自广措也，而天下称大焉；自显名也，而天下称明焉。则威足以临天下，利足以盖世，天下从之。"又曰："以今时之所闻，田成子取齐，司城子罕取宋，太宰欣取郑，单氏取周，易牙之取卫，韩、魏、赵三子分晋，此六人，臣之弑其君者也。"奸臣闻此，蹶然举耳以为是也。故内构党与，外摅巷族，观时发事，一举而取国家。且夫内以党与劫弑其君，外以诸侯之权矫[2]易其国，隐敦适，持私曲，上禁君，下挠治者，不可胜数也。是何也？则不明于择臣也。记曰："周宣王以来，亡国数

① "王"下原有"君"字，据赵本、凌本删。
② "权矫"，原作"欢骄"，据赵本改。

十，其臣弑其君取国者众矣。”然则难之从内起与从外作者，相半也。能一尽其民力，破国杀身者，尚皆贤主也。若夫转身法易位，全众傅国，最其病也。

为人主者，诚明于臣之所言，则虽罼弋驰骋，撞钟舞女，国犹且存也；不明臣之所言，虽节俭勤劳，布衣恶食，国犹自亡也。赵之先君敬侯，不修德行，而好纵欲，适身体之所安，耳目之所乐，冬日罼弋，夏浮淫，为长夜，数日不废御觞，不能饮者以筒灌其口，进退不肃、应对不恭者斩于前。故居处饮食如此其不节也，制刑杀戮如此其无度也，然敬侯享国数十年，兵不顿于敌国，地不亏于四邻，内无君臣百官之乱，外无诸侯邻国之患，明于所以任臣也。燕君子哙，邵公奭之后也，地方数千里，持戟数千万，不安子女之乐，不听钟石之声，内不堙污池台榭，外不罼弋田猎，又亲操耒耨以修畎亩。子哙之苦身以忧民如此其甚也，虽古之所谓圣王明君者，其勤身而忧世不甚于此矣。然而子哙身死国亡，夺于子之，而天下笑之，此其何故也？不明乎所以任臣也。

故曰：人臣有五奸，而主不知也。为人臣[1]者，有侈用财货赂以取誉者，有务庆赏赐予以移众者，有务朋党徇智尊士以擅逞者，有务解免赦罪狱以事威者，有务奉下直曲、怪言、伟服、瑰称以眩民耳目者。此五者，明君之所疑也，而圣主之所禁也。去此五者，则噪诈之人不敢北面谈立，文言多、实行寡而不当法者，不敢诬[2]情以谈说。是以群臣居则修身，动则任力，非上之令不敢擅作疾言诬事，此圣王之所以牧臣下也。彼圣主明君，不适疑物以窥其臣也。见疑物而无反者，天下鲜矣。故曰：孽有拟适之子，配有拟妻之妾，廷有拟相之臣，臣有拟主之宠，此四者，国之所危也。故曰：内宠并后，外宠贰政，枝子配適，大臣拟主，乱之道也。故《周记》曰："无尊妾而卑妻，无孽適子而尊小枝，无尊嬖臣而匹上卿，无尊大臣以拟其主也。"四拟者破，则上无意、下无怪也。四拟不破，则陨身灭国矣。

---

① "臣"，原作"主"，据赵本、迂本改。
② "敢诬"，原作"诬敢"，据赵本、迂本改。

诡使第四十五

圣人之所以为治道者三：一曰利，二曰威，三曰名。夫利者所以得民也，威者所以行令也，名者上下之所同道也。非此三者，虽有不急矣。今利非无有也，而民不化；上威非不存也，而下不听从；官非无法也，而治不当名。三者非不存也，而世一治一乱者，何也？夫上之所贵与其所以为治相反也。

夫立名号所以为尊也，今有贱名轻实者，世谓高。设爵位所以为贱贵基也，而简上不求见者，世谓之贤。威利所以行令也，而无利轻威者，谓之重。法令所以为治也，而不从法令为私善者，世谓之忠。官爵所以劝民也，而好名义不进仕者，世谓之烈士。刑罚所以擅威也，而轻法不避刑戮死亡之罪者，世谓之勇夫。民之急名也，甚其求利也。如此，则士之饥饿乏绝者，焉得无岩居苦身以争名于天下哉？故世之所以不治者，非下之罪，上失其道也。常贵其所以乱，而贱其所以治，是故下之所欲，常与上之所以为治相诡也。

今下而听其上，上之所急也。而惇悫纯信，用心怯言，则[1]谓之窭。守法固，听令审，则谓之愚。敬上畏罪，则谓之怯。言时节，行中适，则谓之不肖。无二心私学[2]，听吏从教者，则谓之陋。难致，谓之正。难予，谓之廉。难禁，谓之齐。有令不听从，谓之勇。无利于上，谓之愿。少欲宽惠行德，谓之仁。重厚自尊，谓之长者。私学成群，谓之师徒。闲静安居，谓之有思。损仁逐利，谓之疾。险躁佻反覆，谓之智。先为人而后自为，类名号，言泛爱天下，谓之圣。言大本称而不可用，行而乖于世者，谓之大人。贱爵禄，不挠上者，谓之杰。下渐行如此，入则乱民，出则不便也。上宜禁其欲、灭其迹[3]而不止也，又从而尊之，是教下乱上以为治也。

---

① “则”，原作“时”，据赵本、迂本改。
② “学”下原有“吏”字，据赵本、迂本删。
③ “迹”，原作“近”，据赵本、迂本改。

凡所治者，刑罚也，今有私行义者尊。社稷之所以立者，安静也，而躁险谗谀者任。四封之内所以听从者，信与德也，而陂知倾覆者使。令之所以行，威之所以立者，恭俭听上，而岩居非世者显。仓廪之所以实者，耕农之本务也，而綦组锦绣刻书为末作者富。名之所以成，城池之所以广者，战士也，今死之孤饥饿乞于道，而优笑酒徒之属乘车衣丝。赏禄所以尽民力易下死也，今战胜攻取之士劳而赏不沾，而卜筮视手理狐虫为顺辞[①]于前者日赐。上握度量，所以擅生杀之柄也。今守度奉量之士欲以忠婴上而不得见，巧言利辞行奸轨以幸偷世者数御。据法直言，名刑相当，循绳墨，诛奸人，所以为上治也而愈疏远，谄施顺意从欲以危世者近习。悉租税，专民力，所以备难充仓府也，而士卒之逃事伏[②]匿、附托有威之门以避徭赋而上不得者万数。夫陈善田利宅，所以厉战士[③]也，而断头裂腹播骨乎平原野者，无宅容身，死田亩；而女妹有色，

① “辞”，原作“乱”，据赵本、迂本改。
② “伏”，原作“状”，据赵本、迂本改。
③ “厉战士”，原作“战士卒”，据王先慎说改。

大臣左右无功者，择宅而受，择田而食。赏利一从上出，所善制下也，而战介之士不得职，而闲居[①]之士尊显。上以此为教，名安得无卑，位安得无危？夫卑名位者，必下之不从法令、有二心无私学反逆世者也，而不禁其行，不破其群，以散其党，又从而尊之，用事者过矣。上世之所以立廉耻者，所以属下也；今士大夫不羞污泥丑辱而宦，女妹私义之门不待次而宦。赏赐之所以为重也，而战斗有功之士贫贱，而便辟优徒超级。名号诚信，所以通威也，而主掩障，近习女谒并行，百官主爵迁人，用事者过矣。大臣官人与下先谋比周，虽不法行，威利在下，则主卑而大臣重矣。

夫立法令者，以废私也，法令行而私道废矣。私者，所以乱法也。而士有二心私学、岩居窞路、托伏深虑，大者非世，细者惑下，上不禁，又从而尊之以名，化之以实，是无功而显，无劳而富也。如此，则士之有二心私学者，焉得无深虑、勉知诈与诽谤法令，以求索与世相反者

① “居”，原作“官”，据赵本、迂本改。

也？凡乱上反世者，常士有二心私学者也。故《本言》曰："所以治者，法也；所以乱者，私也。法立，则莫得为私矣。"故曰：道私者乱，道法者治。上无其道，则智者有私词，贤者有私意。上有私惠，下有私欲，圣智成群，造言作辞[①]，以非法措于上。上不禁塞，又从而尊之，是教下不听上、不从法也。是以贤者显名而居，奸人赖赏而富。贤者显名而居，奸人赖赏而富，是以上不胜下也。

① "辞"，原作"乱"，据赵本、迂本改。

卷十八

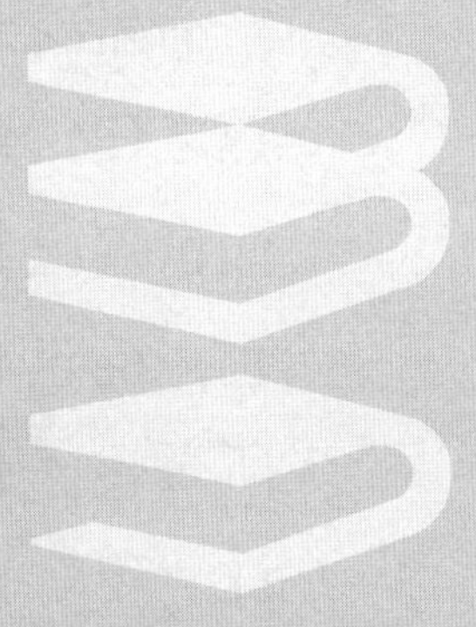

六反第四十六

畏死难，降北之民也，而世尊之曰“贵生之士”；学道立方，离法之民也，而世尊之曰“文学之士”；游居厚养，牟食之民也，而世尊之曰“有能之士”；语曲牟知，伪诈之民也，而世尊之曰“辩智之士”；行剑攻杀，暴憿之民也，而世尊之曰“磏勇之士”；活贼匿奸，当死之民也，而世尊之曰“任誉之士”。此六民者，世之所誉也。赴险殉诚，死节之民，而世少之曰“失计之民”也；寡闻从令，全法之民也，而世少之曰“朴陋之民”也；力作而食，生利之民也，而世少之曰“寡能之民”也；嘉厚纯粹，整穀之民也，而世少之曰“愚戆之民”也；重命畏事，尊上之民也，而世少之曰“怯慑之民”也；挫贼遏奸，明上之民也，而世少之曰“谄谗之民”也。此六民者，世之所毁也。奸伪无益之民六，而世誉之如彼；耕战有益之民六，而世毁之如此：此之谓六反。布衣循私利而誉之，世主听虚声而礼之，礼之所在，利必加焉。百姓循私害而訾之，世主壅于俗而贱之，贱之所在，害必加焉。故名赏在乎私恶当罪之民，而毁害在乎公善宜赏之士，索国之富强，不可得也。

古者有谚曰："为政犹沐也，虽有弃发，必为之。"爱弃发之费而忘长发之利，不知权者也。

夫弹痤者痛，饮药者苦，为苦惫之故不弹痤饮药，则身不活病不已矣。

今上下之接，无子父之泽，而欲以行义禁下，则交必有郄矣。且父母之于子也，产男则相贺，产女则杀之。此俱出父母之怀衽，然男子受贺，女子杀之者，虑其后便，计之长利也。故父母之于子也，犹用计算之心以相待也，而况无父子之泽乎？

今学者之说人主也，皆去求利之心，出相爱之道，是求人主之过于[1]父母之亲也，此不熟于

---

① "于"，底本原无，据迂本补。

论恩，诈而诬也，故明不受也。圣人之治也，审于法禁，法禁明著则官法；必于赏罚，赏罚不阿则民用。官官治则国富，国富则兵强，而霸王之业成矣。霸王者，人主之大利也。人主挟大利以听治，故其任官者当能，其赏罚无私。使士民明焉，尽力致死则功伐可立而爵禄可致，爵禄致而富贵之业成矣。富贵者，人臣之大利也，人臣挟大利以从事，故其行危至死，其力尽而不望。此谓君不仁，臣不忠，则不可以霸王矣。

夫奸必知则备，必诛则止；不知则肆，不诛则行。夫陈轻货于幽隐，虽曾、史可疑也；悬百金于市，虽大盗不取也。不知则曾、史可疑于幽隐，必知则大盗不取悬金于市。故明主之治国也，众其守而重其罪，使民以法禁而不以廉止。母之爱子也倍父，父令之行于子者十母；吏之于民无爱，令之行于民也万父母。父母[①]积爱而令穷，吏威严而民听从，严爱之策亦可决矣。且父母之所以求于子也，动作则欲其安利也，行身则欲其远罪也。君上之于民也，有难则用其死，安

① “父母”，底本原不重，据赵本、迂本补。

平则尽其力。亲以厚爱关子于安利而不听，君以无爱利求民之死力而令行。明主知之，故不养恩爱之心而增威严之势。故母厚爱处，子多败，推爱也；父薄爱教笞，子多善，用严也。

今家人之治产也，相忍以饥寒，相强以劳苦，虽犯军旅之难，饥馑之患，温衣美食者，必是家也；相怜以衣食，相惠以佚乐，天饥岁荒，嫁妻卖子者，必是家也。故法之为道，前苦而长利；仁之为道，偷乐而后穷。圣人权其轻重，出其大利，故用法之相忍，而弃仁人之相怜也。学者之言皆曰轻，此乱亡之术也。凡赏罚之心者，劝禁也。赏厚则所欲之得也疾，罚重则所恶[1]之禁也急。夫欲利者必恶害，害者，利之反也。反于所欲，焉得无恶。欲治者必恶乱，乱者，治之反也。是故欲治甚者，其赏必厚矣；其恶乱甚者，其罚必重矣。今取于轻刑者，其恶乱不甚也，其欲治又不甚也，此非特无术也，又乃无行。是故决贤不肖愚知之美，在赏罚之轻重。且夫重刑者，非为罪人也。明主之法，揆也。治

① “恶”，原作“患”，据迂本改。

贼，非治所揆也；所揆也者，是治死人也。刑盗，非治所刑也；治所刑也者，是治胥靡也。故曰：重一奸之罪而止境内之邪，此所以为治也。重罚者，盗贼也；而悼惧者，良民也。欲治者奚疑于重刑！若[①]夫厚赏者，非独赏功也，又劝一国。受赏者甘利，未赏者慕业，是报一人之功而劝境内之众也，欲治者何疑于厚赏！今不知治者，皆曰："重刑伤民，轻刑可以止奸，何必于重哉？"此不察于治者也。夫以重止者，未必以轻止也；以轻止者，必以重止矣。是以上设重刑者而奸尽止，奸尽止，则此奚伤于民也？所谓重刑者，奸之所利者细，而上之所加焉者大也。民不以小利加大罪，故奸必止者也。所谓轻刑者，奸之所利者大，上之所加焉者小也。民慕其利而傲其罪，故奸不止也。故先圣有谚曰："不踬于山，而踬于垤。"山者大，故人顺之；垤微小，故人易之也。今轻刑罚，民必易之。犯而不诛，是驱国而弃之也；犯而诛之，是为民设陷也。是故轻罪者，民之垤也。是以轻罪之为民道也，非

① "若"上原有"名"字，据赵本、迂本删。

乱国也，则设民陷也，此则可谓伤民矣！

今学者皆道书策之颂语，不察当世之实事，曰：“上不爱民，赋敛常重，则用不足而下恐上，故天下[1]大乱。”此以为足其财用以加爱焉，虽轻刑罚可以治也。此言不然矣。凡人之取重赏罚，固已足之之后也。虽财用足而后厚爱之，然而轻刑，犹之乱也。夫当家之爱子，财货足用，财货[2]足用则轻用，轻用则侈泰。亲爱之则不忍，不忍则骄恣。侈泰则家贫，骄恣则行暴。此虽财用足而爱厚，轻利之患也。凡人之生也，财用足则隳于用力，上治[3]懦则肆于为非。财用足而力作者，神农也；上治懦而行修者，曾、史也。夫民之不及神农、曾、史，亦已[4]明矣。

老聃有言曰：“知足不辱，知止不殆。”夫以殆辱之故而不求于足之外者，老聃也。今以为足民而可以治，是以民为皆如老聃也。故桀贵在

① “下”，原作“子”，据赵本、迂本改。
② “财货”，原作“货财”，据赵本改。
③ “治”，底本原无，据迂本补。
④ “已”，底本原无，据迂本补。

天子而不足于尊，富有四海之内而不足于宝。君人者虽足民，不能足使为君天子，而桀未必以[①]天子为足也，则虽足民，何可以为治也？故明主之治国也，适其时事以致财物，论其税赋以均贫富，厚其爵禄以尽贤能，重其刑罚以禁奸邪，使民以力得富，以事致贵，以过受罪，以功致赏，而不念慈惠之赐，此帝王之政也。

人皆寐则盲者不知，皆嘿则喑者不知。觉而使之视，问而使之对，则喑盲者穷矣。不听其言也，则无术者不知；不任其身也，则不肖者不知。听其言而求其当，任其身而责其功，则无术不肖者穷矣。夫欲得力士而听其自言，虽庸人与乌获不可别也，授之以鼎俎则罢健效矣。故官职者，能士之鼎俎也，任之以事而愚智分矣。故无术者得于不用，不肖者得于不任，言不用而自文以为辩，身不任[②]而自饰以为高，世主眩其辩、滥其高而尊贵之，是不须视而定明也，不待对而定辩也，喑盲者不得矣。明主听其言必责其用，

① “以”，原作“为”，据迂本改。
② “任”下原有“者”字，据赵本、迂本删。

观其行必求其功，然则虚旧之学不谈，矜诬之行不饰矣。

八说第四十七

为故人行私谓之不弃，以公财分施谓之仁人，轻禄重身谓之君子，枉法曲亲谓之有行，弃官宠交谓之有侠，离世遁上谓之高傲，交争逆令谓之刚材，行惠取众谓之得民。不弃者，吏有奸也；仁人者，公财损也；君子者，民难使也；有行者，法制毁也；有侠者，官职旷也；高傲者，民不事也；刚材者，令不行也；得民者，君上孤也。此八者，匹夫之私誉，人主之大败也。反此八者，匹夫之私毁，人主之公利也。人主不察社稷之利害，而用匹夫之私誉，索国之无危乱，不可得矣。

任人以事，存亡治乱之机也。无术以任人，无所任而不败。人君之所任，非辩智则修洁也。

任人者，使有势也。智士者未必信也，为多其智，因惑其信也。以智士之计，处乘势之资而为其私急，则君必欺焉。为智者之不可信也，故任修士者，使断事也。修士者未必智，为洁其身，因惑其智。以愚人之所惛，处治事之官而为所然，则事必乱矣。故无术以用人，任智则君欺，任修则君事乱，此无术之患也。明君之道，贱德义贵，下必坐上，决诚以参，听无门户，故智者不得诈欺。计功而行赏，程能而授事，察端而观失，有过者罪，有能者得，故愚者不任事。智者不敢欺，愚者不得断，则事无失矣。

察士然后能知之，不可以为令，夫民不尽察。贤者然后行之，不可以为法，夫民不尽贤。杨朱、墨翟，天下之所察也，干世乱而卒不决，虽察而不可以为官职之令。鲍焦、华角，天下之所贤也，鲍焦木枯，华角赴河，虽贤[①]不可以为耕战之士。故人主之察，智士尽其辩焉；人主之所尊，能士[②]尽其行焉。今世主察无用之辩，尊

① “贤”，底本原无，据赵本、迂本补。
② “士”下原有“能”字，据赵本、迂本删。

远功之行，索国之富强，不可得也。博习辩智如孔、墨，孔、墨不耕耨，则国何得焉？修孝寡欲如曾、史，曾、史不战攻，则国何利焉？匹夫有私便，人主有公利。不作而养足，不仕而名显，此私便也；息文学而明法度，塞私便而一功劳，此公利也。错法以道民也，而又贵文学，则民之所师法也疑；赏功以劝民也，而又尊行修，则民之产利也惰。夫贵文学以疑法，尊行修以贰功，索国之富强，不可得也。

搢笏干戚，不適有方铁铦；登降周旋，不逮日中奏百；狸首射侯，不当强弩趋发；干城距[1]冲，不若堙穴伏橐。古人亟于德，中世逐于智，当今争于力。古者寡事而备简，朴陋而不尽，故有珧铫而推车者。古者人寡而相亲，物多而轻利易让，故有揖让而传天下者。然则行揖让，高慈惠，而道推仁厚，皆推政也。处多事之时，用寡事[2]之器，非智者之备也；当大争之世，而循揖让之轨，非圣人之治也。故智者不乘推车，圣人

① “距”下原有“衡”字，据赵本、迂本删。
② “事”，原作“士”，据赵本、迂本改。

不行推政也。

法所以制事，事所以名功也。法有立而有难，权其难而事成，则立之[①]；事成而有害，权其害而功多，则为之。无难之法，无害之功，天下无[②]有也。是以拔千丈之都，败十万之众，死伤者军之乘，甲兵折挫，士卒死伤，而贺战胜得地者，出其小害计其大利也。夫沐者有弃发，除者伤血肉，为人见其难，因释其业，是无术之事也。先圣有言曰："规有摩，而水有波，我欲更之，无奈之何！"此通权之言也。是以说有必立而旷于实者，言有辞拙而急于用者，故圣人不求无害之言，而务无易之事。人之不事衡石者，非贞廉而远利也，石不能为人多少，衡不能为人轻重，求索不能得，故人不事也。明主之国，官不敢枉法，吏不敢为私[③]，货赂不行，是境内之事尽如衡石也。此其臣有奸者必知，知者必诛。是以有道之主，不求清洁之吏，而务必知之术也。

---

① "则立之"，底本原无，据赵本、迂本补。
② "无"，底本原无，据赵本、迂本补。
③ "私"下原有"利"字，据王先慎说删。

慈母之于弱子也，爱不可为前。然而弱子有僻行，使之随师；有恶病，使之事医。不随师则陷于刑，不事医则疑于死。慈母虽爱，无益于振刑救死，则存子者非爱也。子母之性，爱也；臣主之权，策也。母不能以爱存家，君安能以爱持国？明主者，通于富强则可以得欲矣。故谨于听治，富强之法也。明其法禁，察其谋计。法明则内无变乱之患，计得于外无死虏之祸。故存国者，非仁义也。仁者，慈惠而轻财者也；暴者，心毅而易诛者也。慈惠则不忍，轻财则好与。心毅则憎心见于下，易诛则妄杀加于人。不忍则罚多宥赦，好与则赏多无功。憎心见则下怨其上，妄诛则民将背叛。故仁人在位，下肆而轻犯禁法，偷幸而望于上；暴人在位，则法令妄而臣主乖，民怨而乱心生。故曰：仁暴者，皆亡国者也。

不能具美食而劝饿人饭，不为能活饿者也；不能辟草生粟而劝贷施赏赐，不能为富民者也。今学者之言也，不务本作而好末事，知道虚圣以说民，此劝饭之说。劝饭之说，明主不受也。

书约而弟子辩，法省而民讼简，是以圣人

之书必著论，明主之法必详[1]事。尽思虑，揣得失，智者之所难也；无思无虑，挈前言而责后功，愚者之所易也。明主虑愚者之所易，以责智者之所难，故智虑力劳不用而国治也。

酸甘咸淡，不以口断而决于宰尹，则厨人轻君而重于宰尹矣。上下清浊，不以耳断而决于乐正，则瞽工轻君而重于乐正矣。治国是非，不以术断而决于宠人，则臣下轻君而重于宠人矣。人主不亲观听，而制断在下，托食于国者也。

使人不衣不食而不饥不寒，又不恶死，则无事上之意。意欲不宰于君，则不可使也。今生杀之[2]柄在大臣，而主令得行者，未尝有也。虎豹必不用其爪牙而与鼷鼠同威，万金之家必不用其富厚而与监门同资。有土之君，说人不能利，恶人不能害，索人欲畏重己，不可得也。

人臣肆意陈欲曰“侠”，人主肆意陈欲曰“乱”；人臣轻上曰“骄”，人主轻下曰“暴”。行理同实，下以受誉，上以得非。人臣

① “详”下原有“尽”字，据赵本、迂本删。
② “之”，原作“人”，据赵本、迂本改。

大得，人主大亡。明主之国，有贵臣无重臣。贵者，爵尊而官大也；重臣者，言听而力多者也。明主之国，迁官袭级，官爵受功，故有贵臣。言不度行而有伪必诛，故无重臣也。

八经第四十八

因情一

凡治天下，必因人情。人情者，有好恶，故赏罚可用；赏罚可用，则禁令可立而治道具矣。君执柄以处势，故令行禁止。柄者，杀生之制也；势者，胜众之资也。废置无度则权渎，赏罚下共则威分。是以明主不[1]怀爱而听，不留说而计。故听言不参，则权分乎奸；智力不用，则君穷乎臣。故明主之行制也天，其用人也鬼。天则

① “不”，原作“以”，据赵本、迂本改。

不非，鬼则不困。势行教严，逆而不违，毁誉一行而不议。故赏贤罚暴，举善之至者也；赏暴罚贤，举恶之至者也：是谓赏同罚异。赏莫如厚，使民利之；誉莫如美，使民荣之；诛莫如重，使民畏之；毁莫如恶，使民耻之。然后一行其法，禁诛于私家，不害功罪。赏罚必知之，知之，道尽矣。

主道二

力不敌众，智不尽物。与其用一人，不如用一国，故智力敌而群物胜。揣中则私劳，不中则在过。下君尽己之能，中君尽人之[1]力，上君尽人之智。是以事至而结智，一听而公会。听不一则后悖于前，后悖于前则愚智不分；不公会则犹豫而不断，不断则事留。自取一，则毋道堕壑之累。故使之讽，讽定而怒。是以言陈之日，必有策籍。结智者事发而验，结能者功见而谋成败。

① "之"，底本原无，据赵本、迂本补。

成败有征，赏罚随之。事成则君收其功，规败则臣任其罪。君人者合符犹不亲，而况于力乎？事智犹不亲，而况于悬乎？故非用人也不取同，同则君怒。使人相用则君神，则下尽。下尽，下则臣上不因君，而主道毕矣。

起乱三

知臣主之异利者王，以为同者劫，与共事者杀。故明主审公私之分，审利害之地，奸乃无所乘。乱之所生六也：主母，后姬，子姓，弟兄，大臣，显贤。任吏责臣，主母不放；礼施异等，后姬不疑；分势不贰，庶適[①]不争；权籍不失，兄弟不侵；下不一门，大臣不拥；禁赏必行，显贤不乱。臣有二因，谓外内也。外曰畏，内曰爱。所畏之求得，所爱之言听，此乱臣之所因也。外国之置诸吏者，结诛亲昵重帑，则外不籍矣；爵禄循功，请者俱罪，则内不因矣。外不

① “適”，原作“过”，据赵本、迂本改。

籍，内不因，则奸宄[1]塞矣。官袭节而进，以至大任，智也。其位至而任大者，以三节持之：曰质，曰镇，曰固。亲戚妻子，质也；爵禄厚而必，镇也；参伍贵帑，固也。贤者止于质，贪饕化于镇，奸邪穷于固。忍不制则下上，小不除则大诛，而名实当则径之。生害事，死伤名，则行饮食；不然，而与其仇：此谓除阴奸也。医曰诡，诡曰易。易功而赏，见罪而罚，而诡乃止。是非不泄，说谏不通，而易乃不用。父兄贤良播出曰游祸，其患邻敌多资。僇辱之人近习曰狎贼，其患发忿疑辱之心生。藏怒持罪而不发曰增乱，其患侥幸妄举之人起。大臣两重提衡而不踦曰卷祸，其患家隆劫杀之难作。脱易不自神曰弹威，其患贼夫酖毒之乱起。此五患者，人主之不知，则有劫杀之事。废置之事，生于内则治，生于外则乱。是以明主以功论之内，而以利资之外，其故国治而敌乱。即乱之道：臣憎则起外若眩，臣爱则起内若药。

① “宄”，原作“充”，据赵本、迂本改。

立道四

参伍之道：行参以谋多，揆伍以责失。行参必折[1]，揆伍必怒。不折则渎上，不怒则相和。折之征足以知多寡，怒之前不及其众。观听之势，其征在比周而赏异也，诛毋谒而罪同。言会众端，必揆之以地，谋之以天，验之以物，参之以人。四征者符，乃可以观矣。参言以知其诚，易视以改其泽，执见以得非常，一用以务近习，重官以惧远使，举往以悉其前，即迩以知其内，疏置以知其外，握明以问所暗，诡使以绝黩泄，倒言以尝所疑，论反以得阴奸，设谏以纲独为，举错以观奸动，明说以诱避过，卑适以观直谄，宣闻以通未见，作斗以散朋党，深一以警[2]众心，泄异以易其虑。似类则合其参，陈过则明其固，知辟罪以止威，阴使时循以省衰，渐更以离

① “折”，原作“拆”，据迂本改。下句“折”字同。
② “警”，原作“敬”，据赵本、迂本改。

通比。下约以侵其上：相室约其廷臣，廷臣约其官属，兵士约其军吏，遣使约其行介，县令约其辟吏，郎中约其左右，后姬约其宫媛，此之谓条达之道。言通事泄，则术不行。

参言五

明主，其务在周密。是以喜见则德偿，怒见则威分。故明主之言隔塞而不通，周密而不见。故以一得十者下道也，以十得一者上道也。明主兼行上下，故奸无所失。伍、官、连、县而邻，谒过赏，失过诛。上之于下，下之于上，亦然。是故上下贵贱相畏以法，相诲以和。民之性，有生之实，有生之名。为君者有贤知之名，有赏罚之实。名实俱至，故福善必闻矣。

听法六

听不参则无以责下，言不督乎用则邪说当

上。言之为物也以多信，不然之物，十人云疑，百人然乎，千人不可解也。呐者言之疑，辩者言之信。奸之食上也，取资乎众，籍信乎辩，而以类饰其私。人主不餍忿而待合参，其势资下也。有道之主听言，督其用，课其功，功课而赏罚生焉，故无用之辩不留朝。任事者知不足以治职，则放官收。说大而夸则穷端，故奸得而怒。无故而不当为诬，诬而罪臣。言必有报，说必责用也，故朋党之言不上闻。凡听之道，人臣忠论以闻奸，博论以内一，人主不智则奸得资。明主之道，己喜则求其所纳，己怒则察其所构；论于已变之后，以得毁誉公私之征。众谏以效智故，使君自取一以避罪。故众之谏也，败君之取也。无副言于上以设将然，今符言于后以知谩诚语。明主之道，臣不得两谏，必任其一；语不得擅行，必合其参，故奸无道进矣。

类柄七

官之重也，毋法也；法之息也，上暗也。上

暗无度则官擅为，官擅为故奉重无前，则征多，征多故富。官之富重也，乱功之所生也。明主之道，取于任，贤于官，赏于功。言程、主喜俱必利，不当、主怒俱必害，则人不私父兄而进其仇雠。势足以行法，奉足以给事，而私无所生，故民劳苦而轻官。任事也毋重，使其宠必在爵；处官者毋私，使其利必在禄；故民尊爵而重禄。爵禄所以赏也，民重所以赏也，则国治。刑之烦也，名之缪也，赏誉不当则民疑。民之重名与其重赏也均。赏者有诽焉，不足以劝；罚者有誉焉，不足以禁。明主之道，赏必出乎公利，名必在乎为上。赏誉同轨，非诛俱行，然则民无荣于赏之内。有重罚者必有恶名，故民畏。罚所以禁也，民畏所以禁，则国治矣。

主威八[①]

行义示则主威分，慈仁听则法制毁。民以

① 此标题底本原无，据凌本、迂本补。

制畏上，而上以势卑下，故下肆很触而荣于轻君之俗，则主威分。民以法难犯上，而上以法挠慈仁，故下明爱施而务赇纹之政，是以法令隳。尊私行以贰主威，行赇纹以疑法，听之则乱治，不听则谤主，故君轻乎位而法乱乎官，此之谓无常之国。明主之道，臣不得以行义成荣，不得以家利为功。功名所生，必出于官法。法之所外，虽有难行，不以显焉，故民无以私名。设法度以齐民，信赏罚以尽民能，明诽誉以劝沮。名号、赏罚、法令三隅，故大臣有行则尊君，百姓有功则利上，此之谓有道之国也。

卷十九

五蠹第四十九

上古之世，人民少而禽兽众，人民不胜禽兽虫蛇，有圣人作，构木为巢以避群害，而民悦之，使王天下，号之[1]曰有巢氏。民食果蓏蚌蛤，腥臊恶臭而伤害腹胃，民多疾病，有圣人作，钻燧取火以化腥臊，而民说之，使王天下，号之曰燧人氏。中古之世，天下大水，而鲧、禹决渎。近古之世，桀、纣暴乱，而汤、武征伐。今有构木钻燧于夏后氏之世者，必为鲧、禹笑矣。有决渎于殷、周之世者，必为汤、武笑矣。然则今有美尧、舜、汤、武、禹之道于当今之世者，必为新圣笑矣。是以圣人不期修古，不法常可，论世之事，因为之备。宋人有耕田者，田中有株，兔走触株，折颈而死，因释其耒而守株，

① “之”，底本原无，据王先慎说补。

冀复得兔，兔不可复得，而身为宋国笑。今欲以先王之政，治当世之民，皆守株之类也。

古者丈夫不耕，草木之实足食也；妇人不织，禽兽之皮足衣也。不事力而养足，人民少而财有余，故民不争。是以厚赏不行，重罚不用而民自治。今人有五子不为多，子又有五子，大父未死而有二十五孙，是以人民众而货财寡，事力劳而供养薄，故民争，虽倍赏累罚而不免于乱。

尧之王天下也，有茅茨不翦，采椽不斫，粝粢之食，藜藿之羹，冬日麑裘，夏日葛衣，虽监门之服养，不亏于此矣。禹之王天下也，身执耒臿以为民先，股无胈[1]，胫不生毛，虽臣虏之劳，不苦于此矣。以是言之，夫古之让天子者，是去监门之养而离臣虏之劳也，古传天下而不足多也。今之县令，一日身死，子孙累世絜驾，故人重之。是以人之于让也，轻辞古之天子，难去今之县令者，薄厚之实异也。夫山居而谷汲者，膢腊而相遗以水；泽居苦水者，买庸而决窦。故饥岁之春，幼弟不饷；穰岁之秋，疏客必食。非

① “胈”，原作“肢”，据迂本改。

疏骨肉爱过客[1]也，多少之实异也。是以古之易财，非仁也，财多也；今之争夺，非鄙也，财寡也。轻辞天子，非高也，势薄也；争士橐，非下也，权重也。故圣人议多少、论薄厚为之政。故罚薄不为慈，诛严不为戾，称俗而行也。故事因于世，而备适于事。

古者文[2]王处丰、镐之间，地方百里，行仁义而怀西戎，遂王天下。徐偃王处汉东，地方五百里，行仁义，割地而朝者三十有六国，荆文王恐其害己也，举兵伐徐，遂灭之。故文王行仁义而王天下，偃王行仁义而丧其国，是仁义用于古不用于今也。故曰："世异则事异。"当舜之时，有苗不服，禹将伐之，舜曰："不可。上德不厚而行武，非道也。"乃修教三年，执干戚舞，有苗乃服。共工之战，铁铦矩者及乎敌，铠甲不坚者伤乎体，是干戚用于古不用于今也。故曰："事异则备变。"上古竞于道德，中世逐于智谋，当今争于气力。齐将攻鲁，鲁使子贡说

① "客"，底本原无，据赵本、凌本补。
② "文"，原作"大"，据王先慎说改。

之，齐人曰："子言非不辩也，吾所欲者土地也，非斯言所谓也。"遂举兵伐鲁，去门十里以为界。故偃王仁义而徐亡，子贡辩智而鲁削。以是言之，夫仁义辩智，非所以持国也。去偃王之仁，息子贡之智，循徐、鲁之力使敌万乘，则齐、荆之欲不得行于二国矣。

夫古今异俗，新故异备，如欲以宽缓之政，治急世之民，犹无辔策而御馯马，此不知之患也。今儒、墨皆先王兼爱天下，则视民如父母。何以明其然也？曰："司寇行刑，君为之不举乐；闻死刑之报，君为流涕。"此所举先王也。夫以君臣为如父子则必治，推是言之，是无乱父子也。人之情性，莫先于父母，皆见爱而未必治也，虽厚爱矣，奚遽不乱？今先王之爱民，不过父母之爱子，子未[①]必不乱也，则民奚遽治哉？且夫以法行刑而君为之流涕，此以效仁，非以为治也。夫垂泣不欲刑者，仁也；然而不可不刑者，法也。先王胜其法不听其泣，则仁之不可以为治亦明矣。

---

① "未"，底本原无，据赵本、迂本补。

且民者固服于势，寡能怀于义。仲尼，天下圣人也，修行明道以游海内，海内说其仁、美其义而为服役者七十人，盖贵仁者寡，能义者难也。故以天下之大，而为服役者七十人，而仁义者一人。鲁哀公，下主也，南面君国，境内之民莫敢不臣。民者固服于势，诚易以服人，故仲尼反为臣而哀公顾[①]为君。仲尼非怀其义，服其势也。故以义则仲尼不服于哀公，乘势则哀公臣仲尼。今学者之说人主也，不乘必胜之势，而胜务行仁义则可以王，是求人主之必及仲尼，而以世[②]之凡民皆如列徒，此必不得之数也。

今有不才之子，父母怒之弗为改，乡人谯之弗为动，师长教之弗为变。夫以父母之爱，乡人之行，师长之智，三美加焉而终不动，其胫毛不改。州部之吏，操官兵、推公法而求索奸人，然后恐惧，变其节，易其行矣。故父母之爱不足以教子，必待州部之严刑者，民固骄于爱、听于威矣。故十仞之城，楼季弗能逾者，峭也；千仞之

① “顾”，原作“顽”，据赵本、迂本改。
② “世”，原作“势”，据赵本、迂本改。

山，跛牂易牧者，夷也。故明王峭其法而严其刑也。布帛寻常，庸人不释；铄金百溢，盗[①]跖不掇。不必害则不释寻常，必害手则不掇百溢，故明主必其诛也。是以赏莫如厚而信，使民利之；罚莫如重而必，使民畏之；法莫如一而固[②]，使民知之。故主施赏不迁，行诛无赦，誉辅其赏，毁随其罚，则贤不肖俱尽其力矣。

今则不然。其有功也爵之，而卑其士官也；以其耕作也赏之，而少其家业也；以其不收也外之，而高其轻世也；以其犯禁罪之，而多其有勇也。毁誉、赏罚之所加者，相与悖缪也，故法禁坏而民愈乱。今兄弟被侵必攻者，廉也；知友辱随仇者，贞也。廉贞之行成，而君上之法犯矣。人主尊贞廉之行，而忘犯禁之罪，故民程于勇而吏不能胜也。不事力而衣食则谓之能，不战功而尊则[③]谓之贤，贤能之行而忘兵弱地弱之祸，则私行立而[④]公利灭矣。

---

① “盗”，原作“溢”，据赵本、迂本改。
② “固”，原作“故”，据赵本、迂本改。
③ “则”，底本原无，据赵本、迂本补。
④ “而”下原有“功”字，据赵本、迂本删。

儒以文乱法，侠以武犯禁，而人主兼礼之，此所以乱也。夫离法者罪，而诸先生[①]以文学取[②]；犯禁者诛，而群侠以私剑养。故法之所非，君之所取；吏之所诛，上之所养也。法趣上下，四相反也，而无所定，虽有十黄帝不能治也。故行仁义者非所誉，誉之则害功；文学者非所用，用之则乱法。楚之有直躬，其父窃羊而谒之吏，令尹曰："杀之。"以为直于君而曲于父，报而罪之。以是观之，夫君之直臣，父之暴子也。鲁人从君战，三战三北，仲尼问其故，对曰："吾有老父，身死莫之养也。"仲尼以为孝，举而上之。以是观之，夫父之孝子，君之背臣也。故令尹诛而楚奸不上闻，仲尼赏而鲁民易降北。上下之利，若是其异也，而人主兼也举匹夫之行，而求致社稷之福，必不幾矣。

古者苍颉之作书也，自环者谓之私，背私谓之公，公私之相背也，乃苍颉固以知之矣。今以为同利者，不察之患也。然则为匹夫计者，莫

① "生"，原作"王"，据王先慎说改。
② "取"，底本原无，据赵本、迂本补。

如修行义而习文学。行义修则见信，见信则受事；文学习则为明师，为明师则显荣：此匹夫之美也。然则无功而受事，无爵而显荣，为有政如此，则国必乱，主必危矣。故不相容之事，不两立也。斩敌者受赏，而高慈惠之行；拔城者受爵禄，而信廉爱之说；坚甲厉兵以备难，而美荐绅之饰；富国以农，距敌恃卒，而贵文学之士；废敬上畏法之民，而养游侠私剑之属。举行如此，治强不可得也。国平养儒侠，难至用介士，所利非所用，所用非所利。是故服事者简其业，而于游学者日众，是世之所以乱也。

且世之所谓贤者，贞信之行也；所谓智者，微妙之言也。微妙之言，上智之所难知也。今为众人法，而以上智之所难知，则民无从识之矣。故糟糠不饱者不务粱肉，短褐不完者不待文绣。夫治世之事，急者不得，则缓者非所务也。今所治之政，民闲之事，夫妇所明知者不用，而慕上知之论，则其于治反矣。故微妙之言，非民务也。若夫贤良贞信之行者，必将贵不欺之士。不欺之士者，亦无不欺之术也。布衣相与交，无富厚以相利，无威势以相惧也，故求不欺之士。今人主处制人之势，有一国之厚，重赏严诛，得操其柄，以修明术之所烛，虽有田常、子罕之臣，不敢欺也，奚待于不欺之士？今贞信之士不盈于十，而境内之官以百数，必任贞信之士，则人不足官。人不足官，则治者寡而乱者众矣。故明主之道，一法而不求智，固术而不慕信，故法不败，而群官无奸诈矣。

今人主之于言也，说其辩而不求其当焉；其用于行也，美其声而不责其功焉[①]。是以天下之众，其谈言者务为辩[②]而不周于用，故举先王言仁义者盈廷，而政不免于乱；行身者竞于为高而不合于功，故智士退处岩穴，归禄不受，而兵不免于弱，政不免于乱，此其故何也？民之所誉，上之所礼，乱国之术也。今境内之民皆言治，藏商、管之法者家有之而国贫，民耕者众，执耒者寡也；境内皆言兵，藏孙、吴之书者家有之，而兵愈弱，言战者多，被甲者少也。故明主用其力，不听其言；赏其功，必[③]禁无用。故民尽

① “焉”，底本原无，据赵本补。
② “辩”，原作“辨”，据赵本、迂本改。
③ “必”，原作“伐”，据赵本改。

死力以从其上。夫耕之用力也劳，而民为之者，曰：可得以富也。战之事也危，而民为之者，曰：可得以贵也。今修文学、习言谈，则无耕之劳而有富之实，无战之危而有贵之尊，则人孰不为也？是以百人事智而一人用力。事智者众则法败，用力者寡则国贫，此世之所以乱也。

故明主之国，无书简之文，以法为教；无先王之语，以吏为师；无私剑之捍，以斩首为勇。是境内之民，其言谈者必轨于法，动作者归之于功，为勇者尽之于军。是故无事则国富，有事则兵强，此之谓王资。既畜王资而承敌国之亹，超五帝侔三王者，必此法也。

今则不然，士民纵恣于内，言谈者为势于外，外内称恶以待强敌，不亦殆乎！故群臣之言外事者，非有分于从衡之党，则有仇雠之忠，而借力于国也。从者，合众强以攻一弱也；而衡者，事一强以攻众弱也：皆非所以持国也。今人臣之言衡者皆曰："不事大则遇敌受祸矣。"事大未必有实，则举[1]图而委，效玺而请兵矣。献

① "则举"，原作"举则"，据赵本、迂本改。

图则地削，效玺则名卑，地削则国[1]削，名卑则政乱矣。事大为衡，未见其利也，而亡地乱政矣。人臣之言从者皆曰：“不救小而伐大则失天下，失天下则国危，国危而主卑。”救小未必有实，则起兵而敌大矣。救小未必能存，而交大未必不有疏，有疏则为强国制矣。出兵则军败，退守则城拔。救小为从，未见其利，而亡地败军矣。是故事强，则以外权士官于内；救小，则以内重求利于外。国利未立，封土厚禄至矣；主上虽卑，人臣尊矣；国地虽削，私家富矣。事成则以权长重，事败则以富退处。人主之于其听说也，于其臣，事未成则爵禄已尊矣；事败而弗诛，则游说之士孰不为用矰缴之说而侥幸其后？故破国亡主以听言谈者之浮说，此其故何也？是人君不明乎公私之利，不察当否之言，而诛罚不必其后也。皆曰：“外事，大可以王，小可以安。”夫王者，能攻人者也；而安，则不可攻也。强，则能攻人者也；治，则不可攻也。治强不可责于外，内政之有也。今不行法术于内，而

① “国”，原作“图”，据赵本、迂本改。

事智于外，则不至于治强矣。

鄙谚曰：“长袖善舞，多钱善贾。”此言多资之易为工也。故治强易为谋，弱乱难为计。故用于秦者十变而谋希失，用于燕者一变而计希得，非用于秦者必智，用于燕者必愚也，盖治乱之资异也。故周去秦为从，期年而举；卫离魏为衡，半岁而亡。是周灭于从，卫亡于衡也。使周、卫缓其从衡之计，严[①]其境内之治，明其法禁，必其赏罚，尽其地力以多其积，致其民死以坚其城守，天下得其地则其利少，攻其国则其伤大，万乘之国莫敢自顿于坚城之下，而使强敌裁其弊也，此必不亡之术也。舍必不亡之术而道必灭之事，治国者之过也。智困于内而政乱于外，则亡不可振也。

民之政计，皆就安利如辟危穷。今为之攻战，进则死于敌，退则死于诛，则危矣。弃私家之事而必汗马之劳，家困而上弗论，则穷矣。穷危之所在也，民安得勿避？故事私门而完解舍，解舍完则远战，远战则安。行货赂而袭当涂者则

---

① “严”，原作“而”，据赵本改。

求得，求得则私安，私安则利之所在，安得勿就？是以公民少而私人众矣。

夫明王治国之政，使其商工游食之民少而名卑，以寡趣本务而趋末作。今世近习之请行，则官爵可买；官爵可买，则商工不卑也矣。奸财货贾得用于市，则商人不少矣。聚敛倍农而致尊过耕战之士，则耿介之士寡而高价之民多矣。

是故乱国之俗：其学者则称先王之道以籍仁义，盛容服而饰辩说，以疑当世之法，而贰人主之心。其言古者，为设诈称，借于外力，以成其私而遗社稷之利。其带剑者，聚徒属，立节操，以显其名，而犯五官之禁。其患御者，积于私门，尽货赂，而用重人之谒，退汗马之劳。其商工之民，修治苦窳之器，聚弗靡之财，蓄积待时，而侔农夫之利。此五者，邦之蠹也。人主不除此五蠹之民，不养耿介之士，则海内虽有破亡之国，削灭之朝，亦勿怪矣。

显学第五十

世之显学，儒、墨也。儒之所至，孔丘也。墨之所至，墨翟也。自孔子之死也，有子张之儒，有子思之儒，有颜氏之儒，有孟氏之儒，有漆雕氏之儒，有仲良氏之儒，有孙氏之儒，有乐正氏之儒。自墨子之死也，有相里氏之墨，有相夫氏之墨，有邓陵氏之墨。故孔、墨之后，儒分为八，墨离为三，取舍相反不同，而皆自谓真孔、墨，孔、墨[1]不可复生，将谁使定世之学乎？孔子、墨子俱道尧、舜，而取舍不同，皆自谓真尧、舜，尧、舜不复生，将谁使定儒、墨之诚乎？殷、周七百余岁，虞、夏二千余岁，而不能定儒、墨之真；今乃欲审尧、舜之道于三千岁之前，意者其不可必乎！无参验而必之者，愚

① “孔墨”，底本原不重，据赵本、迂本补。

也；弗能必而据之者，诬也。故明据先王，必定尧、舜者，非愚则诬也。愚诬之学，杂反之[1]行，明主弗受也。

墨者之葬也，冬日冬服，夏日夏服，桐棺三寸，服丧三月，世以为俭而礼之。儒者破家而葬，服丧三年，大毁扶杖，世主以为孝而礼之。夫是墨子之俭，将非孔子之侈也；是孔子之孝，将非墨子之戾也。今孝戾、侈俭俱在儒、墨，而上兼礼之。漆雕之议，不色挠，不目逃，行曲则违于臧获，行直则怒于诸侯，世主以为廉而礼之。宋荣子之议，设不斗争，取不随仇，不羞囹圄，见侮不辱，世主以为宽而礼之。夫是漆雕之廉，将非宋荣之恕也；是宋荣之宽，将非漆雕之暴也。今宽廉、恕暴俱在二子，人主兼而礼之。自愚诬之学、杂反之辞争，而人主俱听之，故海内之士，言无定术，行无常议。夫冰炭不同器而久，寒暑不兼时而至，杂反之学不两立而治。今兼听杂学缪行同异之辞，安得无乱乎？听行如此，其于治人又必然矣。

---

① “之”，底本原无，据赵本、迂本补。

今世之学士语治者，多曰：“与贫穷地以实无资。”今夫与人相若[1]也，无丰年旁入之利而独以完给者，非力则俭也。与人相若也，无饥馑疾疚祸罪之殃独以贫穷者，非侈则堕也。侈而堕者贫，而力而俭者富。今上征敛于富人以布施于贫家，是夺力俭而与侈堕也。而欲索民之疾作而节用，不可得也。

今有人于此，义不入危城，不处军旅，不以天下大利易其胫一毛，世主必从而礼之，贵其智而高其行，以为轻物重生之士也。夫上所以陈良田大泽、设爵禄，所以易民死命也。今上尊贵轻物重生之士，而索民之出死而重殉上事，不可得也。藏书策，习谈论，聚徒役，服文学而议说，世主必从而礼之，曰：“敬贤士，先王之道也。”夫吏之所税，耕者也；而上之所养，学士也。耕者则重税，学士则多赏，而索民之疾作而少言谈，不可得也。立节参民，执操不侵，怨言过于耳必随之以剑，世主必从而礼之，以为自好

① “若”，原作“善”，据王先慎说改。下句“若”字同。

之士。夫斩首之劳不赏，而家斗之勇尊显，而索民之疾战距敌而无私斗，不可得也。国平则养儒侠，难至则用介士，所养者非所用，所用者非所养，此所以乱也。且夫人主于听学也，若是其言，宜布之官而[1]用其身；若非其言，宜去其身而息其端。今以为是也而弗布于官，以为非也而不息其端，是而不用，非而不息，乱亡之道也。

澹台子羽，君子之容也，仲尼几而取之，与处久而行不称其貌。宰予之辞，雅[2]而文也，仲尼几而取之，与处而智不充其辩。故孔子曰："以容取人乎，失之子羽；以言取人乎，失之宰予。"故以仲尼之[3]智而有失实之声。今之新辩滥乎宰予，而世主之听眩乎仲尼，为悦其言，因任其身，则焉得无失乎？是以魏任孟卯之辩而有华下之患，赵任马服之辩而有长平之祸。此二者，任辩之失也。夫视锻锡而察青黄，区冶不能以必剑；水击鹄雁，陆断驹马，则臧获不疑钝利。发齿吻形容，伯乐不能以必马；授车就驾而

① "官而"，原作"而官"，据迂本改。
② "雅"，原作"推"，据赵本、迂本改。
③ "之"，原作"而"，据迂本改。

观其末涂，则臧获不疑驽良。观容服，听辞言，仲尼不能以必士；试之官职，课其功伐，则庸人不疑于愚智。故明主之吏，宰相必起于州部，猛将必发于卒伍。夫有功者必赏，则爵禄厚而愈劝；迁官袭级，则官职大而愈治。夫爵禄大而官职治，王之道也。

磐石千里，不可谓富；象[①]人百万，不可谓强。石非不大，数非不众也，而不可谓富强者，磐不生粟，象人不可使距敌也。今商官技艺之士亦不垦而食，是地不垦与磐石一贯也。儒侠毋军劳，显而荣者，则民不使，与象人同事也。夫祸知磐石象人，而不知祸商官儒侠为不垦之地、不使之民，不知事类者也。故敌国之君王虽说吾义，吾弗入贡而臣；关内之侯虽非吾行，吾必使执禽而朝。是故力多则人朝[②]，力寡则朝于人，故明君务力。夫严家无悍虏[③]，而慈母有败子，吾以此知威势之可以禁暴，而德厚之不足以止乱也。

---

① “象”，原作“家”，据赵本、迂本改。
② “朝”，原作“或”，据赵本、迂本改。
③ “虏”，原作“勇”，据赵本、迂本改。

夫圣人之治国，不恃人之为吾善也，而用其不得为非也。恃人之为吾善也，境内不什数；用人不得非，一国可使齐。为治者用众而舍寡，故不务德而务法。夫必恃自直之箭，百世无矢；恃自圜之木，千世无轮矣。自直之箭、自圜之木，百世无有一，然而世皆乘车射禽者何也？隐栝之道用也。虽有不恃隐栝而有自直之箭、自圜之木，良工弗贵也，何则？乘者非一人，射者非一发也。不恃赏罚而恃自善之民，明主弗贵也，何则？国法不可失，而所治非一人也。故有术之君，不随适然之善，而行必然之道。

今或谓人曰："使子必智而寿。"则世必以为狂。夫智，性也；寿，命也。性命者，非所学于人也，而以人之所不能为说人，此世之所以谓之为狂也。谓之不能，然则是谕也，夫谕性也。以仁教人，是以智与寿说也，有度之主弗受也。故善毛啬、西施之美，无益吾面；用脂泽粉黛，则倍其初。言先王之仁义，无益于治；明吾法度，必吾赏罚者，亦国之脂泽粉黛也。故明主急其助而缓其颂，故不道仁义。

今巫祝之祝人曰："使若千秋万岁[①]。"千秋[②]万岁之声括耳，而一日之寿无征于人，此人所以简巫祝也。今世儒者之说人主，不善今之所以为治，而语已治之功；不审官法之事，不察奸邪之情，而皆道上古之传誉、先王之成功。儒饰[③]辞曰："听吾言则可以霸王。"此说者之巫祝，有度之主不受也。故明主举实事，去无用，不道仁义者故，不听学者之言。

今不知治者必曰："得民之心。"欲得民之心而可以为治，则是伊尹、管仲无所用也，将听民而已矣。民智之不可用，犹婴儿之心也。夫婴儿不剔首则腹痛，不揊痤则寖益，剔首、揊痤必一人抱之，慈母治之，然犹啼呼不止，婴儿子不知犯其所小苦致其所大利也。今上急耕田垦草以厚民产也，而以上为酷；修刑重罚以为禁邪也，而以上为严；征赋钱粟以实仓库，且以救饥馑备军旅也，而以上[④]为贪；境内必知介而无私解，

① "岁"，原作"秋"，据赵本、迂本改。
② "秋"，原作"岁"，据迂本改。
③ "饰"，原作"释"，据赵本、迂本改。
④ "上"，底本原无，据赵本、迂本补。

并力疾斗，所以禽虏也，而以上为暴。此四者，所以治安也，而民不知悦也。夫求圣通之[①]士者，为民知之不足师用。昔禹决江浚河而民聚瓦石，子产开亩树桑郑人谤訾。禹利天下，子产存郑人，皆以受谤，夫民智之不足用亦明矣。故举士而求贤智，为政而期适民，皆乱之端，未可与为治也。

① "夫求圣通之"下，底本原缺，据赵本、凌本、迂本补。

卷二十

忠孝第五十一

天下皆以孝悌忠顺之道为是也，而莫知察孝悌忠顺之道而审行之，是以天下乱。皆以尧、舜之道为是而法之，是以有弑君，有曲于父。尧、舜、汤、武或反君臣之义，乱后世之教者也。尧为人君而君其臣，舜为人臣而臣其君，汤、武人臣而弑其主、刑其尸，而天下誉之，此天下所以至今不治者也。夫所谓明君者，能畜其臣者也；所谓贤臣者，能明法辟、治官职以戴其君者也。今尧自以为明而不能以畜舜，舜自以为贤而不能以戴尧，汤、武自以为义而弑其君长，此明君且常与而贤臣且常取也。故至今为人子者有取其父之家，为人臣者有取其君之国者矣。父而让子，君而让臣，此非所以定位一教之道也。臣之所闻曰："臣事君，子事父，妻事夫，三者顺则天下治，三者逆则天下乱，此天下之常道也，明王贤臣而弗易也。”则人主虽不肖，臣不敢侵也。今夫上贤任智无常，逆道也，而天下常以为治。是故田氏夺吕氏于齐，戴氏夺子氏于宋。此皆贤且智也，岂愚且不肖乎？是废常上贤则乱，舍法任智则危。故曰：上法而不上贤。

记曰：“舜见瞽瞍，其容造焉。”孔子曰：“当是时也，危哉，天下岌岌！有道者，父固不得而子，君固不得而臣也。”臣曰：孔子本未知孝悌忠顺之道也。然则有道者，进不为臣主，退不为父子耶？父之所以欲有贤子者，家贫则富之，父苦则乐之；君之所以欲有贤臣者，国乱则治之，主卑则尊之。今有贤子而不为父，则父之处家也苦；有贤臣而不为君，则君之处位也危。然则父有贤子，君有贤臣，适足以为害耳，岂得利焉哉？所谓忠臣不危其君，孝子不非其亲，今舜以贤取君之国，而汤、武以义放弑其君，此皆以贤而危主者也，而天下贤之。古之烈士，进不臣君，退不为家，是进则非其君，退则非其亲者也。且夫进不臣君，退不为家，乱世绝嗣之道也。是故贤尧、舜、汤、武而是烈士，天下之乱术也。瞽瞍为舜父而舜放之，象为舜弟而杀之。

放父杀弟，不可谓仁；妻帝二女而取天下，不可谓义。仁义无有，不可谓明。《诗》云：“普天之下，莫非王土；率土之滨，莫非王臣。”信若《诗》之言也，是舜出则臣其君，入则臣其父，妾其母，妻其主女也。故烈士内不为家，乱世绝嗣；而外矫于君，朽骨烂肉，施于土地，流于川谷，不避蹈水火，使天下从而效之，是天下遍死而愿夭也。此皆释世而不治是也。世之所为烈士者，虽众独行，取异于人，为恬淡之学而理恍惚之言。臣以为恬淡，无用之教也；恍惚，无法之言也。言出于无法，教[①]出于无用者，天下谓之察。臣以为人生必事君养亲，事君养亲不可以恬淡；之人必以言论忠信法术，言论忠信法术不可以恍惚。恍惚之言，恬淡之学，天下之惑术也。孝子之事父也，非竞取父之家也；忠臣之事君也，非竞取君之国也。夫为人子而常誉他人之亲曰：“某子之亲，夜寝早起，强力生财以养子孙臣妾。”是诽谤其亲者也。为人臣常誉先王之德厚而愿之，诽谤其君者也。非其亲者知谓不孝，

① “教”，原作“数”，据迂本改。

而非其君者天下此贤之，此所以乱也。故人臣毋称尧、舜之贤，毋誉汤、武之伐，毋言烈士之高，尽力守法，专心于事主者为忠臣。

古者黔首悗密惷愚，故可以虚名取也。今民儇诇智慧，欲自用，不听上。上必且劝之以赏，然后可进；又且畏之以罚，然后不敢退。而世皆曰："许由让天下，赏不足以劝；盗跖犯刑赴难，不足以禁。"臣曰：未有天下而无以天下为者，许由是也；已有天下而无以天下为者，尧、舜是也；毁廉求财，犯刑趋利，忘身之死者，盗跖是也。此二者，殆物也。治国用民之道也，不以此二者为量。治也者，治常者也；道也者，道常者也。殆物妙言，治之害也。天下太平之[①]士，不可以赏劝也；天下太平之士，不可以[②]刑禁也。然为太上士不设赏，为太下士不设刑，则治国用民之道失矣。故世人多不言国法而言从横。诸侯言从者曰"从成必霸"，而言横者曰"横成必王"，山东之言从横未尝一日而止也，

① "之"，底本原无，据赵本、迂本补。
② "以"下原有"为"字，据王先慎说删。

然而功名不成，霸王不立者，虚言非所以成治也。王者独行谓之王，是以三王不务离合，而止五霸不待从横，察治内以裁外而已矣。

人主第五十二

人主之所以身危国亡者，大臣太贵，左右太威也。所谓贵者，无法而擅行，操国柄而便私者也。所谓威者，擅权势而轻重者也。此二者，不可不察也。夫马之所以能任重引车致远道者，以筋力也。万乘之主、千乘之君所以制天下而征诸侯者，以其威势也。威势者，人主之筋力也。今大臣得威，左右擅势，是人主失力，人主失力而能有国者，千无一人。虎豹之所以能胜人执百兽者，以其爪牙也，当使虎豹失其爪牙，则人必制之矣。今势重者，人主之爪牙也，君人而失其爪牙，虎豹之类也。宋君失其爪牙于子罕，简公失其爪牙于田常，而不蚤夺之，故身死国亡。今无术之主，皆明知宋、简之过也，而不悟其失，不察其事类者也。

且法术之士与当途之臣，不相容也。何以明[1]之？主有术士，则大臣不得制断，近习不敢卖重，大臣左右权势息，则人主之道明矣。今则不然，其当途之臣得势擅事以环其私，左右近习朋党比周以制疏远，则法术之士奚时得进用，人主奚时得论裁？故有术不必用，而势不两立，法术之士焉得无危？故君人者非能退大臣之议，而背左右之讼，独合乎道言也，则法术之士安能蒙死亡之危而进说乎？此世之所以不治也。明主者，推功而爵禄，称能而官事，所举者必有贤，所用者必有能，贤[2]能之士进，则私门之请止矣。夫有功者受重禄，有能者处大官，则私剑之士安得无离于私勇而疾距敌，游宦之士焉得无挠于私门而务于清洁矣？此所以聚贤能之士，而散私门之属也。今近习者不必智，人主之于人也或有所知而听之，入因与近习论其言，听近习而不计其智，是与愚论智也。其当途者不必贤，人主

① “明”，原作“民”，据赵本、迁本改。

② “贤”下原有“用”字，据赵本、迁本删。

之于人或有所贤而礼之，入因与当途者论其行，听其言而不用贤，是与不肖论贤也。故智者决[①]策于愚人，贤士程行于不肖，则贤智之士奚时得用，而人[②]主之明塞矣。昔关龙逢说桀而伤其四肢，王子比干谏纣而剖其心，子胥忠直夫差而诛于属镂。此三子者，为人臣非不忠，而说非不当也。然不免于死亡之患者，主不察贤智之言，而蔽愚不肖之患也。今人主非肯用法术之士，听愚不肖之臣，则贤智之士孰敢当三子之危而进其智能者乎？此世之所以乱也。

饬令第五十三

饬令则法不迁，法平则吏无奸。法已定矣，不以善言售法。任功则民少言，任善则民多言。

---

① “决”，原作“使”，据赵本、迂本改。
② “而人”，原作“以”，据赵本、迂本改。

行法曲断，以五里断者王，以九里断者强，宿治者削。

以刑治，以赏战，厚禄以用[1]术。行都之过，则都无奸市。物多末[2]众，农弛奸胜，则国必削。民有余食，使以粟出爵，必以其力，则震不怠。三寸之管毋当，不可满也。授官爵出利禄不以功，是无当也。国以功授官与爵，此谓以成智谋，以威勇战，其国无敌。国以功授官与爵，则治见者省，言有塞，此谓以治去治，以言去言。以功与爵者也，故国多力而天下莫之能侵也。兵出必取，取必能有之；案兵不攻必当。朝廷之事，小者不毁，效功取官爵，廷虽有辟言，不得以相干也，是谓以数治。以力攻者，出一取十；以言攻者，出十丧百。国好力，此谓以难攻；国好言，此谓以易攻。其能胜其害，轻其任，而道坏余力于心，莫负乘宫之责于君，内无伏怨，使明者不相干，故莫讼；使士不兼官，故技长；使人不同功，故莫争。言此谓易攻。

---

① “用”，原作“周”，据赵本、迂本改。

② “末”，原作“者”，据赵本、迂本改。

重刑少赏，上爱民，民死赏；多赏轻刑，上不爱民，民不[1]死赏。利出一空者，其国无敌；利出二空者，其兵半用；利出十空者，民不守。重刑明民，大制使人，则上利。行刑重其轻者，轻者不至[2]，重者不来，此谓以刑去刑。罪重而刑轻，刑轻则事生，此谓以刑致刑，其国必削。

心度第五十四

圣人之治民，度于本，不从其欲，期于利民而已。故其与之刑，非所以恶民，爱之本也。刑胜而民静，赏繁而奸生，故治民者，刑胜，治之首也；赏繁，乱之本也。夫民之性，喜其乱而不亲其法。故明主之治国也，明赏则民劝功，严刑则民亲法。劝功则公事不犯，亲法则奸无所

① “不”，底本原无，据赵本、迂本补。
② “至”下原重“至”字，据赵本、迂本删。

萌。故治民者，禁奸于未萌；而用兵者，服战于民心。禁先其本者治，兵战其心者胜。圣人之治民也，先治者强，先战者胜。夫国事务先而一民心，专举公而私不从，赏告而奸不生，明法而治不烦，能用四者强，不能用四者弱。夫国之所以强者，政也；主之所以尊者，权也。故明君有权有政，乱君亦有权有政，积而不同，其所以立异也。故明君操权而上重，一政而国治。故法者，王之者也；刑者，爱之自也。

夫民之性，恶劳而乐佚。佚则荒，荒则不治，不治则乱，而赏刑不行于天下者必塞。故欲举大功而难致而力者，大功不可幾而举也；欲治其法而难变其故者，民乱不可幾而治也。故治民无常，唯治为法。法与时转则治，与世[1]宜则有功。故民朴而禁之以名则治，世知维之以刑则从。时移而治不易者乱，能治众而禁不变者削。故圣人之治民治，法与时移而禁与能变。

能越力于地者富，能起力于敌者强，强不塞者王。故王道在所闻，在所塞，塞其奸者必

① “世”下原重“世”字，据赵本、迂本删。

王。故王术不恃外之不乱也，恃其不可乱也。恃外不乱而治立者削，恃其不可乱而行法者兴。故贤君之治国也，適[1]于不乱之术。贵爵则上重，故赏功爵任而邪无所关。好力者其爵贵，爵贵则上尊，上尊则必王。国不事力而恃私学者，其爵贱，爵贱则上卑，上卑者必削。故立国用民之道也，能闭外塞私而上自恃者，王可致也。

制分第五十五

夫凡国博君尊者，未尝非法重而可以至乎令行禁止于天下者也。是以君人者分爵制禄，则法必严以重之。夫国治则民安，事乱则邦危。法重者得人情，禁轻者失事实。且夫死力者，民之所有者也，情莫不出其死力以致其所欲。而好恶者，上之所制也，民者好利禄而恶刑罚。上赏好

① “適”上原有“敌”字，据赵本、迂本删。

恶以御民力，事实不宜失矣，然而禁轻事失者，刑赏失也。其治民不秉法为善也，如是，则是无法也。

故治乱之理，宜务分刑赏为急。治国者莫不有法，然而有存有亡，亡者，其制刑赏不分也。治国者，其刑赏莫不有分。有持以异为分，不可谓分。至于察君之分，独分也，是以其民重法而畏禁，愿毋抵罪而不敢胥赏。故曰：不待刑赏而民从事矣。

是故夫至治之国，善以止奸为务。是何？其法通乎人情，关乎治理也。然则去微奸之道[①]奈何？其务令之相规其情者也。则使相窥奈何？曰：盖里[②]相坐而已。禁尚有连于己者，理不得相窥，惟恐不得免。有奸心者不令得忘，窥者多也。如此，则慎己而窥彼，发奸之密，告过者免罪受赏，失奸者必诛连刑。如此，则奸类发矣。奸不容细，私告任坐使然也。

夫治法之至明者，任数不任人。是以有术之

---

① “道”，底本原无，据赵本、迂本补。

② “里”，原作“理”，据赵本、迂本改。

国，不用誉则毋適，境内必治，任数也；亡国使兵公行乎其地，而弗能圉禁者，任人而无数也。自攻者人也，攻人者数也。故有术之国，去言而任法。

凡畸功之循约者难[1]知，过刑之于言者难见也，是以刑赏惑乎贰。所谓循约难知者，奸功也；臣过之难见者，失根也。循理不见虚功，度情诡乎奸根，则二者安得无两失也？是以虚士立名于内，而谈者为略于外，故愚怯勇慧相连而以虚道属俗而容乎世，故其法不用，而刑罚不加乎僇人。如此，则刑赏安得不容其二？实故有所至，而理失其量，量之失，非法使然也，法定而任慧也。释法而任慧者，则受事者安得其务？务不与事相得，则法安得无失，而刑安得无烦？是以赏罚扰乱，邦道差误，刑赏之不分白也。

---

① “难”，原作“虽”，据赵本、迂本改。

顾广圻跋

此《韩非子》为钱氏述古堂影宋钞本，曾藏泰兴季氏，见于二家书目者也。今装池尚仍钱氏之旧，首叶有季氏藏书钤记，可证其确然矣。近日从新安汪启淑秀峰家所谓开万楼者卖出，遂于杭郡转入予手，缘力不能蓄，后为荛圃黄君损卅白金取去。岂物固各有主耶？抑物惟好而有力者始能聚耶？于其归之也，率题数语以志缘起，并质其理于黄君也。若夫此本之胜俗本，有不可以道理计者，即赵文毅本虽从此本而出，然颇出意见改窜，亦失其真，非得见此本无由剖断。其是亦不仅仅因名钞而足重，则黄君知之甚审，不待予赘言，予故不覼缕云。

嘉庆壬戌中元前三日涧蘋顾广圻书于城南之思適斋。

黄丕烈跋一

余性喜读未见书，而朋友中与余赏奇析疑者，惟顾子千里为最相得。岁丙辰，千里借窗读书，兼任雠校，故余所好之书，亦唯千里知之为最深。每遇奇秘本，为余所未见者，千里必代购以归余。四五年来，插架中可备甲编之物正不乏也。岁辛酉，余四赴计偕，宾主之欢遂散，然翰墨因缘，我两人无一日去怀。千里就浙抚阮芸台聘，入校经之局，每归为余言曰“近日喜讲古书者竟无其人”。苏、杭两处古书之多，与讲古书人之多，杭远不如苏，此种话可为知者道，难与俗人言也。今夏六月，千里自杭归，于余面前略言，近所得书为元刊《吕氏春秋》旧钞、严氏《诗缉》、明刻《书史会要》，余亦以为书皆好，明日遂以归余，易白金十二两而去。问此外可有好者，千里曰“无矣”，余亦信杭之果无好书。越一日，遇千里于金阊书肆，聚谈半日而别，将别去，复伫立于道，密语余曰：“有一书，铭心绝品。此书必当归子，亦惟子乃能识此书，然钞本须得刻本价。”问其名，始云为影宋钞《韩非子》，藏为钱遵王、季沧苇两家，需直白金四十两。余急欲睹其书，千里曰：“此书为汪启淑家所散，而他姓得之，托余求售于子，故索重直。”余闻之喜甚，盖子书中惟《管》《韩》为最少，余所收子书皆宋刻为多，惟《管》《韩》尚缺，《管子》犹见残宋本，若《韩非子》，并未闻世有宋本，今得影钞者，岂不大快乎？床头买书金尽，措诸友人所，始以卅金购之。全书之得见，迁延至数日，盖千里亦爱不忍释手矣。千里跋云“力不能蓄”，余非真能蓄者，特以所好在是，必多方致之，较千里为更爱尔。取校赵本，觉误字特多，正惟误字，思之正是一适。惟千里为能收之于杭，亦惟余为能收之于苏，乃信世之识古书者，我两人殆有同心焉，今而后子书甲编中又当添置一席矣。收书之日为中元日，以黄三八郎刻者仍为江夏所储，天壤间翰墨因缘巧合如是，抑何之奇巧邪？并著之以志幸事，时嘉庆壬戌之秋七月既望黄丕烈书于王洗马巷之士礼居。

黄丕烈跋二

余既收得影宋钞本《韩非子》，自谓所遇之厚无过于是，方拟手校同异于赵本，以备征信之用。适钱唐何梦华过访士礼居，见案头有此书，亦诧为奇绝。越一日，作札告余曰：顷与张古余司马谈及，知《韩非子》宋刻乃在渠处，岂非奇之又奇乎？余闻之喜甚，即往谒古余，古余未晤，盖古余与余久神交而未曾谋面者也。适西宾夏方米与之熟，方米以他事往候，请观其书，归为余言其真。余即属方米往假，果以是书来，一见称快，始信余本之真从宋本出也。然非一本，张本缺第十四卷第二叶，余本却有；余本缺第十卷第七叶，张本有之。则余本非从张本出矣，顾又有疑焉者。余本为述古堂所钞，后归延令季氏，此可凭两家书目信之，乃余本中间有与张本绝不相谋者，一行一字，动见差误，如谓钞时伪为，则十卷七叶何以听其空白，以传信于后乎？或者所影钞之本有修板钞补之病，遂据以传录，故讹舛如是乎？此外板心、细数及刊刻字数，影钞者或缺或不同，大约脱略及误书耳。至于字之笔画稍有异同，此影钞者莫辨其形似，致有此失也。今悉以朱笔手校于上，以别纸影钞宋刻之真者附于末，庶不改影钞之旧，并可存宋刻之真，倘天壤间又有影钞之原本出，则钱氏之影钞者亦不任咎矣。世之古书何限，安能执一以求合耶？我辈生遵王、沧苇之后，而所见翻胜二君，此幸之至者也。张本为李书年观察物，古余借校，故在郡中。观察为河南夏邑人，今官江苏粮储道，闻其宦于京师，欲以卅金求售于孙伯渊，伯渊未之买，并为言此书之可宝，今将子孙世守矣。古余之借难之又难，而余之见幸之又幸，因并描其藏书、诸家图书以志源流。首列张敦仁读过一印[①]，此书得见之由也。每册图书未能悉摹，兹但取其一，次其先后，每印所在，遵天禄琳琅例，注出某卷某叶，日后得见宋刻，欲定余手校

① 底本中此篇跋文前有黄丕烈所摹印图共16方。

所据本者，可按此知之。爰损旧装，续补于后。他日千里归，索观此本，定诧余喜未见书之性又出渠上矣。特未识后之读书者能谅余区区爱书之心，而不以余为多事否也。八月六日甲辰荛翁识。[1]

① 底本中此篇跋文下有顾广圻题记一行："九月廿日重观于读未见书斋。广圻记。"

孙毓修校跋

影写本与宋刻违异者，黄先生既于本文以朱笔正之，复标于上方，使人开卷了然，间有仅改本文，上方未标者如干处，今悉为补录于字傍，加圈作识，以别于黄先生手笔云。壬戌十月留庵。